Wandern und Einkehren
Remstal - Schwäbischer Wald

Vor den Toren der baden-württembergischen Landeshauptstadt Stuttgart laden zwei attraktive Naherholungs- und Wandergebiete zu vielfältigen Entdeckungstouren ein. Das **Remstal** glänzt durch seine liebliche, abwechslungsreiche Landschaft: Auf einer Strecke von 80 Kilometern fließt die Rems von ihrem Ursprung bei Essingen auf der Schwäbischen Alb bis zur Mündung in den Neckar bei Neckarrems vorbei an saftigen Streuobstwiesen, Wäldern, idyllischen Talauen, sonnenverwöhnten Weinbergen und durch malerische Dörfer und Städte. Hier wandelt man auch auf den Spuren bedeutender Persönlichkeiten wie Friedrich Schiller, Eduard Mörike, Friedrich Silcher und Gottlieb Daimler, die einst hier lebten und wirkten. Besonders die Herzen von Weinliebhabern lässt das Remstal höher schlagen. Das Gebiet blickt auf eine jahrhundertealte Weinbautradition zurück und bringt bis heute beste, national und international prämierte Weine hervor, die man in den urigen Besenwirtschaften probieren kann. Überhaupt wird der Genuss im Remstal groß geschrieben: Die kulinarische Palette reicht von traditionellen schwäbischen Spezialitäten bis hin zur mit Sternen ausgezeichneten Gourmet-Küche. In nördlicher Richtung schließt sich der **Schwäbische Wald** an, der als größtes Waldgebiet Württembergs die »grüne Lunge« der Region Stuttgart bildet. Hier erlebt man »Natur pur«: tief eingeschnittene Klingen, beschauliche Streuobstwiesen, romantische Seen, stille Wälder und sonnige Weinberge. Aus der bewegten Geschichte der Region erzählen Rekonstruktionen und Reste des Limes, historische Mühlen, legendenumrankte Stollen und die Spuren von Flößerei und Glasherstellung. Nostalgie versprühen auch die Züge der Schwäbischen Waldbahn, die die steilste Bahnstrecke im »Ländle« hinaufschnaufen. Unter besonderem Schutz steht der **Naturpark Schwäbisch-Fränkischer Wald**, der sich zwischen Backnang, Heilbronn, Öhringen, Schwäbisch Hall, Gaildorf, Lorch und Schorndorf erstreckt. Auch hier besticht die Landschaft durch ihre Vielfalt: Äcker, Wiesen, Weiden und Felder fügen sich zu einem bunten Mosaik zusammen. Während am Rande des Naturparks steile Weinberge abfallen, sind weite Hochebenen, langgestreckte Täler und bewaldete Steilhänge typisch für das Innere des Gebietes. Nach so vielen Naturerlebnissen ist auch im Schwäbischen Wald bestens für das leibliche Wohl gesorgt. Bodenständige Küche, zubereitet aus regionalen Zutaten, verwöhnt hier den Gaumen. Und wer sich ein leckeres Souvenir mit nach H möchte, wird bestimmt bei den zahlreichen D Dieser Gastronomie- und Wanderfü und interessante Stadtrundgänge, n Gasthöfen und Restaurants stärke

Ein Buch für ⌐enießer

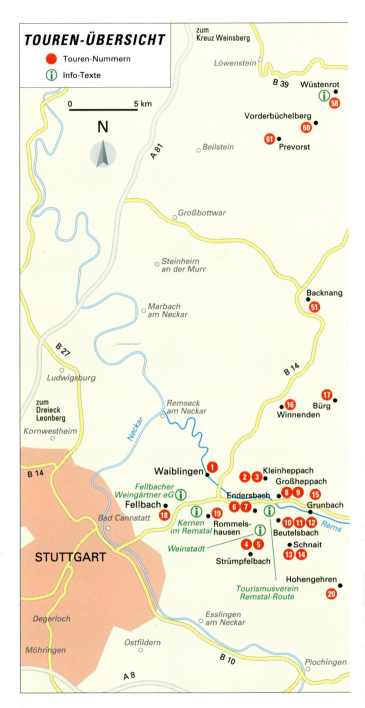

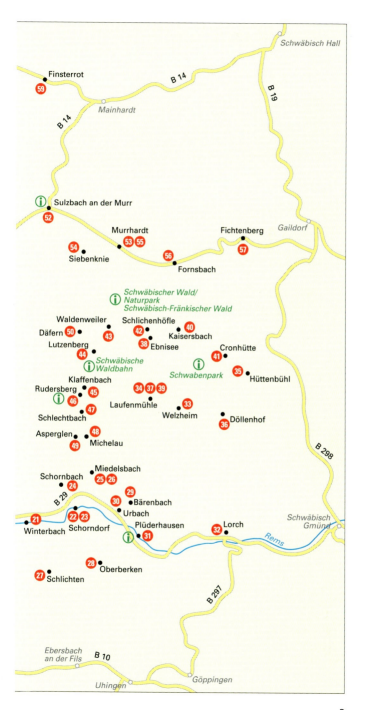

Symbolerklärung

- eindrucksvolle Landschaft
- mittlere Steigungen
- stärkere Steigungen
- etwa zur Hälfte Wald
- über die Hälfte Wald
- Weinberge
- prägnanter Fluss/Bach
- romantischer Wasserfall
- schöner See/Teich
- markante Felsen
- Höhle/Grotte
- teilweise schöne Aussicht
- großartige Rundblicke
- lohnender Aussichtspunkt
- Burgen und Schlösser
- sehenswerte Sakralbauten
- historische Profanbauten
- Mitglied der Remstal-Route

- Ortsportraits, Sehenswürdigkeiten und allgemeine Informationen
- Rundwege, weitere Wandertipps, Stadtrundgänge
- Gasthöfe, Restaurants, Hotels und Pensionen
- Startpunkt der Tour in den Wanderkarten

Abkürzungen

- **AP** Aussichtspunkt
- **AT** Aussichtsturm
- Tourist-Info
- **ND** Naturdenkmal
- **NSG** Naturschutzgebiet
- **ÖZ** Öffnungszeiten
- Parkplatz
- Parkhaus
- Tiefgarage
- **(!)** Wegführung beachten

Wanderkarten

Landesamt für Geoinformation und Landentwicklung Baden-Württemberg, Wanderkarten 1:35000: Schwäbisch Hall/Backnang (Karte 8 des Schwäbischen Albvereins). - Stuttgart (Karte 12 des Schwäbischen Albvereins). - Göppingen/Schorndorf (Karte 13 des Schwäbischen Albvereins).

Remstal
Schwäbischer Wald

Wandern und Einkehren

Herrliche Wandertouren

Ausgewählte Gasthöfe, Restaurants, Hotels und Pensionen

Anfahrtsstrecken

Parkmöglichkeiten

nach den Wanderungen
von Vagabundus
Wanderer zwischen Weg und Wirtschaft

herausgegeben von
Emmerich Müller

Ein Wanderführer im Drei Brunnen Verlag

Einbandgestaltung:	Verlag / Jürgen Reichert
Titelfotos:	Dagmar Jantschke (Bild 1)
	Stadt Murrhardt (Bilder 2 und 9)
	FVG Schwäbischer Wald (Bilder 3 und 7)
	Fellbacher Weingärtner (Bild 4)
	Gerhard Neusser (Bild 5)
	Sammlung Archiv Welzheim (Bild 6)
	Stadt Schorndorf (Bild 8)
Redaktion:	Heidi Fischer
Herstellung:	Gunda Jantschke
Karten und Skizzen:	cartomedia, Karlsruhe
Wanderungen:	Hannelore und Friedhold Ellwanger
	Vera und Christian Flachenecker
	Albrecht Föhl
	Sabine und Werner Hauber
	Matthias Hofelich
	Gabriele Maier
	Hans-Günter Rieske
	Gert Rokitte
	Roland Sendler

1	2	3
4	5	
	6	
7	8	9

Alle Abbildungen in dieser Ausgabe sind urheberrechtlich geschützt. Die Veröffentlichung erfolgt mit freundlicher Genehmigung der zuständigen Städte, Gemeinden, Verkehrsämter und Fotografen.

Für das vom Auftraggeber für die Anzeigen zur Verfügung gestellte Bildmaterial übernimmt der Verlag keinerlei Haftung (insbesondere urheberrechtlicher, leistungsrechtlicher oder persönlichkeitsrechtlicher Art).

Bibliografische Informationen Der Deutschen Bibliothek

Die Deutsche Bibliothek verzeichnet diese Publikation in der Deutschen Nationalbibliografie; detaillierte bibliografische Daten sind im Internet über http://dnb.ddb.de abrufbar.

Die Benutzung dieses Führers geschieht auf eigenes Risiko. Eine Haftung für etwaige Unfälle und Schäden jeder Art wird vom Herausgeber oder vom Verlag aus keinem Rechtsgrund übernommen.

ISBN 978-3-7956-0333-5
5., überarbeitete und aktualisierte Auflage 2014

Alle Rechte dieser Auflage vorbehalten.
© 2014, für die redaktionell beschriebenen Wanderungen und Stadtrundgänge, by Drei Brunnen Verlag, Heusee 19, 73655 Plüderhausen, www.drei-brunnen-verlag.de, E-Mail: mail@drei-brunnen-verlag.de

Inhalt

Touren-Übersicht	2
Symbole - Zeichen - Abkürzungen - Karten	4
Wichtige Hinweise	10
Ortsregister	232
Übersichtskarte der Einkehrorte	236
Register der Gasthöfe, Restaurants und Hotels	238

Touren

ⓘ	Tourismusverein Remstal-Route e. V.	12
01	Waiblingen - Historischer Stadtrundgang	14
02	Kleinheppach - Großheppach - Gundelsbach - Kreuzeiche - Kleinheppacher Kopf - Kleinheppach	21
03	Kleinheppach - Hörnleskopf - Kreuzeiche - Kleinheppach	24
ⓘ	Weinstadt - Kultur trifft Natur	26
04	Weinstadt-Strümpfelbach - Lobenrot - Stetten - Strümpfelbach	28
05	Strümpfelbach - Schanbach - Planetenweg - Aichelberg - Karlstein - Strümpfelbach	32
06	Rund um Strümpfelbach	34
07	Endersbach - Strümpfelbach - Schanbach - Aichelberg - Karlstein - Endersbach	36
08	Weinstadt-Großheppach - Rems-Flusslehrpfad - Waiblingen-Beinstein - Kleinheppach - Großheppach	39
09	Weinstadt-Großheppach - Gundelsbach - Buoch - Kleinheppacher Kopf - Großheppach	43
10	Weinstadt-Beutelsbach - Schnait - Baacher Tal - Weinbau- und Skulpturenweg - Schnait - Beutelsbach	45
11	Von Beutelsbach über den Schönbühl	48
12	Von Beutelsbach zum Karlstein	50
13	Schnait - Baach - Krummhardt - Aichelberg - Schnait	52
14	Schnait - (Weinbau- und Skulpturenweg) - Saffrichhof - Teilstück Remstal-Höhenweg - Manolzweiler - Schnait	54
15	Grunbach - Buoch - Lehnenberg - Reichenbach - Bauersberg - Grunbach	56
16	Winnenden - Historischer Stadtrundgang	59
17	Winnenden-Bürg - Königsbronnhof - Rettersburg - Bürg	62
18	Fellbach - Stadt der Weine und Kongresse	65
ⓘ	Die Fellbacher Weingärtner eG	68
ⓘ	Kernen im Remstal - geliebt von Römern, Fürsten und Edelfrauen	70
19	Durch die Weinberge von Kernen nach Endersbach	73
20	Rund um Hohengehren und Baltmannsweiler	75

21	Winterbach - Engelberg - Goldboden - Lehenbachtal - Stausee - Winterbach	77
22	Schorndorf - Historischer Stadtrundgang	80
23	Oskar Frech SeeBad/Schorndorf - Winterbach - Lehenbachtal - Schlichten - Schorndorf	90
24	Schorndorf-Schornbach - Streich - Buhlbronn - Schornbach ..	94
25	Schorndorf-Miedelsbach - Buhlbronn - Streich - Ödernhardt - Birkenweißbuch - Vorderweißbuch - Miedelsbach	97
26	Miedelsbach - Steinenberg - Berghofsee - Forellensprung - Miedelsbach	99
27	Schorndorf-Schlichten - Herrenbachtal - Kohlplatte - Baiereck - Schlichten	102
28	Oberberken - Adelberg - Kloster Adelberg - Herrenbachstausee - Oberberken	104
29	Bärenbach - Geiststein - Eselshalden - Krähenberg - Bärenbachtal - Bärenbach	106
30	Urbach - Bärenbachtal - Lützelbachtal - Heuberg - Bärenbach - Urbach	109
ⓘ	Plüderhausen	112
31	Plüderhausen - Breech - Adelberg - Kloster Adelberg - Plüderhausen	114
ⓘ	Der Schwäbische Wald/Naturpark Schwäbisch-Fränkischer Wald.......................	117
ⓘ	Die Schwäbische Waldbahn	120
32	Lorch - Schelmenklinge - Bruck - Schillergrotte - Hohler Stein - Alfdorf - Haselbach - Lorch	123
33	Welzheim - Historischer Stadtrundgang	127
34	Großer Mühlenwanderweg	134
35	Mühlenwanderweg 1 - erweitert um Hagerwaldsee und Hüttenbühlsee	140
36	Mühlenwanderweg 2 - erweitert um den Anschluss Döllenhof	144
37	Mühlenwanderweg 3	146
38	Ebnisee - Limeswanderweg - Aichstrutsee - Kastell Rötelsee - Wieslauftal - Ebnisee	148
39	Laufenmühle - Strümpfelbachtal - Ebni - Geldmacherklinge - Laufenmühle.....................	152
40	Kaisersbach - Hägelesklinge - Große Platte - Kaisersbach ...	154
41	Von Cronhütte auf dem Mühlenweg zur Hägelesklinge	157
42	Schlichenhöfe - Rundweg Ochsenhau - Rotenmad - Schlichenhöfe	159
43	Waldenweiler/Althütte - Ebersberg - Sechselberg - Waldenweiler	162
44	Lutzenberg - Haube - Althütte - Nonnenmühle - Strümpfelbachtal - Steinbach - Oberndorf - Juxkopf/Juxhöhle - Lutzenberg	165
ⓘ	Rudersberg - natürlich lebendig im Wieslauftal	168

45 Klaffenbach - Haube - Strümpfelbachtal - Klaffenbach 171
46 Rudersberg - Oberndorf - Klaffenbach -
Burg Waldenstein - Rudersberg 173
47 Schlechtbach - Zumhof - Burg Waldenstein -
Edelmannshof - Langenberg - Steinenberg - Schlechtbach ... 175
48 Michelau - Necklinsberg - Birkenweißbuch -
Vorderweißbuch - Asperglen - Michelau 178
49 Asperglen - Necklinsberg - Vorderweißbuch -
Bühl - Asperglen 180
50 Der Kultur-Landschaftsweg Auenwald 183
51 Backnang - Historischer Stadtrundgang 186
ⓘ Sulzbach an der Murr 193
52 Sulzbach - Fischbachtal - Mittelfischbach -
Kleinhöchberg - Sulzbach 196
53 Murrhardt - Historischer Stadtrundgang 199
54 Siebenknie - Geißbühl - Hörschbach-Wasserfälle -
Siebenknie 208
55 Fornsbach - Waldsee - Spielhof - Kirchenkirnberg -
Große Platte - Treibsee - Fornsbach 210
56 Fornsbach - Waldsee - (Ernstenhöfle) - Jaghaus -
Glashofen - Wolfenbrück - Neuhaus - Fornsbach 213
57 Diebachsee - Erlenhof - Michelbächle - Mittelrot -
Fichtenberg - Diebachsee 215
ⓘ Wüstenrot - Luftkurort - Gründungsort der
ersten deutschen Bausparkasse 218
58 Wüstenrot - Seewiesen - Neufürstenhütte -
Hals - Wüstenrot 221
59 Finsterrot - Ammertsweiler - Baad -
Hohenstraßen - Wiedhof - Finsterrot 223
60 Vorderbüchelberg - Neulautern - Lautertal -
Bodenbachschlucht - Vorderbüchelberg 225
61 Prevorst - Juxkopf - Hüttenbachschlucht - Prevorst 227
ⓘ Der Schwabenpark -
der Freizeit- und Erlebnispark im Welzheimer Wald 230

WICHTIGE HINWEISE

Lieber Wanderfreund,
bitte beachten Sie die folgenden Vorbemerkungen zum Gebrauch dieses Wander- und Gastronomieführers:

● **Weg und Zeit** - Bei diesen Angaben ist die Kilometerangabe entscheidend. Die Zeitangabe bedeutet reine Gehzeit bei einer durchschnittlichen Wegstrecke von 4 km pro Stunde auf der Ebene oder bei leichten bis mittleren Steigungen. Bei stärkeren Steigungen verringert sich diese Leistung etwas. Bitte beachten Sie deshalb das entsprechende Symbol! Die Höhendifferenz wird ab 150 m angegeben.

● **Wegmarkierungen** - Das Markierungsnetz wird vom Schwäbischen Albverein sowie von den jeweiligen Landkreisen, Städten und Gemeinden betreut.

● **Neue Wegmarkierungen und geplante Markierungsänderungen im Naturpark Schwäbisch-Fränkischer Wald** - Nach Redaktionsschluss wurde im Raum Welzheim und Alfdorf mit der Umstrukturierung und Ummarkierung des Wanderwegenetzes begonnen. Diese Maßnahmen werden in den kommenden Jahren im gesamten Naturpark Schwäbisch-Fränkischer Wald fortgesetzt, so dass es in einzelnen Fällen zu Abweichungen zwischen den vor Ort vorhandenen und den in den Wegbeschreibungen genannten Markierungen kommen kann.

● **Wegeskizzen** - Sie sollen Ihnen eine Übersicht vermitteln. Beachten Sie bitte zur Ausrichtung der Skizze den Nordpfeil!

● **Rundwanderwege** - Durch die Rundwege bzw. die Verbindungswege zwischen den Gasthöfen ergeben sich völlig neue, schöne und originelle Routenkombinationen. Selbstverständlich kann eine Wanderung bei jedem Gasthof eines Weges aufgenommen und beendet werden.

● **Geschichte - Kunst - Kultur** - Vagabundus, Historiker und Kunsthistoriker, stellt jeweils in knapper Form das geschichtliche, kunstgeschichtliche und kulturelle Umfeld eines Weggebietes vor.

● **Parken** - Wer einen Gästeparkplatz benutzt, sollte in diesem Gasthaus auch einkehren. Meist sind als Alternative auch öffentliche Parkplätze genannt.

● **Öffentliche Verkehrsmittel** - Für die Ausgangspunkte der Wanderungen sind, wenn möglich, Bushaltestellen und Bahnhöfe angegeben. Nähere Informationen sind erhältlich bei der Deutschen Bahn AG (Tel.: 01806/996633, kostenlose Fahrplanauskunft Tel. 0800/1507090, www.bahn.de), bei der Nahverkehrsgesellschaft Baden-Württemberg/»3-Löwen-Takt« (Tel. 01805/779966, www.nvbw.de und www.efa-bw.de) und beim Verkehrs- und Tarifverbund Stuttgart (Tel. 0711/19449, www.vvs.de). Von

Mai bis Oktober verkehren außerdem die Schwäbische Waldbahn zwischen Schorndorf und Welzheim (Tel. 07182/800815, www.schwaebische-waldbahn.de) sowie der Waldbus, der Limesbus und der Räuberbus, die im Schwäbischen Wald eine Erweiterung des regulären ÖPNV-Angebots darstellen und teilweise auch Transportmöglichkeiten für Fahrräder bieten. Auskünfte zu den Freizeitbussen erteilt die Fremdenverkehrsgemeinschaft Schwäbischer Wald e.V., Tel. 07151/501-1376, www.schwaebischerwald.com.

● **Hotels - Gasthöfe - Restaurants - Pensionen** - Durch die sorgsame Auswahl engagierter und profilierter Gastronomen ist es gelungen, für Wanderer, Spaziergänger, Ausflügler oder auch »reine Einkehrer« hervorragend geeignete Betriebe aufzunehmen. Die hier genannten Einkehrziele zählen zum Empfehlenswertesten, was die Gastronomie dieser Region zu bieten hat. Selbstverständlich kann es durch Besitzer- oder Pächterwechsel immer wieder einmal zu Veränderungen von Angebot, Qualität, Preis, Öffnungszeiten und Ruhetag kommen. Die **Mitglieder des Tourismusvereins Remstal-Route e. V.** sind in den Texten mit dem Logo des Vereins gekennzeichnet.

Vorwort zur 5. Auflage - Alle 61 Wanderwege und Stadtrundgänge des Buches wurden neu konzipiert und erwandert, um sie den aktuellen Gegebenheiten anzupassen. Ergänzt werden die Tourenbeschreibungen durch Info-Texte zu beliebten Ferienorten, Wandergebieten und wichtigen Sehenswürdigkeiten.

Wir wünschen auch den Benutzern der Neuauflage
ein genussreiches Wandern und Einkehren!
Der Herausgeber

»Das heißt leben,
die Seele laben in Wald und Flur,
den Körper wandernd stärken,
dem Herzen Gutes tun in freier Luft.
Das Hochgefühl vertiefen,
voll frohen Sinns und Heiterkeit
bei guter Speis und edlem Trank
im Schoß eines gastlichen Hauses.
So zu leben, heißt lang zu leben.«
Vagabundus

● **Angrenzende Wandergebiete** werden in folgenden Bänden der Reihe **Wandern und Einkehren** behandelt: Band 5 Schwäbische Alb - westlicher Teil. - Band 6 Schwäbische Alb - östlicher Teil. - Band 10 Hohenlohe. - Band 22 Region Stuttgart.

Tourismusverein Remstal-Route e. V. – Die zentrale Informationsstelle für Einheimische und Gäste zur Freizeit- und Urlaubsgestaltung

»Ganz gleich, von wo aus man sich dem Remstal nähert, der erste Eindruck ist, dass man den Wunsch, das ganze Tal zu erkunden, nicht mehr los wird«, so beschreiben es Besucher, die zum ersten Mal im Remstal zu Gast sind. Aber auch Einheimische sind stolz auf ihren »Flecken« und genießen die Lebensqualität, die hier ohne Frage gegeben ist.

Entlang der 80 km langen Rems, zwischen Essingen auf der Schwäbischen Alb und Remseck am Neckar, begegnet dem Besucher eine Landschaft, die von sonnigen Weinbergen, lichten Waldgebieten, bunten Streuobstwiesen und einer idyllischen Auenlandschaft geprägt ist. Schmucke Fachwerkdörfer und traditionsreiche Städte mit langer Geschichte lassen den Besuch zu einem Natur- und Kulturerlebnis werden.

Bekannt ist die Region insbesondere auch als exzellentes Wein- und Schlemmerparadies, denn durch das milde Klima und den guten Boden wachsen hier edle Tropfen, die jährlich höchste Auszeichnungen erhalten und bei einem Vesper in einer gemütlichen Besenwirtschaft oder auf einem der vielen Weinfeste rund ums Jahr verkostet werden können. Zudem erwarten traditionsreiche Gasthöfe und Restaurants mit bester schwäbischer oder internationaler Küche den Besucher.

Der Tourismusverein Remstal-Route e. V., dem 19 Kommunen und mehr als 200 Mitglieder aus Weinbau, Gastronomie und sonstigen Dienstleistungsbereichen angehören, stellt auf der Internetseite www.remstal.info ein vielfältiges Angebot sowie Informationen zu Freizeit- und Erholungsmöglichkeiten zur Verfügung. Beste Bedingungen bieten dabei eine Vielzahl gut ausgebauter Wander- und Spazierwege wie der Remstal-Höhenweg (siehe untenstehende Karte), der sich über 226 km rechts und links der Rems von der Quelle bis zur Mündung in den Neckar erstreckt und sich bestens auch für eine Mehrtageswanderung, z. B. mit einem Pauschalangebot zum Wandern ohne Gepäck, eignet.

Blick über die Weinberge zur Schützenhütte

✪ **Weitere Informationen:** Tourismusverein Remstal-Route e. V., Bahnhofstr. 21, 71384 Weinstadt-Endersbach, Tel.: 07151/27650-47, Fax: 07151/27650-48, Email: info@remstal-route.de, Internet: www.remstal.info

TOUR 01
Waiblingen - Historischer Stadtrundgang

1½ Stdn.

Anfahrt - B 14 von Stuttgart/Fellbach bzw. Backnang/Winnenden. - B 29 von Schwäbisch Gmünd/Schorndorf. - Bahnhof an der Regionalbahnstrecke Stuttgart - Aalen bzw. Stuttgart - Nürnberg. - S-Bahnlinien S 2 und S 3 mit Anbindung an den Flughafen Stuttgart.
Parken - Parkleitsystem. 🅿 »Marktgarage« und »Postplatzforum«. 🅿 »Galerie« oder »Hallenbad«.

✪ **Waiblingen** - Die »Junge Stadt in alten Mauern« liegt landschaftlich reizvoll zwischen Remstal und Neckar, im Osten begrenzt von der Buocher Höhe. Die Talauenlandschaft des Remstals reicht bis an die Innenstadt heran, der Talauenpark mit dem gleichnamigen See lädt zu erholsamen Spaziergängen ein. Durch ausgedehnte Wälder, Wiesen und Felder führen schöne Wanderwege. Neben Rundwanderwegen ermöglicht die Anbindung an die S-Bahnlinien S 2 und S 3 auch attraktive Streckenwanderungen an Rems und Murr. Zur Kreisstadt gehören fünf Ortschaften. Beinstein wurde im 11. Jahrhundert erstmals urkundlich erwähnt, doch bereits früher befand sich in der Nähe ein großes römisches Grabmal. Im Herzen des ehem. Winzerdorfes steht das Rathaus mit Renaissancefachwerk. Die Gegend um Hegnach war wohl bereits um 500 v. Chr. besiedelt, worauf keltische Grabhügel hinweisen. Im Mittelalter entwickelte sich der Ort aus einem Herrensitz. In der Ortsmitte befindet sich gegenüber vom modernen Rathaus der ehem. Schafhof, dessen mittelalterlicher Sockel von Heinrich Schickhardt überbaut wurde. Bittenfeld, Ende des 12. Jh. erstmals urkundlich genannt, war einst Standort einer mittelalterlichen Burg. Sehenswert sind die gotische Ulrichskirche und das Schillerhaus, in dem Friedrich

Idylle am Mühlkanal

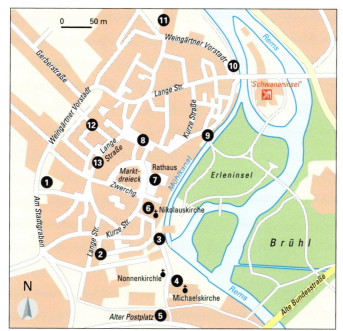

Schillers Vater geboren wurde. Hoch über der Rems thronte seit dem 12. Jh. die heute nicht mehr vorhandene Burg Neustadt, das »Niuwe Waiblingen«. Besondere Beachtung verdienen die freigelegten gotischen Fresken in der Martinskirche. Hohenacker wird in einer Urkunde von 1398 als »Hof bei Waiblingen« bezeichnet. Die ländliche Umgebung mit ihrem hohen Freizeitwert macht Hohenacker zu einem beliebten Wohnort.

✪ **Aus der Geschichte** - Bereits in der Steinzeit war das Waiblinger Gebiet besiedelt. Auf die Römer, unter denen sich am Schnittpunkt früher Handelswege eine wirtschaftlich bedeutsame Töpferei entwickelte, folgten die Alamannen. Durch die enge Verbindung mit der deutschen Kaisergeschichte des Früh- und Hochmittelalters darf sich Waiblingen heute zu Recht als »Stauferstadt« bezeichnen, auch wenn nur noch der untere Teil des Hochwachtturms aus der Stauferzeit stammt und die Staufer-Stele am Fuße des Turmes an die Bedeutung Waiblingens in dieser Epoche erinnert. Um das Jahr 1250 ging der Ort nach dem Niedergang der Staufer an die Württemberger Grafen über und wurde zur Stadt erhoben. Im 15. Jh. entwickelte sich in der Wein- und Ackerbürgerstadt ein wohlhabendes Bildungsbürgertum, und Mitglieder der gräflichen württembergischen Familie ließen sich hier nieder. 1634, während des Dreißigjährigen Krieges, wurde Waiblingen fast vollständig niedergebrannt, viele Todesopfer waren zu beklagen. Innerhalb der erhalten gebliebenen Stadtmauern wurde die Stadt über ihrem alten Grundriss neu errichtet. 1759 wurde Waiblingen Oberamtsstadt. Vielfältige Handwerksbetriebe und mehrere Mühlen sorgten für eine wirtschaftliche Blüte. Im Zuge der Industrialisierung und durch die Anbindung an das Eisenbahnnetz gingen diese Gewerbe in größeren Industriebetrieben auf. 1962 wurde Waiblingen »Große Kreisstadt« und 1973 Kreisstadt des neu gebildeten Rems-Murr-Kreises. Im Jahr 2000 konnte Waiblingen sein 750-jähriges Stadtjubiläum feiern und ist 2014 Gastgeber für die Heimattage Baden-Württemberg.

➡ **Historischer Stadtrundgang** - Der Rundgang beginnt am höchsten Punkt der Altstadt. Hier erhebt sich der 1) Hochwachtturm, der wohl Ende des 12. Jh. erbaut wurde und damit älter als die Stadtmauer ist. Vom Türmerzimmer und dem Umgang eröffnet sich eine großartige Aussicht über Waiblingen, die Umgebung und das Remstal. Die Achim-von-Arnim-Stube erinnert an den Autor der in Waiblingen spielenden »Kronenwächter« (ÖZ: Sa. und So., 11.30 Uhr bis 12.30 Uhr, sonst Schlüssel gegen Pfand bei der Tourist-Info in der Scheuerngasse 4, die Mo. bis Fr. 9-18 Uhr und Sa. 9-14 Uhr geöffnet ist). Im Zehnthof befand sich die 1912 abgebrannte Zehntscheuer. Der 1963 von Bildhauer Fritz Mehlis gestaltete Zehntbrunnen erinnert an die Not der Bauern, die oft ihr »letztes Huhn« abliefern mussten. - Vom Hochwachtturm geht es durch die Fußgängerzone (Beim Hochwachtturm, Lange Straße) zum einstigen Standort des 2) Fellbacher Tores, das 1834 im Zuge der Stadterweiterung abgerissen wurde. Erhalten blieb das 1826 errichtete Torwarthaus mit dem Wappen Graf Ulrichs V., des Vielgeliebten. Ein Durchlass führt zum Zwinger, dem Areal zwischen der eigentlichen Stadtmauer und der Vormauer. Der innere Mauerring war ca. 1 km lang. - Durch den Zwinger erreicht man die 1574 neu erbaute 3) Bürgermühle, die mit zwei anderen Waiblinger Mühlen bereits im 13. Jh. erwähnt wurde, zu den ältesten Gebäuden der Stadt zählt und auch den Brand von 1634 überstand. 1921 wurde der Mühlenbetrieb eingestellt. - Die Kirchbrücke führt zum äußeren Kirchenbezirk, der einst von einer Mauer mit einem bis heute erhaltenen Schalenturm aus dem Jahr 1463 umgeben war. Sowohl die Ende des 15. Jh. errichtete 4) Michaelskirche als auch das »Nonnenkirchle«, eine zweigeschossige, vermutlich als Grablege erbaute Kapelle, sind spätgotisch. Von den beiden Kirchen sind es nur ein paar Schritte zum 5) Alten Postplatz. Am heutigen Standort des Landratsamtes befand

Im Innenraum der Michaelskirche

KUNST UND FACHWERK AN DER REMS

Waiblingen lockt mit einer pittoresken Altstadt und dem neueröffneten Haus der Stadtgeschichte. Stadtführungen unterschiedlichster Art erwarten Sie hier: die Magd Agnes führt durch das mittelalterliche Waiblingen, der Nachtwächter beleuchtet die romantische Biedermeierzeit. Die Galerie Stihl Waiblingen, mit drei Wechselausstellungen im Jahr, zeigt Arbeiten mit und auf Papier. Nebenan locken abwechslungsreiche Gastronomie und ein großer Biergarten auf der Schwaneninsel.

Wir informieren Sie gerne über unsere Stadt:

**Touristinformation
Waiblingen**
Scheuerngasse 4
71332 Waiblingen
Tel: 07151-5001 155
touristinfo@waiblingen.de

www.waiblingen.de

Fachwerkromantik in der Waiblinger Altstadt

sich einst die erste Waiblinger Ziegelei. Als die Industrialisierung durch den Eisenbahnanschluss 1861 einsetzte, wuchs die Stadt in Richtung Bahnhof. 1902 wurde die Karolingerschule erbaut, die heute das KARO Familienzentrum beherbergt. Gegenüber ist die »Villa Roller«, ein 1911/1912 errichtetes Jugendstilgebäude, zu sehen, in dem ein Jugendzentrum untergebracht ist. - Wieder vorbei an der Michaelskirche und an der Bürgermühle und durch den malerischen Apothekergarten erreicht man die 6) Nikolauskirche, die 1269 erstmals erwähnt und, in Abgrenzung zur großen oder äußeren Kirche, auch als kleine bzw. innere Kirche bezeichnet wurde. Seine heutige Gestalt erhielt das Gotteshaus während des spätgotischen Umbaus 1488. Nach der teilweisen Zerstörung beim Stadtbrand 1634 erfolgte ab 1674 der Wiederaufbau und 1682 die Weihe. Besonders sehenswert ist die barocke Kanzel. - Durch die Kurze Straße gelangt man zum 7) Rathausplatz mit dem 1959 erbauten und 2002 sanierten Rathaus, das auf dem Areal des 1634 abgebrannten Schlosses der Grafen von Wirtemberg steht. Davon ist nur noch der Schlosskeller erhalten. Gegenüber befindet sich das 1976 nach Plänen des Architekten Wilfried Beck-Erlang errichtete Marktdreieck mit Geschäften und der Stadtbücherei. Am Gebäude Kurze Straße 28, das seit 1650 ohne Unterbrechung als Apotheke genutzt wird, ist am Hauseck ein schöner Neidkopf aus dem 17. Jh. zu sehen (siehe auch Seite 19, »Waiblinger Neidköpfe«). - Den malerischen Mittelpunkt der Altstadt bildet der 8) Marktplatz. Das Alte Rathaus (Hs. Nr. 4) mit seinen heute freigelegten Arkaden war bis 1875 Sitz der Stadtverwaltung. Im Schillerhaus (Hs. Nr. 3) lebten Vorfahren des Dichters. Im ehem. Oberamtsgericht (Hs. Nr. 1), das von einem Barockerker geschmückt wird, wohnte im 19. Jh. der Oberamtsrichter Karl Mayer, der hier auch Besuch von seinen Dichterfreunden Eduard Mörike und Nikolaus Lenau bekam. Seit 1988 stehen die »Taubenhäusler« auf dem Marktplatz, eine Plastik von Professor Karl-Henning Seemann aus Löchgau, die sich auf das Gedicht »Taubenhäusler« von Robert Herb bezieht. Hinter dem Marktbrunnen mit der Justitia erhebt sich der restaurierte Fruchtkasten der Geistlichen Verwaltung (Kurze Straße 27), das einzige Quaderhaus im Rems-Murr-Kreis. - Durch das 9) Bädertörle kommt man über den Mühlkanal zur Erleninsel, einen schönen Park mit Wiesen und Bäumen. In der Umgebung des Bädertörles standen einst die beiden mittelalterlichen Badehäuser. Innerhalb der größtenteils erhaltenen Stadtmauer führt ein Wehrgang aus der zweiten Hälfte des 13. Jh. bis zum 10) Beinsteiner Torturm, der als einziges von einst drei Stadttoren erhalten blieb. Auf der stadtabgewandten Seite sind das Wappen Graf Eberhards V. zusammen mit dem Waiblinger

Beinsteiner Tor

Stadtwappen von 1491 sowie zwei Sgraffitogemälde von 1938 zu Ereignissen aus der Stadtgeschichte zu sehen. Die Steinbrücke wurde 1735 von Johann Adam Groß erbaut. Zu einer Verschnaufpause kann man neben dem Beinsteiner Torturm einkehren in den Biergarten Schwaneninsel.

🎵 **Biergarten Schwaneninsel** - Bayerisches Flair und schwäbische Gastlichkeit verbinden sich im idyllisch auf einer Insel in der Rems gelegenen Biergarten zu einem liebenswerten Ganzen. 800 bequeme Sitzplätze unter Kastanien und Sonnenschirmen und ein vielfältiges kulinarisches Angebot mit schwäbischem Vesper, bayerischen Schmankerl und knackigen Salaten laden zu genussvollen Stunden ein. Nahezu alles, was auf den Tisch kommt, stammt aus Betrieben in der nächsten Umgebung. Ausgeschenkt werden Bier aus der Region und die guten Remstäler Weine, Most und Saft von den nahen Streuobstwiesen u. v. m. Außerdem gibt es einen kostenlosen Fahrrad-Service-Point, eine Boulebahn und einen Kinderspielplatz. Jazzliebhaber treffen sich von Mai bis September sonntags ab 11 Uhr zum traditionellen Jazzfrühschoppen und auch Viertelestrinker sind nicht nur am Weintag im August herzlich willkommen. Im angrenzenden Kulturhaus Schwanen trifft man sich regelmäßig zu Musik, Tanz, Theater und Kabarett. - ÖZ: Täglich bei Biergartenwetter von 11 Uhr bis 23 Uhr (an Veranstaltungstagen auch etwas früher).

➡️ **Fortsetzung Historischer Stadtrundgang** - Frisch gestärkt erreicht man nun durch das ursprünglich nur 90 cm breite Tränktor die 11) Weingärtner Vorstadt. In einem ehem. Gerberhaus, einem eindrucksvollen Fachwerkgebäude aus der Mitte des 16. Jh., ist das im Mai 2014 mit einer neuen Konzeption wiedereröffnete Haus der Stadtgeschichte untergebracht. Gegenüber fallen das moderne Gebäudeensemble mit der Galerie Stihl Waiblingen und der Kunstschule Unteres Remstal, beide entworfen vom Stuttgarter Architekten Hartwig N. Schneider, sowie die neue Häckermühle ins Auge. In drei Wechselausstellungen pro Jahr zeigt die Galerie Stihl schwerpunktmäßig Arbeiten auf oder aus Papier - von der klassischen Zeichnung über Comics und Bildergeschichten bis zur angewandten Zeichnung. - Weiter durch die Weingärtner Vorstadt gelangt man zur 12) Marktgasse. Die Einkaufspassage wurde 1990 an der Stelle der Sachsenheimer Gasse erbaut und verbindet den Altstadtkern mit der äußeren Stadt. Nach einem Bummel durch die Marktgasse lohnt sich noch ein Abstecher in die 13) Lange Straße, entlang derer sich sehenswerte restaurierte Fachwerkbauten aneinander reihen, u. a. die »Alte Herberge« (Hs. Nr. 36) mit dem Herbergsbrunnen und der 1658 nach dem Stadtbrand wieder aufgebaute Pfleghof des Klosters Adelberg, das spätere Kameralamt (Hs. Nr. 40).

Besuchen Sie den schönsten Biergarten im Remstal

BIERGARTEN SCHWANENINSEL
SANWALD *Weizen*

Winnender Str. 4 · Waiblingen
Am historischen Beinsteiner Tor,
direkt an Rems und Altstadt
Tel. 07151/98 69 70
täglich bei Biergartenwetter ab 11 Uhr
www.biergarten-schwaneninsel.de

Jazz-Frühschoppen sonntags ab 11 Uhr

➦ **Neidkopf-Rundgang** - Zu einer ganz besonderen Entdeckungsreise durch die Altstadt lädt der Neidkopf-Rundgang mit 13 Stationen ein. Neidköpfe dienten als markantes Erkennungszeichen an Häusern und dokumentierten den Wohlstand des Besitzers, sollten jedoch vor allem Schutz vor dem »bösen Blick« bieten. Im Laufe des Rundgangs, zu dem bei der Tourist-Information ein bebildertes Faltblatt erhältlich ist, werden die Standorte und die Bedeutung der Gesichter erläutert.

➦ **Wandertipp: Waiblinger Rundwanderweg** - Auf einer Strecke von gut 13 km führt der Waiblinger Rundwanderweg in 4 ½ Stunden um die Stadt und bietet schöne Ausblicke in das Remstal und bis nach Stuttgart. Als Wegweiser dienen Aufkleber mit dem Waiblinger Wappen und der Bezeichnung »Rundwanderweg«. Die Tourist-Information hält weitere Auskünfte zu Wandermöglichkeiten rund um Waiblingen bereit.

Neidkopf

TOUR 02

Kleinheppach - Großheppach - Gundelsbach - Kreuzeiche - Kleinheppacher Kopf - Kleinheppach

Charakteristik - Höhepunkt dieser Wanderung auf aussichtsreichen Weinbergwegen und durch ruhige Waldabschnitte ist der grandiose Blick vom Kleinheppacher Kopf, der über weite Teile des Remstals bis nach Stuttgart reicht. Zum Teil sind längere Steigungen zu bewältigen. Eine Wegerweiterung auf die Buocher Höhe ist möglich (siehe unten).
Anfahrt - Von Stuttgart B 14/29, Ausfahrt Großheppach. - Von Backnang B 14, Ausfahrt Korb. - Vom Bahnhof Waiblingen oder Endersbach (S-Bahn) mit der Buslinie 209 nach Kleinheppach.
Parken - Ⓟ beim Gasthaus-Pension Zur Krone.

10 km

2 ¾ Stdn.

190 m

✪ **Kleinheppach** - Seit 1972 gehört der Weinort zur Gemeinde Korb. Im ehemaligen Rathaus befindet sich das Steinzeitmuseum mit den vorgeschichtlichen und volkskundlichen Sammlungen von Eugen Reinhard, die zu den bedeutendsten Privatsammlungen in Baden-Württemberg gehören (ÖZ: In der Regel an jedem ersten und dritten Sonntag im Monat, jeweils 14-16 Uhr, in den Sommer- und Winterferien geschlossen, Anmeldungen für Gruppen unter Tel. 07151/606532).

➦ **Der Rundweg** - Vom Gasthaus-Pension »Zur Krone« geht man durch die Kelterstraße, die geradeaus in den Oberen Weg übergeht. Dieser führt im Linksbogen aus dem Ort hinaus, bald danach erreicht man den Ortsrand von Großheppach. Man folgt der Wartbühlstraße links aufwärts bis an deren Ende, biegt dann links in die Straße Im Pfad ein und geht über Treppenstufen aufwärts. Dann wandert man auf dem Querweg nach rechts entlang der Weinberge. Nach einem scharfen Rechtsbogen nimmt man den ersten Abzweig nach links und folgt dem Rad- und Fußweg Richtung Gundelsbach, später mit dem [Blauen Kreuz]. An der Kreuzung nach dem Auffangbecken geht man geradeaus, vorbei an einem Weingut, nach Gundelsbach. Durch die Gundelsbacher Straße nach links erreicht man das

🍴 **Restaurant Zum Türmle** - Im Gundelsbacher Tal zwischen Weinbergen, Wiesen und Wäldern gelegen, lädt das Gasthaus mit seinen rustikalen Gasträumen und der Terrasse mit herrlicher Aussicht zu einer erholsamen Rast ein. Der Gast wird verwöhnt mit schwäbischen Gerichten und Spezialitäten aus aller Welt. Holzofenbrot, Kuchen sowie Salz- und Zwiebelkuchen kommen aus der eigenen Backstube, die Wurstwaren fürs Vesper stammen aus eigener Herstellung. - ÖZ: Mittwoch bis Freitag 12-23 Uhr, Samstag 12-24 Uhr, Sonn- und Feiertag 11-22 Uhr. Montag und Dienstag ist Ruhetag.

➦ **Fortsetzung Rundweg** - Nach der Einkehr folgt man weiter der Gundelsbacher Straße und dann immer dem [Blauen Punkt] geradeaus in den Wald, an einer Jagdhütte vorbei und z. T. steil aufwärts zur großen Wegespinne an der Kreuzeiche (426 m). Hier orientiert man sich nicht mehr am [Blauen Punkt], sondern nimmt den ersten Abzweig nach links auf einen breiten Forstweg. Nach ca. 20 Min. erreicht man eine große Waldkreuzung, an der man links abbiegt und immer dem [Roten Strich] und dem Wegweiser [Kleinheppacher Kopf] folgt. An der nächsten Gabelung hält man sich rechts und kommt so zum wunderschönen Freizeitgebiet auf dem Kleinheppacher Kopf mit einmaliger Aussicht. Zahlreiche Ruhebänke, Feuerstellen und ein Spielplatz laden zum erholsamen Verweilen ein. Außerdem befindet sich hier ein Startplatz für Gleitschirmflieger. Weiter geht es auf dem schönen Panoramaweg nach links mit der Markierung [Roter

Strich], nach ca. 10 Min. erreicht man eine Querstraße, der man rechts abwärts durch die Weinberge folgt. An der ersten Kreuzung geht man geradeaus, nimmt die nächste Querstraße scharf links und wandert dann beim Brünnele scharf rechts. Jetzt gelangt man, immer dem [Roten Strich] folgend, abwärts in die Weinsteige und am Friedhof vorbei in die Ortsmitte von Kleinheppach bis zur Korber Straße, immer mit der Markierung [Roter Strich/GFW/ Georg-Fahrbach-Weg], und links zurück zur wohlverdienten Einkehr im

Gasthaus-Pension Zur Krone - Der traditionsreiche Betrieb, in dritter Generation in Familienbesitz, liegt mitten im Weinort Kleinheppach und verfügt über gemütliche Gasträume und eine schöne Gartenterrasse sowie modern eingerichtete Doppel- und Einzelzimmer mit Dusche/WC und Flachbildfernseher im neu erbauten Gästehaus. Die Speisekarte mit urig schwäbischen Gerichten wird ergänzt durch deftige Vesper, Saisonspezialitäten (u. a. Wild) und eine wechselnde Tageskarte. Ausgesuchte Weine aus der Remstalkellerei begleiten die gutbürgerliche Küche. - ÖZ: Mittwoch bis Montag durchgehend 11-23 Uhr (warme Küche 11.30-14 Uhr und 18-22 Uhr, Samstag/Sonntag durchgehend von 11.30-22 Uhr). Dienstag ist Ruhetag.

Mögliche Wegerweiterung - Wie beschrieben wandert man bis nach Gundelsbach. Dort folgt man dem Buocher Weg mit der Markierung [Blaues Kreuz] bis nach Buoch. An einer Kreuzung biegt man links ein in die Eduard-Hiller-Straße, geht mit [Roter Strich] zur Kreuzeiche und wie beschrieben zurück nach Kleinheppach. - 4 km - 1 Std.

TOUR 03

Kleinheppach - Hörnleskopf - Kreuzeiche - Kleinheppach

9 km

2 ½ Stdn.

Charakteristik - In ständigem Auf und Ab geht es durch Reben und Wald, und vom Hörnleskopf eröffnet sich eine großartige Aussicht.
Anfahrt - Von Stuttgart B 14/B 29, Ausfahrt Großheppach. - Von Backnang B 14, Ausfahrt Korb. - Vom Bahnhof Waiblingen oder Endersbach (S-Bahn) mit der Buslinie 209 nach Kleinheppach.
Parken - P beim Gasthof Zum guten Tröpfle.

➥ **Der Rundweg** - Vom Gasthof Zum guten Tröpfle geht man durch die Schulstraße vor bis zur Kirche, überquert die Korber Straße und folgt der Vorderen Straße aufwärts, dann der Weinsteige nach links. Der asphaltierte Weinbergweg verläuft [ohne Markierung] oberhalb des Friedhofs, nach 100 m führt eine Querstraße nach links. Die nächste Kreuzung nach 100 m überquert man und wandert geradeaus aufwärts durch die Weinberge. An der nächsten Gabelung nach 100 m hält man sich geradeaus, der Weg beschreibt einen leichten Rechtsbogen. An der Mehrfachgabelung vor einem Gartengrundstück geht man links und kommt in einem Linksbogen zum Ortsrand von Korb-Steinreinach. Sehenswert ist hier der Kirchplatz mit den restaurierten Mauern und den gotischen Maßwerkfenstern der ehemaligen Wallfahrtskirche St. Wolfgang, der regelmäßig die stimmungsvolle Kulisse für Kulturveranstaltungen unter freiem Himmel bildet. Der Steinreinacher Ortskern wurde in den Jahren 2007/ 2008 saniert und lädt heute zum gemütlichen Verweilen oder zu einer Partie Boule oder Schach ein. Von der Straße Im Leutenbacher folgt man der Buocher Straße rechts aufwärts und geht an der Kreuzung nach dem Linksbogen geradeaus. Stetig ansteigend geht es geradeaus vorbei an einer Ruhebank und dem Gedenkstein Rebflurbereinigung. An der nächsten Gabelung nach 5 Min. hält man sich halb rechts zwischen Weinberg und Obstbäumen aufwärts. Oben beim Spielplatz wird die Kreuzung geradeaus überquert Richtung Hörnleskopf, weiter mit [Rotem Kreuz] und [Roter Traube]. Der Weg macht einen Rechtsbogen, am Waldende wandert man geradeaus (!) weiter und bleibt [ohne Markierung] auf dem breiten Weg. Unterhalb des Hörnleskopfes bieten sich herrliche Ausblicke. Am Ende der Weinberge führt ein Querweg halb links in den Wald (Panoramasträßle). Ein weiterer Querweg verläuft links durch eine Schranke. Nach 50 m wandert man an der großen Waldkreuzung geradeaus mit den Markierungen [Rotes Kreuz], [Rote Traube] und [6]. Auf einem breiten Forstweg geht es durch den Wald zur Erholungsanlage Buocher Höhe. Vor (!) der Kreuzung bei der Kreuzeiche nimmt man die erste Möglichkeit (!) rechts und wandert [ohne Markierung] lange steil abwärts. Auf einem

schmalen Pfad erreicht man den Talgrund. Hier geht man kurz links, um nach 50 m an einer Gabelung den Weg rechts aufwärts fortzusetzen mit den Markierungen [2] und [8]. In mehreren Links- und Rechtsbogen steigt der Weg an. Am Wegedreieck beim Waldspielplatz/Grillplatz orientiert man sich links aufwärts und wandert auf einem geschotterten Weg in mehreren Bogen aufwärts. Oben bei der Kreuzung verlässt man den Wald nach links durch eine Schranke und geht geradeaus vorbei an einer kleinen Hütte. Mit der Markierung [Rote Traube], die am Wegesrand und an einer Hütte zu sehen ist, geht es geradeaus abwärts durch die Weinberge bis zur zweiten Kreuzung. Danach folgt man der nächsten Querstraße scharf links und geht beim Brünnele scharf rechts. Jetzt erreicht man immer geradeaus die Kreuzung oberhalb des Friedhofes, geht dort links und kehrt auf bekanntem Weg zurück zum Gasthof Zum guten Tröpfle.

Gasthof Zum guten Tröpfle - In gemütlichen Gasträumen, die sich auch für Wandergruppen und Feiern eignen, oder bei schönem Wetter auf der lauschigen Gartenterrasse genießt man die gutbürgerliche, frische Küche mit internationalen Akzenten - die Auswahl reicht von schwäbischen Spezialitäten über traditionelle Vesper bis hin zum ständig wechselnden Saisonangebot (Spargel, Pfifferlinge, Wild, Gans etc.). Dazu gibt es ein »gutes Tröpfle« aus dem Remstal. Die behaglichen Gästezimmer und die Ferienwohnung sind mit Dusche/WC und Flachbildschirm ausgestattet. - ÖZ: Montag, Dienstag, Mittwoch, Freitag ab 17 Uhr, Samstag 11:30-14:30 Uhr und ab 17 Uhr, sonntags 11:30-21:00 Uhr, sowie nach Voranmeldung. Donnerstag ist Ruhetag.

Sie finden uns mitten im Weinbauort **Kleinheppach.** Wir sind bekannt für sehr gute schwäbische Küche und herzhafte Vesper. Erfreuen Sie sich dabei an einem Viertele aus dem **Remstal.**

- Moderne Gästezimmer
- Wandergruppen und Busse sind herzlich willkommen
- Großer Parkplatz, Gartenterrasse

Familie Ritter-Barich
Schulstraße 14
71404 Korb/Kleinheppach
Tel. 0 71 51/6 25 39
www.troepfle-korb.de

Wir freuen uns über Ihren Besuch!

Donnerstag Ruhetag • Mo.-Fr. ab 17 Uhr • Sa. 11:30-14:30 Uhr & ab 17 Uhr
So. 11:30-21:00 Uhr • sowie nach Voranmeldung

Weinstadt - Kultur trifft Natur

Der Name sagt es schon: Überall ist die Stadt von Hängen umgeben, auf denen oftmals prämierte Tropfen heranreifen. Weinstadt ist heute eines der größten Weinbauzentren Baden-Württembergs und besitzt die größte Rebanbaufläche im Remstal. Aber das ist lange nicht alles. Weinstadt - das sind Beutelsbach, Endersbach, Großheppach, Schnait und Strümpfelbach mit insgesamt ca. 26 000 Einwohnern. Fünf traditionsreiche Ortschaften, die zahlreiche Möglichkeiten zur Freizeitgestaltung und Erholung bieten - von Rad- und Wanderwegen im zauberhaften Remstal über Minigolf bis hin zum Sportzentrum mit Rasenspielfeld und Leichtathletikeinrichtungen. Interessiert an Kultur und Geschichte? Dann sollte man die Museen oder eine Veranstaltung des jährlichen Theater-, Konzert- und Kabarettprogramms besuchen. Der Weinstädter Veranstaltungskalender zeigt eine große Auswahl an Aktivitäten. Sogar in den Weinbergen kann man Kunst erleben und bei Stadtführungen Weinstadts Geschichte und Geschichtchen lauschen. In allen Ortschaften zeugen Gebäude von der reichen Historie. Natürlich darf auch der Wein nicht fehlen, der hier eine große Rolle spielt. Nicht entgehen lassen sollte man sich die traditionellen Kelterfeste oder eine Weinprobe auf einem lokalen Weingut. Die Weinstädter Gastronomie verwöhnt ihre Gäste mit Gaumenfreuden aus der regionalen Küche - von schwäbischen Spezialitäten bis hin zum deftigen Vesper.

Blick auf Weinstadt-Strümpfelbach

Ausgedehnte Weinberge, idyllische Bachauen, Obstgärten, Wiesen und Felder sowie waldbedeckte Höhen mit schönen Aussichtspunkten verlocken zu abwechslungsreichen Rundwanderungen.

Weinbau- und Skulpturenpfade, ein Streuobstpfad und der Weinstädter Liederweg machen Weinstadt einzigartig und reizvoll. Hervorragende Gastronomie für jeden Geschmack, traditionelle Besenwirtschaften und Biergärten laden zum Verweilen ein.

Wir freuen uns auf Ihren Besuch in unserem:

Wanderparadies Weinstadt

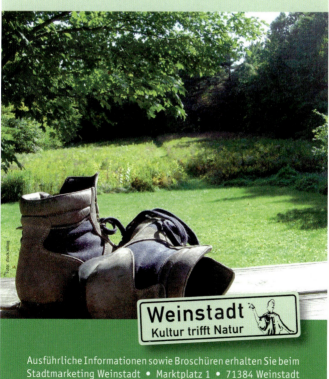

Ausführliche Informationen sowie Broschüren erhalten Sie beim
Stadtmarketing Weinstadt • Marktplatz 1 • 71384 Weinstadt
Telefon 07151 693-0 • gast@weinstadt.de • www.weinstadt.de

TOUR 04

Weinstadt-Strümpfelbach - Lobenrot - Stetten - Strümpfelbach

Charakteristik - Ein sehr schöner Rundweg durch Obstbaumwiesen und Weinberge, vor allem im Frühling während der Blütezeit und im Herbst, wenn sich das Laub bunt verfärbt.
Anfahrt - B 14/B 29 Stuttgart - Schwäbisch Gmünd, Ausfahrt Weinstadt-Strümpfelbach. - Von Stuttgart mit S 2 bis Endersbach, von dort mit Buslinie 202 nach Strümpfelbach.
Parken - Gäste-P beim Lindhälder Stüble oder auf der Zufahrt zum Gasthof gegenüber dem Sportplatz. Weiterer P gegenüber dem ehem. Gasthaus Zum Sorgenbrecher im Kirschblütenweg.

12 km

3 Stdn.

350 m

✪ **Weinstadt-Strümpfelbach** - Der hübsche, vom Weinbau geprägte Ort wurde 1265 erstmals urkundlich erwähnt. Das Ortsbild wird dominiert durch ein Fachwerkensemble von einmaliger Geschlossenheit. Die rund 80 Fachwerkgebäude aus dem 16. und 17. Jh., vorwiegend Wengerterhäuser, stehen unter Denkmalschutz. Glanzstück ist das Rathaus von 1591 mit offener Laube und verziertem Eichengebälk, sehenswert sind auch die Ev. Pfarrkirche (1470/80) mit Wand- und Deckenmalereien, das Museum Sammlung Nuss (ÖZ: jeden ersten So. im Monat, 14-17 Uhr) und der Skulpturenpfad, auf dem 39 Skulpturen aus Bronze und Stein, Werke aus drei Künstlergenerationen (Professor Fritz Nuss, sein Sohn Karl Ulrich Nuss und sein Enkel Christoph Traub) zu sehen sind.

➥ **Strümpfelbach - Lobenrot - Stetten** - 2 Stdn. - Vom P des Lindhälder Stüble geht man [ohne Markierung] auf einem Asphaltweg zwischen Stuckateurfirma/Wohnwagenstellplatz auf der rechten Seite und Sportplatz/Bach (Strümpfelbach) auf der linken Seite ca. 10 Min. bachaufwärts Richtung Ortsmitte. 10 m hinter dem Schild [Wasserschutzgebiet] zweigt ein schmaler Asphaltweg (Abendrain) rechts ab. Auf diesem wandert man bis zu einer Kreuzung und hier geradeaus mit dem [Blauen Kreuz] durch die Lindenstraße, vorbei an den ersten Fachwerkhäusern bis zur Hauptstraße. Im Ort trifft man immer wieder auf Skulpturen der Familie Nuss, die hier wohnhaft ist. An der Hauptstraße geht man rechts - unter Beibehaltung der Richtung - vorbei am Museum Sammlung Nuss und dem Rathaus bis zur Kirche, die auch Kunstwerke von Fritz und Karl Ulrich Nuss (Taufstein bzw. Portal) enthält. Gegenüber der Kirche zweigt die Straße Am Hüttenbach nach rechts von der Hauptstraße mit [Blauem Kreuz] und Wegweiser [Fußweg nach Lobenrot und Esslingen] ab. Der Weg führt jetzt eine gute ½ Std. durch ausgedehnte Obstbaumwiesen und vorbei an Weinbergen aufwärts, die Aussicht entschädigt für die Anstrengung. Bei den Abzweigungen hält man sich immer mit dem [Blauen Kreuz] aufwärts Richtung Lobenrot (!), vorbei am ND Eichle, einer mächtigen Eiche. Der Kultur-

landschaftspfad verläuft auf diesem Teilwegstück. Unterhalb von Lobenrot, 150 m nach einem Strommasten am Weg, weist das [Blaue Kreuz], hier ein kurzes Wegstück gemeinsam mit dem Remstal-Höhenweg, aufwärts über eine Wiese (!). Das [Blaue Kreuz] führt an einem Wasserhäuschen vorbei weiter aufwärts zur Fahrstraße nach Lobenrot und überquert diese. Hier hat man eine schöne Aussicht Richtung Norden. Anschließend geht es geradeaus abwärts und am Waldrand auf einem schmalen Pfad schräg links abwärts in den Wald. Dieser Wegabschnitt befindet sich aufgrund von Forstarbeiten teilweise in schlechtem Zustand. Man überquert mit dem [Blauen Kreuz] zwei Querwege. Der Weg verläuft nun steiler abwärts, zuletzt neben einer Schlucht. Vorsicht bei feuchter Witterung und nach Niederschlägen! Mit dem dritten (breiten) Querweg (Schild NSG) verlässt man das [Blaue Kreuz] auf dem Ettenfürst-Talsträßle nach rechts. Man bleibt damit auf der rechten Seite des Stettener Haldenbachs und überquert nicht (!) den Bach. Beim Waldaustritt trifft man auf den [Blauen Strich] und man geht durch Obstbaumwiesen Richtung Stetten. Kurz nach dem Friedhof wird der Ortsbeginn von Stetten erreicht.

✪ **Stetten** - Stetten wurde 1975 zusammen mit Rommelshausen zur Gemeinde Kernen im Remstal verbunden. Der idyllische, ländlich geprägte Ort gehört zu den bedeutendsten Weinorten Baden-Württembergs. Von 1241 bis 1508 war er Sitz der Truchsessen von Stetten, die auf der Y-Burg und im Stettener Schloss (heute Heim für Behinderte) residierten. Im Ortskern sind gut restaurierte Fachwerkhäuser erhalten, außerdem die Ev. Kirche von 1698/99 mit dem im Jahr 1828 im Campanilestil erbauten Turm. Im Museum unter der Y-Burg, untergebracht in einem schönen, um 1620 erbauten Fachwerkhaus, erfährt man Wissenswertes und Historisches über die Gemeinde Kernen und ihre beiden Ortsteile (ÖZ: So. 15-18 Uhr, außer im August, Führungen nach Vereinbarung unter Tel. 07151/41300). Das weithin sichtbare Wahrzeichen des Ortes ist die Ruine Y-Burg. Die Anlage wurde ungefähr 1300 bis 1310 durch die Truchsessen von Stetten und ihre Cousins von Y-Berg erbaut, zunächst jedoch nur der Palas, das eigentliche Wohngebäude. Um 1650 wurde ein drittes Stockwerk aufgesetzt. Ab 1659 wurden die Gemäuer nicht mehr bewohnt und schließlich 1759 bis auf die vier Außenwände abgerissen. Seit 1960 befindet sich die Y-Burg im Besitz der Gemeinde, wurde grundlegend saniert und bildet heute die stimmungsvolle Kulisse für den jährlichen Kulinarischen Weinweg, Kleintheaterkunst und die traditionelle Weinprobe der Stettener Weingärtner.

Rathaus in Weinstadt-Strümpfelbach

➡ **Stetten - Strümpfelbach** - 1 Std. - In Stetten wandert man auf der Hindenburgstraße an der Glockenkelter von 1786 und am Museum unter der Y-Burg vorbei. Auf der rechten Hangseite ist oberhalb von Stetten die Y-Burg sichtbar. Kurz vor der ev. Kirche weist der Wegweiser [Strümpfelbach], ebenso wie der [Württembergische Weinwanderweg], nach rechts in die Steigstraße. Damit wird der [Blaue Strich], der geradeaus weiterführt, verlassen. Hinter Hs. Nr. 14 in der Steigstraße führt ein Treppenweg mit dem [Blauen Punkt] steil aufwärts zur Ruine Y-Burg. Von oben hat man eine schöne Aussicht auf Stetten. Man geht links an der Burg vorbei durch die Weinberge und folgt dem Wanderzeichen an einer Kreuzung nach links. An der ersten Abzweigung nach rechts folgt man nicht (!) dem [Blauen Punkt] und dem zusätzlichen Wegweiser [7 Linden AP], sondern geht weiter geradeaus leicht abwärts bis zur zweiten Abzweigung nach rechts mit dem Wegweiser [Fußweg Strümpfelbach]. Nach 50 m nimmt man den Weg nach links steil abwärts und bleibt bei der nächsten Kreuzung geradeaus auf dem Asphaltweg, später auch ein Wegstück mit Betonplatten, durch Weinberge mit schöner Aussicht auf Korber und Kleinheppacher Kopf und die gegenüber liegenden Weinberge. An der nächsten Gabelung hält man sich rechts und wandert an einer Scheune vorbei. Später geht es nur noch leicht abwärts. Man kommt an einer hohen Weidengruppe (ND) mit anschließendem Rechts-Links-Bogen vorbei. Zuletzt geht man zwischen einem Tennisplatz (rechte Seite) und einem Spielplatz (linke Seite) zurück zum

🍴 **Lindhälder Stüble** - Das Event-Restaurant liegt idyllisch im Grünen, am Ortseingang von Strümpfelbach und besticht durch das angeheme Ambiente in den liebevoll je nach Jahreszeit dekorierten Gasträumen, im neu gestalteten Biergarten und auf der überdachten Terrasse (im Winter verglast und beheizt). Die durchgehend warme und kalte Küche (u. a. täglich wechselnder Mittagstisch) bietet bevorzugt schwäbische, regionale Spezialitäten, aber auch überregionale Speisen, die von erlesenen Weinen aus den umliegenden Anbaugebieten begleitet werden. Zum Nachmittagskaffee genießt man feines Gebäck. Bei den regelmäßig stattfindenden volkstümlichen Musikabenden und beim Country & Western-Fest kommen Musikfans auf ihre Kosten. Ein großer P (auch für Busse) sowie Caravan- und Wohnmobilstellplätze (nur für Gäste) stehen zur Verfügung. - ÖZ: Di. bis Sa. 11-23.30 Uhr, So. 11-22 Uhr. Mo. ist Ruhetag (an Feiertagen geöffnet).

TOUR 05

Strümpfelbach - Schanbach - Planetenweg - Aichelberg - Karlstein - Strümpfelbach

14½ km

4¼ Stdn.

209 m

Charakteristik - Der abwechslungsreiche Rundweg führt mit moderaten Steigungen durch Weinberge und entlang des Planetenweges. Klingen, Kirchen und herrliche Ausblicke in das Neckar- und Remstal zeichnen diese Wanderung aus.
Anfahrt - B 14/B 29 Stuttgart - Schwäbisch Gmünd, Ausfahrt Weinstadt-Strümpfelbach. - Von Stuttgart mit S 2 bis Endersbach, von dort mit Buslinie 202 nach Strümpfelbach.
Parken - Gäste-P Gasthaus Zum Hirsch.

Gasthaus Zum Hirsch - Das Restaurant befindet sich in einem historischen Fachwerkhaus im Ortskern von Strümpfelbach und verfügt über gemütliche Garträume, in denen ausdrucksstarke Aquarelle zu bewundern (und zu erwerben) sind. Auf der regelmäßig aktualisierten Speisekarte findet sich eine große Auswahl an schwäbischen Gerichten und im »Hirschblättle« wird man mit saisonalen Spezialitäten verwöhnt. - ÖZ: Mi.-So. 11.30-14.30 Uhr und ab 17.30 Uhr. Montag und Dienstag ist Ruhetag.

Strümpfelbach - Schanbach - 2¼ Stdn. - Vom Gasthaus Zum Hirsch geht man, am historischen Rathaus vorbei, 400 m entlang der Hauptstraße und biegt dann links ein in die Lindenstraße, Wegweiser [Nach Stetten], der man bis zum Linden-Brunnen folgt. Danach wandert man geradeaus aufwärts, Wegweiser [Fußweg nach Stetten], dann Wegweiser [Kulturlandschaftspfad KLP]. Nach 150 m nimmt man den zweiten Weinbergweg scharf links und geht weiter mit der Markierung [KLP] durch die Weinberge mit schöner Sicht auf Strümpfelbach und das Remstal. Am Waldrand, an dem man weiter entlang wandert, ist ein geologischer Aufschluss des Kieselsandsteins zu sehen. Nach dem Wald geht es vorbei am Haubrünnele leicht abwärts zum Silcher-Linden-Plätzle (drei Linden auf der linken Seite), danach

Gasthaus Zum Hirsch

Hauptstr. 3 · 71384 Weinstadt-Strümpfelbach
Tel.: 0 71 51/611 03 · www.hirsch-struempfelbach.de

scharf rechts. An der nächsten Gabelung hält man sich links **(!)** Richtung Lutherbaum und Eichle. Vorbei an der tief eingeschnittenen Hüttenbachklinge kommt man zum P Lutherbaum. Vor der Schutzhütte biegt man scharf **(!)** rechts ab Richtung Lobenrot, vorbei am ND Eichle, Markierung [KLP]. 100 m nach dem Eichle geht es vor zwei Linden links ab mit dem [Blauen Kreuz auf weißem Grund], rechts oben liegt der Ort Lobenrot. Weiter bis zum Waldrand, von dort führt ein lohnender Abstecher 50 m geradeaus zu einer Lichtung, von der sich ein herrlicher Blick über das Remstal bis zum Stromberg eröffnet. Zurück auf dem Weg, wandert man weiter rechts am Waldrand entlang [ohne Markierung] bis zur Landstraße (Schanbacher Straße), die man überquert. Man folgt dem Feldweg mit der Markierung [Dreieck mit Nr. 8], geht dann halb links über einen Wiesenweg, danach halb rechts Richtung Wald und vor dem Wald links. An der nächsten Gabelung hält man sich links, dann nach 100 m rechts Richtung Schanbach, [Dreieck mit Nr. 8]. Nach 250 m an der nächsten Gabelung geht man links [ohne Markierung]. Der Weg führt um Schanbach herum, kurz vor dem Ortsende, vor einer Rundbank, geht es links Richtung Seniorenheim (Straße Im Lutzen) bis zur Hauptstraße, an der die Kirche mit spätmittelalterlichem Chorturm zu sehen ist.

➥ **Schanbach - Planetenweg - Aichelberg** - ¾ Std. - Man folgt der Hauptstraße für 100 m bis zur Fußgängerüberführung, überquert die Straße und kommt geradeaus durch die Albstraße bis zum Friedhof. Davor geht man rechts und sofort links zur Schule. Zwischen Sporthalle und Schule erreicht man geradeaus das Jugendhaus (Sternwarte), hier beginnt der Planetenweg. Nach Überquerung der Straße nach Aichelberg (K 1212) folgt man dem Planetenweg mit der Markierung [Rotes Kreuz auf weißem Grund] und wandert geradeaus weiter am Waldrand entlang Richtung Aichelberg.

✪ **Aichelberg** - Ein kurzer (200 m), aber lohnender Abstecher führt zur Aichelberger Kirche »Zu unserer lieben Frau«, die 1460 erstmals erwähnt wurde. Die ehemalige Wehrkirche ist von einer Mauer umgeben und birgt im Inneren Wandmalereien aus der zweiten Hälfte des 15. Jahrhunderts sowie Tafelbilder von Joseph Wagner aus Alfdorf aus dem Jahr 1760, die vom Leben Jesu und den 12 Aposteln erzählen. (ÖZ: 1.5. bis 2.10. an Sonn- und Feiertagen, 14-17 Uhr).

➥ **Aichelberg - Karlstein - Strümpfelbach** - 1¼ Stdn. - Weiter am Waldrand entlang und durch den Wald führt der [Blaue Punkt auf weißem Grund] zum Karlstein, von dem der herrliche Ausblick bis nach Stuttgart und das Umland reicht. Durch die Weinberge wandert man mit der [Roten Weintraube auf weißem Grund] abwärts nach Strümpfelbach zum St. Urban-Weg und von dort weiter zwischen den Weinbergen und dem Ortsrand, vorbei an der Strümpfelbacher Kelter, bis zum Friedhof. Nach rechts durch den Friedhofweg erreicht man die Hauptstraße und dort nach links das Gasthaus Zum Hirsch.

TOUR 06

Rund um Strümpfelbach

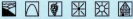

11 ½ km
3 ½ Stdn.
540 m

Charakteristik - Der Rundweg ist geprägt durch Obstbaumwiesen und Weinberge und bietet auch kulturelle Sehenswürdigkeiten. Etwas Zeit sollte man auch für die Besichtigung der schönen Fachwerkhäuser in Strümpfelbach einplanen.
Anfahrt - B 14/B 29 Stuttgart - Schwäbisch Gmünd, Ausfahrt Weinstadt-Endersbach. - Von Stuttgart mit S 2 bis Endersbach.
Parken - In der Nähe der Weinstube Fuhrmann in der Traubenstraße.

Weinstube Zum Fuhrmann - Im malerisch zwischen Rathaus und Kelter gelegenen ehemaligen Fuhrmannshaus erstrecken sich die Gasträume über zwei Etagen. Der rustikale Dielenboden, robuste Holzbalken und eine schöne alte Treppe schaffen ein uriges Ambiente, ergänzt durch alte Uhren und moderne Kunstwerke. Auf der ständig wechselnden Speisekarte finden sich gutbürgerliche, regionale Gerichte, saisonale Spezialitäten und einfache Vesper. Im Sommer kann man auf dem Freisitz leichte Gerichte genießen. Die Weinkarte bietet regionale Weine aus der Remstalkellerei und von lokalen Selbstvermarktern. - ÖZ: Dienstag ab 17 Uhr, Mi. bis So. 11.30-14 Uhr und ab 17 Uhr. Montag ist Ruhetag. Abends und an Sonntagen Tischreservierung erforderlich.

Unsere Öffnungszeiten:
Di.   17.00-24.00 Uhr
Mi.-So. 11.30-14.00 Uhr
              17.00-24.00 Uhr
          Montag Ruhetag

Abends und sonntags Tischreservierung erforderlich.

Traubenstraße 19
71384 Weinstadt-Endersbach

Auf Ihren Besuch freut sich
Familie Bauer

Tel. 0 7151/60 34 00
Fax 0 7151/6 26 45

www.weinstube-fuhrmann.de

✪ **Endersbach** - »Andrespach« wurde 1278 erstmals urkundlich erwähnt, Funde aus der Altsteinzeit, der Bronzezeit und aus den Epochen der Kelten, Römer und Alemannen belegen jedoch eine weitaus frühere Besiedelung des Gebietes. Von Endersbach aus wurde wohl auch Strümpfelbach gegründet, mit dem im 16. Jh. ein Streit über die gemeinsamen Wälder entbrannte. Der Karlstein erinnert an die Schlichtung dieses Streits durch Herzog Carl Eugen von Württemberg im Jahre 1793. Mit dem Anschluss an die Remsbahn 1860 hielt die Industrialisierung Einzug, doch bis heute ist der traditionelle Weinbau von großer Bedeutung im zweitgrößten Teilort Weinstadts. Einer der berühmtesten Söhne Endersbachs ist der Maler Karl Friedrich Bauerle (1831-1912), der sogar am britischen Hof von Königin Victoria geschätzt wurde und dessen Porträts bis heute weltweit hohe Preise erzielen.

➥ **Der Rundweg** - Von der Weinstube Zum Fuhrmann wandert man durch die Traubenstraße in südlicher Richtung schnell auf die freien Felder hinaus. Dem Weg nach Strümpfelbach folgt man gut 2 km. Es geht unterhalb der Endersbacher Kelter vorbei, zwei weitere Gehöfte folgen, danach nimmt man den zweiten Weg rechts hinab zur Hauptstraße von Strümpfelbach (siehe auch Seite 28). Diese ist vorsichtig zu überqueren. Die Wanderung verläuft nun ca. 500 m auf einem asphaltierten Weg, vorbei an Sportplatz, Sängerheim und einem schön gelegenen Spielplatz. Den asphaltierten Weg verlässt man an einer starken Rechtsbiegung und begibt sich nun geradeaus auf einen Wiesenweg, der im weiteren Verlauf langsam halb links ansteigt. Die Aussicht auf Strümpfelbach wird nun immer schöner und man erreicht recht schnell eine Gabelung, ab der man den Schildern des Kulturlandschaftspfades [KLP] folgt. Der Weg führt auf halber Höhe entlang, Infotafeln erläutern die landschaftlichen Gegebenheiten im Remstal. Vorbei an Wochenendgrundstücken kommt man nach knapp 2 km auf dem Kulturlandschaftspfad an eine Wegegabelung, an der man nach links entlang des Hüttenbachs in den Ort bis zur Hindenburgstraße (L 1201) absteigt, Markierung [Blaues Kreuz auf weißem Grund]. An der Ortsdurchfahrt geht es nach links, dann biegt man in das Sträßchen Im Oberdorf ab. Die nächste Möglichkeit nach links führt wieder aus dem Ort hinaus. Das Weingut Wilhelm lässt man rechts liegen und umrundet das Umspannhäuschen nach links in den Herzenklingenweg. Dieser steigt leicht an, 150 m geht es oberhalb des Friedhofs entlang, danach ist man wieder im Weinberg. Nach weiteren 500 m steht man vor der ersten Skulptur des Skulpturenpfades von Prof. Karl Ulrich Nuss (weitere Informationen unter www.karl-ulrich-nuss.de). Der Weg wird steiler und man kann sich an einem Ziegenbock, dem Liegenden und der Kariatyde orientieren. An der Kariatyde geht es nach rechts und man hat den steilsten Teil des Anstiegs geschafft. Durch ein kleines Wäldchen wandert man wieder in die Weinberge. In der nächsten Linkskurve kommt man an weiteren Skulpturen vorbei. Oberhalb des kleinen Wäldchens verlässt man dann den Skulpturenpfad, die Gruppe 26, 27, 28 sind die letzten Skulpturen, bevor es geradeaus weiter auf den Gipfel des Hirschkopfes geht. Der nach dem Gedenkstein benannte Karlstein bietet neben der Aussicht ins Remstal, nach Stuttgart und auf die Neckarvororte auch eine Grillstelle und einen Spielplatz. Von nun an geht es bergab, man nimmt den Wanderpfad am Waldrand rechts von der Steinmauer und durchwandert ein Biotop, das von der NABU-Ortsgruppe gepflegt wird. Zurück auf dem Rebflurweg geht es vorbei am Gedenkstein zur Rebflurbereinigung und geradeaus auf den Aussichtsfelsen oberhalb von Strümpfelbach zu. Dieser ist mit seiner wunderschönen Vegetation auch nur auf abgestecktem Weg zu erreichen. Es geht wieder ein kurzes Stück zurück und die Wanderung folgt dem Rebflurweg, der erst im Links- und dann im Rechtsbogen unterhalb dem Schützenhüttle nach Endersbach hinunter führt. Am Ende des Weges biegt man links ab und kommt zu der großen Wegegabelung am Käppele. Die aus dem 15. Jahrhundert stammende ehemalige Wallfahrtskirche lässt man rechts liegen und folgt dem Fahrweg vorbei an Feldern und Gehöften weiter zum Friedhof von Endersbach. Am Friedhof geht es in die Neuffenstraße, die in die Traubenstraße übergeht, wo die Weinstube Zum Fuhrmann die Möglichkeit bietet, die Kräfte mit schwäbischen Spezialitäten wieder aufzufrischen.

TOUR 07

Endersbach - Strümpfelbach - Schanbach - Aichelberg - Karlstein - Endersbach

15 km

3½ Stdn.

400 m

Charakteristik - Höhepunkte der sehr abwechslungsreichen Wanderung durch Weinberge und durch Wald sind das idyllische Strümpfelbachtal und die grandiose Aussicht hinter dem Karlstein. Sehenswert sind auch das Rathaus und das Heimatmuseum in Endersbach sowie die zahlreichen Fachwerkhäuser in Strümpfelbach.
Anfahrt - B 14/B 29 Stuttgart - Schwäbisch Gmünd, Ausfahrt Weinstadt-Endersbach. - Von Stuttgart mit S 2 bis Endersbach.
Parken - Großer kostenfreier Kunden-P hinter dem Café Mack oder in den Haupt- und Seitenstraßen.

🍴 **Café Mack** - Im gemütlichen Café und auf der Terrasse genießt man feine, in Handarbeit und aus hochwertigsten Zutaten hergestellte Kuchen- und Tortenspezialitäten und kann für süße Momente zu Hause erlesene Pralinen erwerben. Wer es deftiger mag, den erwartet eine verlockende Auswahl an frisch und schonend zubereiteten Snacks. Mo.-Fr. täglich leckerer Mittagstisch. Beste Kaffee-, Tee- und Schokoladenspezialitäten runden den Genuss ab. - ÖZ: Mo. bis Sa. 7-18 Uhr, So. 8-18 Uhr.

➡ **Endersbach-Strümpfelbach-Schanbach-Aichelberg** - 2 ¼ Stdn. - Vom P am Café Mack geht man links auf der Strümpfelbacher Straße und biegt dann in die dritte Straße (Pflaster) links aufwärts ein, welche in die Traubenstraße mündet. Ab dem Rathaus (Hs. Nr. 2) folgt man der Markierung [Blaues Kreuz] auf der Traubenstraße aus dem Ort hinaus. Der asphaltierte Weg verläuft durch die Felder. Vor der Weingärtnergenossenschaft Endersbach geht man an der Gabelung rechts bis Strümpfelbach. Dort folgt man geradeaus der Endersbacher Straße bis zur Hauptstraße, welche nach links in den Ortskern führt und in die Hindenburgstraße übergeht. Man bleibt weiter geradeaus auf der Hindenburgstraße bis zur Strümpfelbacher Kirche mit ihrer sehenswerten Eingangstüre. Gegenüber dieser führt das [Blaue Kreuz] nach rechts, man folgt aber der Hindenburgstraße geradeaus und biegt dann links in die Straße Zum Streitberg ab. Ab hier folgt man dem [Blauen Punkt] und dem Wegweiser [Alte Kelter]. Man biegt in den zweiten Weg rechts ein und geht am Weinberg entlang, später durch Wiesen, bis zur Gabelung am Waldrand. Hier läuft man rechts in den Wald, dem Wegweiser [Naturfreunde Strümpfelbach] folgend. Der Weg führt stets am Bach

entlang, bis man einem mit [Blauem Punkt] markierten, steilen Weg links in den Wald folgt. Dieser führt immer geradeaus durch ein Tannenwäldchen und über zwei Forstwege. Vor Schanbach geht man links aus dem Wald heraus auf den Forstweg Richtung Aichelberg (Wegweiser mit Entfernungsangaben), ab hier folgt man dem [Roten Kreuz] und dem Planetenweg Aichwald, die Stationen 7 (»Jupiter«) und 8 (»Saturn«) säumen den Weg. Bei einer Ruhebank geht der Forstweg rechts in einen geteerten Weg über und man überquert die K 1212. Man läuft weiter geradeaus an einem Wander-P vorbei und biegt nach einem Kinderspielplatz mit der Markierung [Rotes Kreuz] links auf einen schönen Weg durch Obstwiesen ab, welcher nach Aichelberg führt. Dort geht man auf dem Heckenweg, immer noch mit dem [Roten Kreuz], geradeaus und biegt dann links in die Schnaiter Straße ab. Nun folgt man dieser und den Markierungen [Blauer Punkt], auch [1, 10, 11], Richtung Ortsmitte, am Ende der Schnaiter Straße befindet sich der

Gasthof und Metzgerei Ochsen - In den hellen, rustikalen Gasträumen und auf der schönen Aussichtsterrasse kann man sich mit gutbürgerlichen schwäbischen Klassikern, Saisonspezialitäten und deftigen Vespern stärken. Donnerstags gibt es ofenfrischen Fleischkäse und hausgemachte Maultaschen aus der hauseigenen Metzgerei, die ausschließlich hochwertige Zutaten und Tiere aus der näheren Umgebung verarbeitet. Freitags ist Fischtag. Im Sommer werden regelmäßig Grillabende veranstaltet. Ausgeschenkt werden Weine von lokalen Erzeugern und Bier vom Fass. Parkmöglichkeiten direkt am Haus sind ausreichend vorhanden. - ÖZ: Mi. bis Sa. 11-23 Uhr, So. 11-20 Uhr (warme Küche 11.30-14 Uhr und 17-21 Uhr, So. bis 20 Uhr). Montag und Dienstag ist Ruhetag.

Blick vom Karlstein

➡ **Aichelberg - Endersbach** - 1¼ Stdn. - Am Gasthof Ochsen geht man rechts in die Schurwaldstraße und biegt in die vierte Straße (Endersbacher Straße) links ab, immer noch dem [Blauen Punkt] und [1, 10, 11] folgend. Man geht geradeaus aus dem Ort hinaus und im Wald auf der Karlsteinstraße geradeaus abwärts, Markierung [Blauer Punkt], zum Karlstein-Denkmal. Dahinter befinden sich ein Grillplatz und ein AP mit grandiosem Blick auf das

Ein lohnendes Ausflugsziel auf den Höhen des Schurwaldes mit Blick auf die Weinberge des Remstales.

Gasthof-Metzgerei OCHSEN

- Gutbürgerliche schwäbische Küche
- Qualität und Frische aus eigener Herstellung

Familie Greiner · Schnaiter Straße 1 · 73773 Aichwald-Aichelberg
Telefon 07 11/36 17 37 · www.ochsen-aichwald.de

Montag & Dienstag sind Ruhetage · Metzgerei nur Dienstag geschlossen

Remstal. Hier folgt man rechts dem steilen, asphaltierten Weg direkt am Weinberg entlang. An der ersten Kreuzung mit einem sehr großen Stein **(!)** mit dem Schriftzug »Rebflurbereinigung Endersbach« (von Busch etwas verdeckt) biegt man rechts ab. Hier folgt man wieder dem [Blauen Punkt] durch die Weinberge abwärts nach Endersbach, links am spätgotischen »Käppele« (15. Jh.) vorbei. Auf der Weinbergstraße gelangt man geradeaus in den Ort, biegt am Ende links in die Schafgasse und an deren Ende rechts in die Traubenstraße ab und kehrt auf bekanntem Weg zurück zum Café Mack in Endersbach.

Weinstadt-Großheppach - Rems-Flusslehrpfad - Waiblingen-Beinstein - Kleinheppach - Großheppach

TOUR 08

Charakteristik - Ein sehr schöner Rundweg durch Streuobstwiesen und an Weinbergen entlang mit schöner Aussicht auf die Weinberge des Kleinheppacher Kopfes und des Korber Kopfes als Ausklang, nach dem beschaulichen und bequemen Weg auf dem Rems-Flusslehrpfad.

Anfahrt - B 14/B 29 Stuttgart - Schwäbisch Gmünd, Ausfahrt Weinstadt-Endersbach. - Von Stuttgart mit S 2 bis Endersbach oder Waiblingen (Waiblingen auch S 3 oder Regionalexpress), zwischen Waiblingen und Endersbach verkehrt Buslinie 209 in beiden Richtungen, jeweils Haltestelle Katholische Kirche Großheppach.

Parken - P in der Brückenstraße, von Endersbach kommend, an der Kirche am Beginn einer Rechtskurve die Hauptstraße verlassen und halblinks in die Pfahlbühlstraße, nach 150 m links ab (Wegweiser: Parkplatz 180 m) in die Brückenstraße und im Rechtsbogen an der Häckermühle vorbei. Weitere Parkmöglichkeiten sonn- und feiertags an der Hauptstraße und an der Pfahlbühlstraße.

9 km

2 ¼ Stdn.

✪ **Weinstadt-Großheppach** - Der Weinort wurde 1279 erstmals urkundlich erwähnt und hat heute ca. 4500 Einwohner. Zu den Wahrzeichen des Ortes gehört das 1592 aus einem Bürgerhaus erbaute Renaissanceschloss, das heute jedoch nicht besichtigt werden kann. Die Kirche St. Ägidius trägt eine für diese Region ungewöhnliche Welsche Haube. Das Kriegsratdenkmal erinnert an ein ganz besonderes historisches Ereignis: Während des Spanischen Erbfolgekrieges (1704) hielten im bis heute bestehenden Gasthaus Lamm die drei bedeutendsten Feldherren ihrer Zeit, Prinz Eugen von Savoyen, der englische Heerführer Marlborough und der Markgraf Ludwig von Bayern Kriegsrat. Außerdem kann Großheppach das älteste Fachwerkgebäude im Rems-Murr-Kreis, ein liebevoll saniertes Privathaus (Am Heuhaus 2) aus dem Jahre 1426, vorweisen. Be-

Renaissanceschloss in Weinstadt-Großheppach

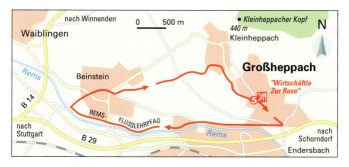

kannt ist Großheppach auch für die Diakonissen der 1855 von Wilhelmine Canz gegründeten Großheppacher Schwesternschaft.

➡ **Großheppach - Rems-Flusslehrpfad - Waiblingen-Beinstein** - 1¼ Stdn. - Vom P geht man [ohne Markierung] nach links in der Brückenstraße in westlicher Richtung. Man wandert immer geradeaus durch das Neubaugebiet und am Bebauungsende geradeaus weiter auf der landwirtschaftlichen Fahrstraße entlang der Rems. Vor der Siedlung, die zu Endersbach gehört, hält man sich an der Gabelung links. Man überquert die Rems nicht **(!)**, sondern bleibt geradeaus auf der Remsstraße. Nach dem Kinderspielplatz vor Hs. Nr. 15 geht man links zur Rems. Jetzt führt der 1,2 km lange Flusslehrpfad an der Rems entlang. Er soll den Betrachter über die vielfältige Tier- und Pflanzenwelt an der Rems informieren, ihn aber auch gleichzeitig dazu anregen, Natur und Landschaft bewusster zu erleben. Ruhebänke laden zum Verweilen ein. Informative Lehrtafeln begleiten den Wanderer. Man kommt an der Rialto-Brücke von 1825 vorbei. Sie steht seit 1979 unter Denkmalschutz. Bis zum Bau der neuen, daneben stehenden Straßenbrücke fuhren die Linienbusse über die Rialto-Brücke. Man bleibt auf der rechten

Kriegsratdenkmal

Flussseite, geht durch die Unterführung der Straßenbrücke und immer entlang der Rems. An der Brücke mit Wehr zweigt man rechts ab und wandert auf dem Mühlweg Richtung Ortsmitte von Waiblingen-Beinstein. Man überquert geradeaus die Waiblinger Straße und geht auf der Rathausstraße durch die Ortsmitte. Vor der Rathausstraße 29 kann man rechts einen kleinen Abstecher zum bereits sichtbaren denkmalgeschützten Backhaus machen. Es wurde im 18. Jh. als Gemeindewaschhaus gebaut und im Jahr 1837 zum Backhaus umgebaut. 2013 wurde es zuletzt saniert.

✪ **Waiblingen-Beinstein** - Beinstein ist die älteste Weinbaugemeinde des Remstals. 1086 wurde der Ort erstmals urkundlich erwähnt und schloss sich im Jahr 1971 als erster Teilort der Kreisstadt Waiblingen an. Sehenswert sind das im Jahr 1582 erbaute Rathaus, das mit Wappenscheiben (1680) verziert ist, und die spätgotische St.-Stephans-Kirche mit einem als Sechseck erbauten Chor und Fresken aus dem 15. Jh. Im Ortskern befinden sich außerdem einige Fachwerkhäuser (das älteste aus dem 16. Jh. ist mit Neidköpfen verziert) sowie der mittelalterliche und der neue Dorfbrunnen.

➡ **Waiblingen-Beinstein - Kleinheppach - Großheppach** - 1 Std. - Von der Ortsmitte geht man weiter geradeaus zur Kleinheppacher Straße, dort nach links und nach 50 m am alten Brunnen vorbei nach rechts in die Großheppacher Straße, die man kurz danach auf der Straße Auf der Steige halb links steil aufwärts verlässt. Man wandert aus dem Ort auf einem befestigten Weg durch schöne Streuobstwiesen - ein Naturgenuss besonders während der Baumblüte im Frühjahr - und später an rechter Hand gelegenen Weinbergen entlang. Bei mehreren Kreuzungen geht es immer geradeaus mit Blick auf die Weinberge oberhalb von Klein- und Großheppach sowie im weiteren Verlauf des Wegs von Korb. Vor einer Gärtnerei wandert man auf dem Querweg links nach Kleinheppach. Bei der ersten Abzweigung im Ort geht man nach rechts in die Grabenstraße, an der Gabelung nach 100 m halb rechts in Richtung P. Auf einem landwirtschaftlichen Fahrweg wandert man geradeaus aus dem Ort. Der Weg führt leicht abwärts zuerst im Rechts-, dann im Linksbogen an einem kleinen Bach (Heppach) entlang. Nach etwa 10 Min. ab Ortsende Kleinheppach geht man halb links aufwärts zur Straße nach Großheppach. Hier wandert man rechts auf dem Fußweg und später auf der Kleinheppacher Straße in den Ort hinein. Es geht am Backhaus (1924) aus Ziegelsteinen und dem Fachwerkhaus Schäfergässle vorbei zum Wirtschäftle zur Rose. Um zum P zu kommen, wandert man weiter auf der Hauptstraße bis zum Ende der Kurve bei der Kirche und geht dort nach rechts in die Pfahlbühlstraße, vorbei am Rathaus aus dem Jahr 1605 (die oberen Stockwerke in Zierfachwerk mit geschnitzten Kopf- und Fußknaggen). Hier weist ein Verkehrsschild zum nahen P (180 m), wobei man noch am schönen Fachwerkhaus Häckermühle vorbeikommt.

🍽 **Wirtschäftle zur Rose** - In gemütlichen Galtsräumen und einer urigen Scheuer (auch für Festivitäten) wird man mit gutbürgerlicher schwäbischer Küche und Vesperklassikern, aber auch mit Saisonspezialitäten wie z. B. Fisch, Spargel und Wild bewirtet. Besonders beliebt sind die gebratenen Hähnchen. - ÖZ: Mi. bis Sa. 11.30-22 Uhr, So. 11.30 bis 21 Uhr (jeweils durchgehend warme Küche). Mi. und Do 14.30-17 Uhr geschlossen. Montag und Dienstag ist Ruhetag.

Familie Weller · Kleinheppacher Straße 30 · 71384 Großheppach
Telefon 0 71 51 / 60 91 13

TOUR 09

Weinstadt-Großheppach - Gundelsbach - Buoch - Kleinheppacher Kopf - Großheppach

Charakteristik - Ein fantastischer Rundweg mit moderaten Steigungen durch Weinberge und Wald. Höhepunkte sind der herrliche Ausblick auf Korb und Umgebung und die grandiose Aussicht auf die Albkette vom Hohenstaufen bis zur Teck, den Schurwald und das Remstal von Schorndorf bis Stuttgart. Es empfiehlt sich, festes Schuhwerk zu tragen.
Anfahrt - B 14/B 29 von Stuttgart, Abfahrt Weinstadt-Großheppach. - Von Stuttgart S 2 nach Endersbach, von dort mit Buslinie 209 nach Großheppach, Haltestelle Prinz-Eugen-Platz.
Parken - Kleiner Gäste-P vor und neben dem Gasthof Lamm oder in Haupt- und Seitenstraßen.

14 km

3 ½ Stdn.

500 m

➡ **Der Rundweg** - Vom P am Gasthof geht man links entlang der Kleinheppacher Straße, dann rechts hoch in die Zügernbergstraße und links vorbei an der Prinz-Eugen-Halle - ab hier folgt man der Markierung [Blaues Kreuz] - und dem Sportgelände Richtung Norden in die Weinberge. Hier wandert man nach rechts Richtung Gundelsbach. Durch den Ort folgt man der Gundelsbacher Straße, dann rechts dem Buocher Weg, immer noch mit dem [Blauen Kreuz]. Nun geht man links hoch in die Weinberge, [Blaues Kreuz] und [Rote Traube], entlang von Obstwiesen, um nach kurzer Zeit den asphaltierten Weg zu verlassen und über Stufen einen Hügel hochzusteigen. Am Ende dieses Pfades biegt man rechts in einen asphaltierten Weg ein und schlängelt sich, wieder dem [Blauen Kreuz] folgend, die Weinberge hoch, bis kurz vor die K 1913. Hier verlässt man das [Blaue Kreuz] und geht links weiter [ohne Markierung]. Diesem asphaltierten Weg zwischen Gärten folgt man bis zur nächsten geteerten Möglichkeit rechts hoch und geradeaus über die K 1913 in den Wald, hier richtet man sich nach der Beschilderung nach [Buoch 1,4 km]. Im Wald verlässt man den Schotterweg nach ca. 600 m und folgt einem Pfad mit der Markierung [Blauer Strich] links hoch, an dessen Ende man links aus dem Wald heraus Richtung Buoch

Herbststimmung in den Weinbergen rund um Gundelsbach

geht, weiter dem [Blauen Strich] folgend. Zunächst durch die Straße Am Weiher, dann links in die Achalmstraße und gleich wieder rechts gelangt man zur K 1913. Dort biegt man gleich in die nächste Straße (Eduard-Hiller-Straße) links ab und folgt ab hier dem [Roten Strich] entlang der Felder in den Wald. Im Wald geht man weiter geradeaus, [Roter Strich] und Wegweiser [Kreuzeiche, Korb, Kleinheppacher Hörnle, Korber Kopf]. An der Kreuzeiche geht es weiter geradeaus mit dem [Roten Strich] und den Wegweisern [Kleinheppacher Kopf, Korber Kopf]. - An der nächsten Kreuzung kann man optional nach rechts abbiegen, Wegweiser [Aussichtspunkt Hörnleskopf]. Vom Hörnleskopf bietet sich eine schöne Aussicht auf Korb und Umgebung (Hin- und Rückweg zusammen 1 km). - Ansonsten geht man hier links und kurz darauf rechts, den beschrifteten Schildern [Kleinheppacher Kopf] und nicht **(!)** dem [Roten Strich] folgend. Am Kleinheppacher Kopf hat man einen wunderschönen Ausblick auf die Albkette vom Hohenstaufen bis zur Teck, den Schurwald und das Remstal von Schorndorf bis Stuttgart. Der Rückweg führt weiter geradeaus [ohne Markierung] durch die Heppacher Weinberge. Großheppach ist von oben gut an der Sportanlage zu erkennen. Entweder schlängelt man sich nun den Asphaltweg hinunter oder läuft direkt (Abkürzung) durch die Weinberge. Zur Einkehr in Großheppach lockt der Gasthof Lamm.

Gasthof Lamm
Großheppach

Historisch - Festlich - Köstlich

Genießen Sie unsere deutsche Küche in geschmackvoller Atmosphäre, mit herzlicher Gastlichkeit und einem Hauch von Geschichte.

Inh.: Thorsten Stoß
Prinz-Eugen-Platz 4 - 71384 Weinstadt
Tel. (07151) 16 91 4 82 - Fax: (07151) 16 91 4 83

Dienstag Ruhetag

www.gasthoflamm-grossheppach.de

Gasthof Lamm - Der in der Ortsmitte gelegene Gasthof zählt zu den ältesten Gebäuden Weinstadts und verfügt über einladende, der Jahreszeit entsprechend dekorierte Galleries, die sich auch für Feierlichkeiten eignen. Die historische »Prinz-Eugen-Stube« erinnert an den Kriegsrat 1704 (siehe auch Seite 39). Die gutbürgerliche, deutsche Küche stillt den großen und den kleinen Hunger und verarbeitet ausschließlich frische, saisonale Produkte. Ergänzt wird die reichhaltige Speisekarte durch kulinarische Aktionen wie die Wildwochen und ein täglich wechselndes Mittagsgericht rund um die Themen Schnitzel, Maultaschen und Fisch. - ÖZ: Mo., Do., Fr., Sa. 11-14 Uhr und 17.30-23 Uhr, Mi. 17.30-23 Uhr, So. und Fei. 11.30-22 Uhr. Dienstag ist Ruhetag.

TOUR 10

Weinstadt-Beutelsbach - Schnait - Baacher Tal - Weinbau- und Skulpturenweg - Schnait - Beutelsbach

Charakteristik - Sehr abwechslungsreich verläuft dieser Weg zunächst durch Streuobstwiesen und Wald in die Weinberge. Über den liebevoll gestalteten Weinbau- und Skulpturenweg geht es dann von Schnait zurück nach Beutelsbach. Mehrere einfache Steigungen sind zu bewältigen. Die Strecke kann ab Schnait um 3 km abgekürzt werden.
Anfahrt - B 14/B 29 Stuttgart - Schwäbisch Gmünd, Ausfahrt Weinstadt-Beutelsbach. - Von Stuttgart S 2 bis Beutelsbach.
Parken - Großer P an der Beutelsbacher Halle. Alternativ: P Buhlstraße, Nähe Katholische und Neuapostolische Kirche.

13 km

3 ½ Stdn.

250 m

➡ **Der Rundweg** - Vom P Buhlstraße geht man Richtung Ortsausgang, biegt rechts in die Annastraße und kurz darauf links in die Mühlstraße ein, die als Fahrradweg am Sportplatz und der Beutelsbacher Halle vorbeiführt. Vorbei an den Tennisplätzen verlässt man Beutelsbach und erreicht schließlich Schnait. Am Ortseingang biegt man vor der Weingärtnergenossenschaft rechts ab und geht direkt vor der Brücke links durch die Wiesentalstraße, später mit der Markierung [Blauer Strich] aus dem Ort hinaus. - Hier ist eine Abkürzung möglich: Am Ortsausgang von Schnait folgt man dem [Blauen Strich] ca. 150 m bis zur Abzweigung des Remstal-Höhenweges nach links. Man überquert die Hauptstraße geradeaus und wandert dann auf dem Remstal-Höhenweg aufwärts (ca. 1 km) bis zum quer verlaufenden Skulpturenweg und Württembergischen Weinwanderweg mit der Markierung [Rote Traube], dem man nach links folgt. Fortsetzung siehe unten. Auf dieser abgekürzten Variante verpasst

Der Wein- und Silcherort Schnait

man jedoch einige der sehenswerten Skulpturen! - Die Hauptroute verläuft weiter am Lauf des Beutelsbaches entlang Richtung Baach. Am Querweg - hier geht der [Blaue Strich] rechts ab! - wandert man links zum Wander-[P], weiter bis zur Straße und hier kurz links, bis nach 50 m rechts im spitzen Winkel ein Weg [ohne Markierung] nach oben in den Wald führt. In Windungen verläuft der Weg leicht bergauf. Nach 400 m wählt man an der Gabelung den linken Weg (Nonnenbergweg), geht an der Kreuzung geradeaus [ohne Markierung] weiter auf der Fahrstraße aus dem Wald hinaus, entlang an Wiesen mit schöner Aussicht bis zu einer fünffachen Wegkreuzung (Gartenwies). Auf einem breiten Weg geradeaus am Waldrand entlang erreicht man nach ca. 1 km die erste Skulptur »Waschbär Joggi« am Dachsrain. Im spitzen Winkel führt ein Weg links hinab in die Weinberge, am linker Hand gelegenen Wengerterhäusle vorbei und schließlich am »Wegweisenden Finger« rechts. An zahlreichen Skulpturen verläuft der Weg auf schöner Halbhöhenlage parallel zum Hang, in leichten Kurven, mal auf und mal ab bis zur Landstraße. Bei der Skulptur »Wengerterfrau« nimmt man den Weg links, der zunächst neben der Straße verläuft, abwärts nach Schnait, geht an der Ausfallstraße links, biegt nach 70 m links ab in die Bergstraße und orientiert sich nach 30 m an der Gabelung rechts zur Hauptstraße (Weinstraße), der man nach links Richtung Ortsmitte folgt. Mit dem Wegweiser [Friedhof] biegt man in die Blütenstraße ein und folgt dieser bis zur quer verlaufenden Haldenstraße. - Hier lohnt sich ein Abstecher (80 m links abwärts) zum Silcher-Museum im Geburtshaus des Komponisten, einem schönen Fachwerkgebäude von 1767. Im Museum sind sowohl historisch eingerichtete Räume aus der Zeit zwischen 1780 und 1860 als auch interessante Exponate aus Friedrich Silchers Nachlass (u. a. Originalhandschriften, Musikinstrumente, Möbel) und eine Dokumentation über die Geschichte des 1849 gegründeten Schwäbischen Sängerbundes zu sehen (ÖZ: Mitte Februar bis Mitte November Dienstag, Mittwoch und Freitag bis Sonntag

10-12 Uhr und 14-17 Uhr). - Ohne Museumsbesuch geht man durch die Haldenstraße rechts aufwärts, hält sich am P links und wandert nach 70 m an einer Ruhebank wieder links. Der Weg verläuft abwärts, an einer Kreuzung geht man weiter geradeaus, am Wasserrückhaltebecken vorbei. An der nächsten Kreuzung wandert man [ohne Markierung] erneut geradeaus weiter in Halbhöhenlage mit schöner Aussicht zwischen Weinbergen bis zum Ortseingang von Beutelsbach. An der Kreuzung mit dem Gedenkstein zur Rebflurbereinigung geht man rechts in die Weinsteige, der man geradeaus (bzw. an ihrer Gabelung sich rechts haltend) bis zur Hauptstraße (Schönbühlstraße) folgt. Diese führt nach links in die Ortsmitte und geht in die Marktstraße über, in der das Restaurant Krone zur Einkehr einlädt. An der nächsten Kreuzung führt die Buhlstraße nach links zurück zum P. Bleibt man geradeaus auf der Marktstraße, biegt dann links in die Ulrichstraße ein und erneut links in die Mühlstraße, kommt man, am Minigolfplatz vorbei, zurück zur Beutelsbacher Halle.

)|| Restaurant Krone - Weinstadt-Hotel - Der freundliche Familienbetrieb verfügt über stilvoll eingerichtete Gasträume und komfortable Nichtraucherzimmer. Im Sommer lädt der idyllische Kronen-Garten zum Verweilen und Genießen ein. Serviert werden schwäbisch-französische Küche sowie aktuelle Fisch- und Saisonspezialitäten. Individuelle Wünsche, z. B. bei Laktose- oder Glutenunverträglichkeit, werden gerne berücksichtigt. Das Hotel bietet Wein- und Gourmetarrangements, ein »Versteckmenü im Weinbergshäuschen« etc. - ÖZ: Täglich warme Küche von 11.30 bis 14 Uhr und von 18 bis 22 Uhr (So. bis 21 Uhr).

TOUR 11

Von Beutelsbach über den Schönbühl

Charakteristik - Durch Obstbaumwiesen und Weinberge geht es zu herrlichen Aussichtspunkten.
Anfahrt - wie Seite 41.
Parken - In der Kaiserstraße oder im Wohngebiet um die Kelter.

9 km

2½ Stdn.

360 m

✪ **Beutelsbach** - Der mit über 8000 Einwohnern größte Weinstädter Teilort, Hauptsitz der Stadtverwaltung und Standort der weithin bekannten Remstalkellerei, darf mit Fug und Recht als Wiege Württembergs bezeichnet werden: Auf dem Kappelberg über der Stadt thronte einst die Stammburg des späteren Herzog- und Königshauses, die heute nur noch als Ruine erhalten ist. Zwar wurde der Herrschersitz um 1320 auf den Stuttgarter Rotenberg verlegt, doch später war Beutelsbach noch einmal von großer historischer Bedeutung: 1514 begann hier der Bauernaufstand des »Armen Konrad«, der niedergeschlagen wurde, aber dennoch als Ursprung der späteren großen europäischen Bauernkriege betrachtet werden kann. Heute wird das Ortsbild der malerisch am Schweizerbach in einem Seitental der Rems gelegenen Weinbaugemeinde geprägt durch die beeindruckende spätgotische Stiftskirche und zahlreiche historische Fachwerkhäuser, u. a. das Alte Rathaus von 1534.

➤ **Der Rundweg** - Wenn man den Bahnhof Beutelsbach Richtung Ortsmitte verlässt, kommt man zuerst in die Poststraße. Nach dem Unterführungsbereich geht es nach halb links in die Kaiserstraße, die an der Kelter vorbei hinaus zur Schönbühlstraße verläuft. Der Fahrweg führt nun steil aus Beutelsbach hinaus. Die erste Möglichkeit nach rechts führt zum ersten Ziel der Wanderung, der Burgruine Kappelberg - zum Durchatmen und Genießen der Aussicht genau das Richtige, bevor es wieder zurück zur Schönbühlstraße und weiter den Berg hinauf geht. Die Aussicht wird immer besser und bald erreicht man den Blauen Weg, der von Wochenendgrundstücken gesäumt auf halber Höhe am Hang entlang führt. Gut einen Kilometer geht es bis zum ersten Abzweig nach rechts, einer steilen Grasrampe, die knapp 150 m aufwärts bis zum nächsten geteerten Weg führt. Dieser wird überquert, um über die Treppenstufen und den Wiesenweg zum Schönbühl zu gelangen. Am nun erreichten Teerweg liegt ein kleiner Brunnen, der Trinkwasser spendet. Er ist der Teil der Landeswasserversorgung, die hier einen Wasserbehälter betreibt. Neben der Erfrischung durch das Wasser wird man hier oben noch durch einen tollen Fernblick über das Neckar- und Remstal belohnt. Weiter geht es in östlicher Richtung (Richtung Schorndorf), bis der Weg im halbrechten Bogen an einem kleinen Wald entlangführt. Bevor es steiler nach unten geht, ist dem nach rechts abbiegenden Weg zu folgen, so dass man gerade an Gärten und Äckern vorbei auf den Saffrichhof zugeht. Die sechs Mehrfamilienhäuser lässt man links liegen, um an der nächs-

ten Abbiegung nach rechts zu gehen. Der oberste Weg, der zu Beginn noch Weinberge und Wochenendgrundstücke trennt, gehört sicherlich zu den schönsten Aussichtswegen im Remstal. Tief unten liegt der Ort Schnait, den man bei dieser Wanderung aber nur von oben sehen wird. Die Wanderung führt nun bis zu einem Wegedreieck, in dessen Mitte sich mehrere Steinbrocken und eine Art Höhle/Schutzhütte befinden. Hieran wandert man rechts vorbei und man folgt nun dem fast ebenen Weg durch die Weinberge in einem großen Linksbogen nach links, bis man zum Aussichtspunkt »Drei Riesen« gelangt. An der nächsten großen Weinbergwegkreuzung geht es scharf rechts. Auf diesem Weg gelangt man recht schnell wieder hinunter nach Beutelsbach. Die ersten Wohnhäuser liegen an der Weinsteige, dieser folgt man bis zur Schönbühlstraße, auf der es nun bis zur Ortsmitte geht. Der Übergang in die Marktstraße ist kaum wahrzunehmen. In Hs. Nr. 47 befindet sich der Landgasthof Zum Löwen. Über den Marktplatz folgt man der Bühlstraße, die auf die Poststraße trifft. Diese führt wieder zurück zum Bahnhof Beutelsbach.

Landgasthof Zum Löwen - Der Familienbetrieb ist eines der ältesten Gasthäuser im Remstal. Gemütliche Stunden kann man in den stilvoll eingerichteten, liebevoll dekorierten Galträumen und im Biergarten unter altem Baumbestand verbringen. Neben klassisch schwäbischen Dauerbrennern bietet die Karte Aktionen vom »Schnitzel-Tag« bis zum »Forellen-Tag« und wird darüber hinaus abgerundet durch Saisonspezialitäten wie Spargel und Wild. - ÖZ: Täglich geöffnet. Durchgehend warme Küche von 11.30 bis 23 Uhr.

➡️ **Weiterer Wandervorschlag: Gaispeterweg/Weinstädter Liederweg (in der Skizze blau eingezeichnet)** - Von der Beutelsbacher Halle geht es an den Weinbergen entlang nach Schnait, wo das Silcher-Museum (siehe S. 46) einen Besuch lohnt. Dann führt der Weg hinauf durch die Weinberge zum Aussichtspunkt »Drei Riesen«. Der Rückweg nach Beutelsbach verläuft teilweise auf dem Weinstädter Liederweg.

TOUR 12

Von Beutelsbach zum Karlstein

10 km

2 ¾ Stdn.

200 m

Charakteristik - Zunächst durch Streuobstwiesen und Wald führt der Weg entlang der Ölgernklinge hinauf zu den Aussichtspunkten Karlstein und Hirschkopf. Durch Weinberge geht es mit schöner Aussicht wieder hinab, vorbei am Käppele, in das historische Beutelsbach. Die kurzweilige Wanderung enthält mittelschwere Steigungen.
Anfahrt - B 14/B 29 Stuttgart - Schwäbisch Gmünd, Ausfahrt Weinstadt-Beutelsbach. - Von Stuttgart S 2 bis Beutelsbach.
Parken - In der Buhlstraße, Nähe St. Anna Kirche, in Beutelsbach. - Alternative: Gäste-🅿 Landgut Burg.

➡️ **Der Rundweg** - Von der St.-Anna-Kirche geht es zunächst gleich rechts in die Annastraße und nach 80 m links in die Mühlstraße. An der nächsten Kreuzung biegt man rechts in den Mühlwiesenweg ein und gelangt, vorbei am Freibad, zur Hauptstraße (Schurwaldstraße, K 1862). Geradeaus verlässt man den Ort auf dem auf der rechten Seite parallel zur Straße nach Aichelberg (K 1864) verlaufenden Fußweg. Nach 300 m leitet ein Wegweiser [Landgut Burg] rechts aufwärts. Kurz darauf wandert man mit der Markierung [Rote Traube/Württembergischer Weinwanderweg] nach links und gleich auf schmalem Pfad rechts dem Bachlauf folgend **(!)** aufwärts. Auf unbefestigten Feldwegen geht es immer leicht bergauf. Die Markierungen [Remstal-Höhenweg] und [Württembergischer Weinwanderweg] führen über den 🅿 rechts in den Wald. Nach einer Lichtung mit schöner Aussicht trennt sich der Remstal-Höhenweg vom Württembergischen Weinwanderweg. An dieser Gabelung geht es links aufwärts. - Alternative: Man kann auch dem Weinwanderweg/Trimm-dich-Pfad folgen. Er führt später über eine steile Holztreppe wieder hinauf auf den Remstal-Höhenweg. - Nach 200 m folgt man dem Querweg [ohne Markierung] nach rechts. Im Wald geht es zunächst geradeaus, später links hoch dem Wegweiser folgend zum Karlstein. Am Karlstein (Grillplatz) nimmt man kurz den gleichen Weg zurück und erreicht mit dem [Blauen Punkt] den Hirschkopf. Sowohl am Karlstein wie auch auf dem Hirschkopf hat man eine fantastische Aussicht ins Rems- und Neckartal. Es geht wei-

ter am Aussichtspunkt vorbei auf einem schmalen Pfad abwärts, [Blauer Punkt], und vor dem Wengerterhäuschen rechts. Nach 70 m folgt man einem breiteren Weg nach links. Kurz darauf sieht man schon das Landgut Burg mit der Möglichkeit zur Einkehr.

Landgut Burg - Die in den Weinbergen mit herrlicher Aussicht gelegene Anlage besteht aus Seminar- und Tagungsgebäuden, einem Hotel, einem Restaurant und einem Café. In den stilvollen Galträumen im Landhausstil und auf der schönen Gartenterrasse herrscht eine angenehme Atmosphäre. Die Küche bietet schwäbische Spezialitäten, außerdem Wild, Lamm und Fisch. Zum Nachmittagskaffee gibt es Kuchen aus eigener Herstellung. Großer P. - Kein Ruhetag.

Fortsetzung Rundweg - Nach der Rast im Landgut Burg kehrt man zurück zum Hauptweg und folgt dem Fahrweg in die Weinberge. Nach einer Linkskurve geht man an der folgenden Kreuzung halb rechts, wieder mit dem [Blauen Punkt]. Vorbei am Schützenhüttle (Aussichtspunkt mit schönem Rundblick!) geht es mit dem [Blauen Punkt] abwärts zum Käppele. Ab hier folgt man dem Wegweiser [Fahrradweg Beutelsbach 1,5 km] auf der Straße nach rechts. Vor dem Weingut Staib wandert man nach links auf dem Feldweg [ohne Markierung] abwärts nach Beutelsbach. Am Ortseingang geht es von der Schönfelder Straße über die Hauptstraße (Stuttgarter Straße, K 1862) geradeaus weiter in die Poststraße und dort nach 200 m am Kreisverkehr rechts. Vorbei an der wunderschönen alten Stiftskirche und dem Marktplatz erreicht man weiter geradeaus die Buhlstraße und den P.

TOUR 13

Schnait - Baach - Krummhardt - Aichelberg - Schnait

12½ km

3¼ Stdn.

181 m

Charakteristik - Der abwechslungsreiche Weg führt durch Weinberge, Wald und entlang an verschlungenen Bachläufen. Herrliche Ausblicke eröffnen sich über den Schurwald bis zur Schwäbischen Alb und auf Schnait mit den umliegenden Weinbergen. Neben einem kurzen steilen Anstieg sind nur leichte Steigungen zu bewältigen.
Anfahrt - B 14/B 29 Stuttgart - Schwäbisch Gmünd, Ausfahrt Weinstadt-Beutelsbach/Großheppach/Schnait, dann weiter Richtung Schnait. - Von Stuttgart S 2 bis Endersbach, dann Buslinie 206 nach Schnait.
Parken - Bei der Weinstube Anker oder in den Seitenstraßen.

✪ **Schnait** - Der 1238 erstmals erwähnte Wein- und Silcherort liegt eingebettet zwischen Reb- und Streuobsthängen im Schweizerbachtal. Im Geburtshaus des 1789 hier zur Welt gekommenen Volksliedsammlers und Komponisten Friedrich Silcher befindet sich seit 1912 das Silcher-Museum (s. S. 42), das gleichzeitig Endpunkt des Weinstädter Liederweges »Von Friedrich Silcher zu Gotthilf Fischer« ist. Der Gründer der weltbekannten Fischer-Chöre lebt in Weinstadt-Beutelsbach. Eine weitere Sehenswürdigkeit ist der prächtige, spätgotische Kirchenaltar aus dem Jahr 1497. Am Skulpturenweg erzählen die mit viel Liebe zum Detail gearbeiteten Werke des Schnaiter Wengerters Ludwig Heeß aus dem harten Winzerleben früherer Zeiten. Zum Feiern laden die zahlreichen Weinfeste und Hocketsen ein.

➡ **Schnait - Baach** - 1 Std. - Von der Weinstube Anker geht es durch die Weinstraße (K 1865) abwärts bis zur K 1862 (Lützestraße/Buchhaldenstraße), der man nach links folgt. Nach 50 m biegt man rechts in die Beethovenstraße ein und nach weiteren 40 m links in die Brunnenstraße. An der Bushaltestelle folgt man der Wiesentalstraße nach links, biegt rechts in die Mühlbergstraße ein, überquert die Brücke und wandert dann nach links entlang dem Beutelsbach Richtung Baach. Nach ca. 1 ½ km nimmt man den Querweg nach rechts und folgt nach 40 m scharf links dem Wegweiser [Baach - Reuterswiesenstraße].

➡ **Baach - Krummhardt** - 1 Std. - In Baach geht man geradeaus durch den Zolterweg und folgt hinter dem Ort der Markierung [Blauer Strich auf weißem Grund] 300 m entlang der Kreisstraße (K 1862). Dann wandert man rechts in den Wald und danach an der Gabelung links, parallel zur Kreisstraße, mit dem [Blauen Strich auf weißem Grund]. Man folgt weiter dem Verlauf des Krummhärtlesbaches. An der Gabelung nimmt man das Baacher Sträßle nach rechts Richtung Aichschieß. An einer runden Schutzhütte wandert man rechts Richtung Krummhardt bis zur Kläranlage, biegt danach rechts ein in den Spitzklingenweg, geht nach dem Wald links und erreicht durch eine Birkenallee Krummhardt.

⭐ **Krummhardt** - Ein Abstecher führt geradeaus durch die Karlstraße, dann rechts in die Lindenstraße zum Krummhardter Kirchlein, das 1483 erstmals erwähnt und im 18. Jh. mit Malereien im Bauernbarock ausgestattet wurde.

➡ **Krummhardt - Aichelberg** - ½ Std. - Nach der Kirchenbesichtigung folgt man der Lindenstraße geradeaus, dann ein kurzes Stück der Schönbühlstraße und geht sofort halb rechts auf den Asphaltweg, der gleich eine Linkskurve beschreibt, mit [Blauem Punkt] weiter nach Aichelberg. Ohne Kirchenbesichtigung wandert man nach der Birkenallee und vor den ersten Häusern von Krummhardt rechts bis zum Wald, dann links am Waldrand entlang und nach 200 m wieder links Richtung Krummhardt. Es bieten sich herrliche Ausblicke bis zur Schwäbischen Alb und nach Aichelberg mit seiner Wehrkirche »Zu unserer lieben Frau«. Nun geht man auf dem oben beschriebenen Asphaltweg Richtung Aichelberg, Markierung [Blauer Punkt].

➡ **Aichelberg - Schnait** - ¾ Std. - In Aichelberg folgt man dem Heckenweg geradeaus und dann der Schnaiter Straße rechts abwärts mit der Markierung [Rotes Kreuz auf weißem Grund]. An der Gabelung hält man sich weiterhin auf der Schnaiter Straße links, geht rechts vorbei am Forsthaus und im Wald geradeaus abwärts Richtung Schnait. Die Mühlbergstraße führt zur Buchhaldenstraße, der man nach links folgt. Dann biegt man rechts in die Weinstraße ein und erreicht zur wohlverdienten Einkehr die

🍷 **Weinstube Anker** - Der traditionsreiche Betrieb befindet sich seit 100 Jahren in Familienbesitz. Die Gäste werden verwöhnt mit schwäbischen Leckereien, Rostbraten-Variationen, Maultaschen, Toasts, Suppen und Salaten und deftigen Vesperklassikern. Ausgeschenkt werden aus-

schließlich Weine von Weinstädter Selbstvermarktern. - ÖZ: von Dienstag bis Freitag ab 16 Uhr, samstags ab 13 Uhr, an Sonn- und Feiertagen ab 9.30 Uhr (Küchenzeiten: von Dienstag bis Freitag von 16 Uhr bis 21 Uhr, samstags von 13 Uhr bis 21 Uhr, sonn- und feiertags von 11.30 Uhr bis 21 Uhr). Montag ist Ruhetag.

TOUR 14
Schnait - (Weinbau- und Skulpturenweg) - Saffrichhof - Teilstück Remstal-Höhenweg - Manolzweiler - Schnait

9 km

2 ½ Stdn.

Charakteristik - Die abwechslungsreiche Strecke verläuft durch Weinberge, Wald und die Felder um das ehemalige »Hufedorf« Manolzweiler und bietet herrliche Aussichten ins Remstal, den Schurwald und auf die Schwäbische Alb. Vor oder nach der Wanderung bietet sich ein Spaziergang über den Weinbau- und Skulpturenweg an (zusätzlich 3 km ab Wander-P).

Anfahrt - B 14/B 29 Stuttgart - Schwäbisch Gmünd, Ausfahrt Weinstadt-Schnait, in Schnait links aufwärts in die Weinstraße Richtung Manolzweiler. - Von Esslingen über Oberesslingen und Baltmannsweiler Richtung Winterbach. Hinter Hohengehren links über Manolzweiler zum Wander-P am Waldrand oberhalb von Schnait.

Parken - Wander-P beim Weinbau- und Skulpturenweg oberhalb von Schnait in Richtung Manolzweiler.

➡ **Der Rundweg** - Vom Wander-P geht man 150 m entlang der Weinstraße in Richtung Schnait, überquert die Straße vorsichtig und wandert [ohne Markierung] auf dem Weg zwischen Waldrand, Streuobstwiesen und Weinbergen bis zum asphaltierten Querweg, dem man nach rechts folgt. An einer Gabelung hält man sich rechts und geht geradeaus bis kurz vor Saffrichhof. Dann nimmt man den [Remstal-Höhenweg] rechts Richtung Schorndorf. Vorbei am Waldspielplatz Nonnenberg mit Bänken und Feuerstelle erreicht man durch den Wald die K 1865, folgt deren Verlauf 30 m nach links und wandert geradeaus auf dem Waldweg Ziegelhaustraße bis zum Gedenkstein Forstrat Hammer. Dort hält man sich rechts und wandert später scharf rechts aufwärts mit der Markierung [Blaues Kreuz] auf einer Anliegerstraße durch Felder und Obstwiesen mit schöner Aussicht auf die Buocher Höhe. Man erreicht Manolzweiler, einen ländlich geprägten Teilort der Gemeinde Winterbach, im Kirchenweg und biegt dann links ein in die Hirschgasse zum Landgasthaus Hirsch.

🍴 **Landgasthaus Hirsch** - Der Familienbetrieb in vierter Generation verbindet die traditionelle Dorfgastronomie mit großer Kochkunst. In stilvollgemütlichen Gasträumen und im neuen Biergarten genießt man die ganze Bandbreite zwischen bodenständiger schwäbischer und gehobener internationaler Küche, zubereitet aus saisonal frischen und zum Teil eigenen Produkten. Das selbst gebackene Brot und die edlen Brände aus der eigenen Destillerie gibt es auch zum Mitnehmen. Besuchermagneten sind alljährlich Events wie die Küchenpartys mit Back-, Brenn- und Schlachtfest und das Hirschgassenfest. - ÖZ: Hirsch: Mi. bis Sa. 11-14 Uhr und 18-24 Uhr, sonn- und feiertags 11.00-21.30 Uhr. Mo. und Di. ist Ruhetag - ÖZ: Biergarten: Mai-September bei schönem Wetter täglich 14-22 Uhr.

➡ **Fortsetzung Rundweg** - Nach der Einkehr überquert man die Kaiserstraße, geht an ihr entlang nach rechts und dann links abwärts durch die Albstraße. Es eröffnet sich ein schöner Ausblick auf den südlichen Schurwald und die Schwäbische Alb mit Teck und Hohenneuffen. Nach 150 m wandert man [ohne Markierung] rechts zwischen Viehweiden bis zum Waldrand, dann rechts aufwärts bis zur Straße und schließlich links abwärts bis zur Straßenkreuzung. Man überquert die Straße und biegt nach dem P links in die Nonnenbergstraße ein, bevor man an einer Gabelung links abwärts durch die Nonnenbergausfahrt bis zur Straße geht. Diese überquert man vorsichtig und geht nach rechts an der Straße entlang zurück zum Ausgangspunkt am Wander-P. Wer vom Wandern noch nicht genug hat, kann noch eine Runde auf dem 3 km langen Weinbau- und Skulpturenweg zurücklegen, der mit einem [Weißen Pfeil mit roter Traube] markiert ist.

TOUR 15

Grunbach - Buoch - Lehnenberg - Reichenbach - Bauersberg - Grunbach

13 km

3 ¾ Stdn.

400 m

Charakteristik - In ständigem Auf und Ab geht es über die waldreiche Buocher Höhe und mit herrlicher Aussicht durch die Weinhänge oberhalb des Remstals. Die vielfältigen Eindrücke entschädigen für die kräftigen Steigungen. Lohnend ist ein Abstecher zum Buocher Wasserturm, von dem sich eine tolle Aussicht bietet. Der Schlüssel ist zu den Öffnungszeiten (Sa. 14-16 Uhr, So. 10-12 Uhr und 14-16 Uhr) im Museum im Hirsch (Eduard-Hiller-Straße 6) erhältlich, sonst in der Winnender Straße 14.
Anfahrt - B 14/B 29 Stuttgart - Schwäb. Gmünd, Ausfahrt Remshalden-Grunbach, dort der Beschilderung Richtung Buoch/Winnenden folgen. Vor dem Ortsende rechts mit dem Wegweiser [Geologischer Pfad, Sportplatz Buchklinge] in den Buchhaldenweg. - Von Stuttgart S 2 nach Grunbach. Vom Bahnhof Grunbach durch die Bahnhofstraße, B 29-Unterführung, Schillerstraße und Lindenstraße zum Abzweig Buchhaldenweg.
Parken - Im Buchhaldenweg.

✪ **Remshalden** - Die Gemeinde besteht aus den fünf einst selbstständigen Ortsteilen Grunbach, Geradstetten, Hebsack, Buoch und Rohrbronn, die 1974 im Zuge der Gemeindereform zusammengeschlossen wurden. Buoch ist der am höchsten gelegene Ortsteil (519 m). Die spätgotische evangelische Pfarrkirche weist noch romanische Bauteile auf und beeindruckt mit ihren vom bekannten Glasbildner, Maler, Zeichner und Wahl-Buocher Hans-Gottfried von Stockhausen (1920-2010) gestalteten Fenstern. Sehenswert sind außerdem das Pfarrhaus und das Museum im Hirsch mit einer Ausstellung über »Dichter und Maler in Buoch« und die vom 11. bis 14. Jh. in Buoch betriebene Keramikmanufaktur. In Geradstetten findet man rund um die beiden Keltern zahlreiche Fachwerkhäuser. Im Ortskern erhebt sich außerdem die 1491 vollendete evangelische Konradskirche mit ihrem mächtigen Chorturm. Grunbach, der größte und älteste Ortsteil, blickt mit drei ehemaligen Keltern auf eine lange Weinbaugeschichte zurück. Neben der evangelischen Pfarrkirche und der katholischen Kirche St. Michael prägen Fachwerkhäuser das Ortsbild. In Hebsack sollte man neben dem ehemaligen Schlössle und der ehemaligen Kelter die 1947 eingeweihte evangelische Kreuzkirche mit ihrem spätgotischen Hochaltar von 1512/13 besichtigen. Der kleinste Teilort, Rohrbronn, liegt am südlichen Abhang der Berglen und hat einen schmucken Ortskern mit älteren Gebäuden wie dem Alten Rat- und Schulhaus. Wissenswertes erfährt man auf dem Obst-, Wein- und Waldlehrpfad und auf dem Naturlehrpfad.

➜ **Grunbach - Buoch - Lehnenberg** - 1 ¾ Stdn. - Im Buchhaldenweg geht man erst an einem Sportgelände, dann an einer Klinge vorbei geradeaus in den Wald. Nach einer Rechtskurve wandert man an einer Kreu-

zung geradeaus und steil aufwärts. Gut markiert mit dem [Blauen Strich] geht es durch den Wald, später durch Streuobstwiesen aufwärts nach Buoch. Die Straße Am Weiher führt in den Ort hinein, dann folgt man der Achalmstraße kurz links und der Winnender Straße (K 1913) rechts bis zur Kreuzung, an der man rechts in die Steinacher Straße einbiegt. Mit dem [Roten Strich] geht man links an der Kirche vorbei geradeaus und durch die Turmstraße bis zum Ortsende. Vom Buocher Wasserturm bietet sich eine herrliche Aussicht. Danach folgt man dem Fußweg parallel zur Straße geradeaus bis zu einer Kreuzung mit einer Ruhebank. Hier biegt man rechts ab und folgt dann der Markierung [Roter Strich] nach links, am Waldrand entlang. Vorbei an Sportanlagen erreicht man einen wunderschönen Waldspielplatz. Hier nimmt man den breiten Waldweg nach rechts und nach 150 m den Abzweig nach links. Nach ca. 300 m wandert man an einer Kreuzung [ohne Markierung] nach rechts und abwärts mit dem Wegweiser [Lehnenberg]. An einer Gabelung nach 150 m hält man sich [ohne Markierung] geradeaus und genießt beim Waldaustritt den herrlichen Panoramablick über die Hügellandschaft der Berglen. Bei einem großen Wegweiser geht es links abwärts nach Lehnenberg. Dort gelangt man durch die Lämmlestraße zur Hauptstraße (Lessingstraße), die nach rechts zu Blessings Landhotel führt.

Blessings Landhotel - Das idyllisch inmitten der Berglen gelegene Haus ist weithin bekannt für sein Wohlfühl-Flair und verfügt über stilvoll eingerichtete Räumlichkeiten (auch für Feiern und Tagungen), eine schöne Gartenterrasse und liebevoll eingerichtete Komfort-Hotelzimmer. Das

Lessingstraße 13 * 73663 Berglen-Lehnenberg
Telefon (07195) 9760-0 * Telefax 9760-40
www.blessings-landhotel.de
info@blessings-landhotel.de

kulinarische Angebot reicht vom reichhaltigen Vital-Frühstücksbüffet über regionale Spezialitäten bis zur feinen Küche. Ein kulinarischer Kalender führt mit Saisonspezialitäten (u. a. Wild) und Veranstaltungen (Sonntagsbrunch, Grillabende, Mostproben, Fischerfest) durch das Jahr. Mittags gibt es ein täglich wechselndes Lunch-Menü. Mittwochs ist Maultaschentag (aus eigener Herstellung, auch zum Mitnehmen), freitags Fischtag. Süßwasserfische, Fleisch, Gemüse, Obst, Mineralwasser, Weine und Destillate stammen aus heimischer Erzeugung. - ÖZ: Di. bis Sa. 11.30-14 Uhr und 17.30-21 Uhr, So. 11.30-20 Uhr mit durchgehend warmer Küche, Mo. nur geschlossen, wenn keine anderen Veranstaltungen stattfinden (telefonisch erfragen). Hotel durchgehend und ganzjährig geöffnet.

➥**Lehnenberg - Reichenbach - Bauersberg - Kernershof - Grunbach** - 2 Stdn - Auf der Lessingstraße verlässt man [ohne Markierung] den Ort in südöstlicher Richtung und bleibt auf dem Fußweg auf der rechten Straßenseite. Bei der Bushaltestelle wandert man rechts aufwärts, geradeaus durch Spechtshof (Schilllerstraße bzw. Scheffelstraße) und weiter über eine Anhöhe nach Reichenbach. Hier geht man durch die Hauptmannstraße geradeaus, biegt rechts in den Herderweg ein und wandert an einer Gabelung nach 10 m halb links abwärts in ein Tal. Vor dem Waldrand geht man links und noch vor dem Umspannhäuschen an der Abzweigung halb rechts [ohne Markierung] aufwärts in den Wald. Nach ca. 300 m folgt man dem Querweg nach links und geht immer geradeaus parallel zum Hang auf dem Buocher Bergsträßle um die Buocher Höhe, die geprägt ist durch ausgedehnte Mischwälder und von der sich herrliche Ausblicke auf das Remstal, den Schurwald, die Schwäbische Alb, den Stromberg und das Stuttgarter Becken eröffnen. Über die Buocher Höhe führt außerdem der 11 km lange Geologische Pfad, der die Bahnhöfe Winnenden und Grunbach miteinander verbindet. Nach ca. 2 km trifft man auf einen breiten Querweg, die Hohe Straße, der man mit der Markierung [Rotes Kreuz] nach rechts folgt. Nach einem Unterstand nimmt man die Abzweigung scharf links, Markierung [3] und Wegweiser [Remstal-Höhenweg Richtung Rohrbronn]. Jetzt geht es immer geradeaus [ohne Markierung] abwärts bis zum Waldende. Am Waldrand wandert man [ohne Markierung] nach rechts und an der nächsten Kreuzung links abwärts zum Bauersberger Hof. Der Querstraße folgt man nach rechts und hält sich nach den Häusern links, dann rechts mit herrlicher Sicht auf das Remstal durch die Weinberge abwärts zum Kernershof. Dort nimmt man die Querstraße nach links und geht weiter in Serpentinen abwärts. Nach einer Linkskurve überquert man eine Bachbrücke nach rechts, folgt der Querstraße nach links und hält sich an der Gabelung nach 50 m links. Der Krokusweg führt bis zur Querstraße, der man links abwärts folgt. Nach 20 m biegt man gegenüber dem Friedhof [ohne Markierung] halb rechts in die Osterstraße ein. Auf dieser gelangt man zur Hauptstraße (Olgastraße), der man nach rechts folgt. Links durch die Kelterstraße, am Bürgerhaus rechts in die Schillerstraße mit [Blauem Strich] leicht aufwärts und links an der Kirche vorbei, erreicht man durch die Lindenstraße geradeaus den Ausgangspunkt der Wanderung im Buchhaldenweg am Ortsausgang von Grunbach.

TOUR 16

Winnenden – Historischer Stadtrundgang

Anfahrt - B 14 Stuttgart - Schwäbisch Hall. - Von Stuttgart S 3 nach Winnenden.
Parken - 🏠 Markthaus, Rathaus und Wiesenstraße. 🅿 am Holzmarkt, am Viehmarkt und in der Seegartenstraße. Die ersten 120 Min. sind kostenlos.

🕐 1½ Stdn

✪ **Aus der Geschichte** - 1181 erstmals urkundlich erwähnt, erhielt Winnenden im Jahre 1212 das Stadtrecht und ist damit die älteste Stadt im Rems-Murr-Kreis. 1325 kam die Stadt an Württemberg und hatte unter dem Dreißigjährigen Krieg und dem Pfälzischen Erbfolgekrieg mit Besetzungen, Plünderungen und der Pest zu leiden. 1808 verlor Winnenden den Status als Oberamtsstadt an Waiblingen. Bis zur Mitte des 19. Jh. war Winnenden mit seinen Frucht-, Holz- und Viehmärkten ein wichtiger Handelsmittelpunkt für die umliegenden Handwerker, Bauern, Winzer und Gastwirte und eine wohlhabende Handwerkerstadt, doch trotz des Eisenbahnanschlusses 1876 verpasste man die Chancen der Industrialisierung. Erst nach dem Zweiten Weltkrieg begann mit dem Bau neuer Wohn- und Industriegebiete der Aufschwung der Stadt. Seit 1973 Große Kreisstadt, hat Winnenden mit seinen Stadtteilen Baach, Birkmannsweiler, Breuningsweiler, Bürg, Hanweiler und Hertmannsweiler ca. 27500 Einwohner.

➡ **Historischer Stadtrundgang** - Der Rundgang beginnt im Herzen der Stadt am 1) Marktplatz, der dominiert wird vom Alten Rathaus. Die Bausubstanz stammt aus der Zeit des Wiederaufbaues nach dem Stadtbrand 1693 während des Pfälzischen Erbfolgekrieges. 1827 wurde der von Säulen getragene Balkon mit schmiedeeisernen Gittern angefügt. Im Rathaus befanden sich der Ratssaal, die Räume für den Stadtschreiber und im Erdgeschoss die sog. Kornschranne, d. h. die Verkaufsräume für Getreide während der überregional bedeutenden Wochenmärkte. Seit der 1988 durchgeführten Altstadtsanierung beherbergt das Rathaus die Volkshochschule und das Stadtarchiv. Der Marktbrunnen zeigt verschiedene Stilelemente: Der Sockel aus dem 17. Jh. ist manieristisch, die barocken Motive des achteckigen Trogs stammen aus der Zeit um 1720. Die Brunnentröge sind Kopien des Winnender Bildhauers Martin Kirstein (um 1979). Zum 800-jährigen Stadtjubiläum 2012 wurde vom Bildhauer Prof. Karl Ulrich Nuss eine neue Brunnenfigur geschaffen, die den Minnesänger Gottfried von Neuffen und das von ihm in seinem »Winnender Lied« umworbene Mädchen darstellt. - Nun geht man durch die Marktstraße Richtung Torturm und kann hier weitere sehenswerte Gebäude be-

Marktbrunnen

Storchen-haus

wundern. Das 2) Storchenhaus (Hs. Nr. 24) ist ein dreigeschossiges Giebelhaus mit einer hochbarocken Prachtfassade, das um 1730 vom herzoglich-württembergischen Baumeister Johann Adam Groß aus Winnenden für den späteren Bürgermeister Johann Hauber errichtet wurde. Im alten Haupteingang ist das Wappen der Familie Hauber zu sehen. Der Giebel diente einst als Nistplatz für Störche, was dem Haus seinen Namen gab. Weiter durch die Marktstraße erreicht man den 3) Torturm, der einst neben der Stadtmauer Teil der mittelalterlichen Stadtbefestigung war. Das sog. Schwaikheimer Tor bildete den Haupteingang zur alten Stadt. Neben den Stadtmauerresten ist hier die älteste erhaltene Bausubstanz zu finden. Die Fachwerkstockwerke wurden 15 Jahre nach dem Stadtbrand von 1693 wieder errichtet. In den vier Turmstuben dokumentiert das Heimatmuseum u. a. die Stadtentstehung und -geschichte und zeigt eine komplett ausgestattete Gefängniszelle, Uhrwerke, eine Dachziegelsammlung, Exponate aus der Zunft- und Gewerbegeschichte sowie alte Stiche, Ansichten und ein Modell der Altstadt um 1850. Und nicht zuletzt bietet sich vom obersten Stockwerk ein herrlicher Ausblick über die Innenstadt (ÖZ: im Sommer jeden letzten Samstag im Monat von 10-12 Uhr sowie nach Vereinbarung). - Die Turmstraße führt zum 4) Diebsturm. Das früher Fangturm genannte Gebäude bildet den südwestlichen Eckpunkt der alten Stadtmauer, die hier einst 9 m hoch war. Während harmlosere Straftäter in den Torturm kamen, wurden im Diebsturm Häftlinge festgehalten, die mit der Todesstrafe rechnen mussten. Die Durchfahrt von der Wall- in die Wagnerstraße wurde erst 1904 anlässlich eines Stadtbrandes eingerichtet. - Nun folgt man zunächst der Wallstraße nach links und biegt dann rechts in die Schlossstraße ein, an deren Ende sich das 5) Schloss Winnental mit seinem schönen Schlosspark befindet. Das Anwesen wurde im 15. Jh. als Sitz der Winnender Deutschordenskommende, die u. a. Pilger auf dem Weg nach Santiago de Compostela betreute, erbaut und 1665 an Württemberg verkauft. Bis 1737 war es Sitz der Seitenlinie Württemberg-Winnental. 1834 wurde im Schloss die Heilanstalt für seelisch Erkrankte eröffnet. Heute befindet sich hier das »Klinikum Schloß

Winnenden erleben!

Wandern durch die Winnender Weinberge und Streuobstwiesen, ein Besuch unserer historischen Innenstadt, des Schlosses Winnental oder der Schlosskirche mit dem Kleinod Jakobusaltar – Winnenden ist immer eine Reise wert! Verbinden Sie Ihren Tag bei uns in Winnenden mit einem Besuch in unserem Wunnebad mit Saunalandschaft und Eispark, dem neu erweiterten Feuerwehrmuseum oder einem Besuch bei einer der größten Modelleisenbahnanlagen Europas. Wir freuen uns auf Sie!

Weitere Informationen unter www.winnenden.de

Winnenden - Zentrum für Psychiatrie«, ein modern ausgestattetes Fachkrankenhaus. Der Schlosssaal bildet regelmäßig den stilvollen Rahmen für öffentliche Konzerte. Zwischen Torhaus und Hauptgebäude erinnert das Mops-Denkmal an den Hund des Herzogs Karl Alexander von Württemberg und die Legende, die sich um ihn rankt: Als Feldmarschall führte der Herzog in österreichischen Diensten die kaiserliche Armee 1717 während der Schlacht um Belgrad gegen die osmanischen Truppen. Nachdem sich Herr und Hund im Chaos der Gefechte aus den Augen verloren hatten, lief das treue Tier zurück nach Winnenden. Nach seinem Tod errichteten ihm die Schlossbewohner dieses Denkmal. Die Evangelische Schlosskirche, deren ältester Vorgängerbau aus der Zeit Ludwigs des Frommen um 850 stammt, ist eine gotische, dreischiffige Basilika. Das Gotteshaus beherbergt Winnendens größten Kunstschatz, den geschnitzten Jakobusaltar aus dem Jahr 1520. Die Schnitzereien erzählen die Jakobuslegende mit dem Galgen- und Hähnchenwunder, das sich in Santo Domingo de la Calzada, einem der letzten Orte auf dem Jakobsweg nach Santiago de Compostela, zugetragen haben soll. - Vom Schloss geht man zurück bis zur Wallstraße und folgt

Mops-Denkmal

dieser nach rechts zur weithin sichtbaren 6) Evangelischen Stadtkirche St. Bernhard. Der Turm der einstigen St. Bernhards-Kapelle diente vermutlich im Mittelalter als Wohnsitz der Ministerialen der Herren von Neuffen bzw. Württemberg. Pfarrkirche war jedoch immer die Schlosskirche. Nach schweren Kriegsschäden 1693 und 1945 musste das Gotteshaus teilweise neu aufgebaut werden. Durch die Marktstraße geht man nun zurück Richtung Marktplatz und passiert dabei das 7) Haus Sator (Hs. Nr. 48). Das Gebäude wurde 1748 von Johann Adam Groß I. errichtet, dessen Meisterzeichen unter dem mittleren Fenster im zweiten Stock zu erkennen ist. Johann Adam Groß war mehrfach Bürgermeister in Winnenden und wirkte als herzoglicher Rentkammerbaumeister. Nach seinen Plänen entstanden zahlreiche barocke Gebäude in ganz Württemberg, u. a. das sog. Arsenal in Ludwigsburg, das heute das Staatsarchiv beherbergt. - Durch die Marktstraße kehrt man nun zurück zum Ausgangspunkt des Stadtrundganges am Marktplatz.

Wandermöglichkeiten rund um Winnenden

Am Bahnhof Winnenden beginnen drei Panoramawanderungen, die auf befestigten Wegen durch die herrliche Landschaft mit Streuobstwiesen und Weinbergen rund um Winnenden verlaufen. Die Panoramawanderung 1 (11 km, ca. 3 Stdn.) führt von Winnenden über das Rotbachtal, Hertmannsweiler, Paulinenhof, Bürg und Höfen zurück nach Winnenden. In Bürg lohnt sich ein Abstecher zum Weinlehrpfad auf dem Panoramaweg. Zu einer Rast laden ein Spielplatz und eine Kneippanlage bei Höfen ein. Auf der Panoramawanderung 2 (12,3 km, ca. 3 Stdn.) geht es von Winnenden über den Stadtteil Schelmenholz, den Korber Kopf (mit schöner Aussicht über das Rems- und das Neckartal) und Hanweiler zurück nach Winnenden. Die Panoramawanderung 3 (11,1 km, ca. 3 Stdn.) führt von Winnenden über Breuningsweiler und durch das Naturschutzgebiet Zipfelbachtal zurück nach Winnenden. Teilstrecken verlaufen auf dem Geologischen Lehrpfad und dem Fischlehrpfad, und vom Aussichtspunkt Kleiner Roßberg eröffnet sich bei schönem Wetter eine wunderbare Fernsicht. Darüber hinaus gibt es in Bürg einen 2,6 km langen Panoramaweg für Rollstuhlfahrer und Kinderwagen, der am Friedhof Bürg beginnt. Von hier geht es auf der Panoramastraße mit Weinlehrpfad und großer Panoramatafel (herrlicher Ausblick über die Berglen und bei guter Fernsicht bis zur Alb) vorbei am Schwimmbad in den Wald und durch Streuobstwiesen. Die Markierung [Georg-Fahrbach-Weg] leitet zurück nach Bürg.

TOUR 17

Winnenden-Bürg - Königsbronnhof - Rettersburg - Bürg

15½ km

4 Stdn.

Charakteristik - Ein sehr abwechslungsreicher Weg.
Anfahrt - B 14 Stuttgart - Schwäbisch Hall, Ausfahrt Winnenden/Stadtteile, weiter über Höfen. - Von Winnenden über Höfen. - B 14 aus Richtung Schwäbisch Hall/Backnang bis Hertmannsweiler, dann über Stöckenhof. - Von Stuttgart S 3 nach Winnenden, von dort mit Buslinie 337 Richtung Oppelsbohm-Ortsmitte bis Bürg.
Parken - Bei den Gasthöfen oder in deren Nähe.

 Schulerhofstüble - Das beschauliche Lokal begrüßt seine Gäste in urgemütlichen Gasträumen mit schönen Wandmalereien und verwöhnt sie mit schwäbischen Gerichten (u. a. auf der wechselnden Tageskarte), Kaffee und Kuchen und einem guten Viertele Wein. - ÖZ: Mi. bis Fr. 12-24 Uhr, Sa. und So. 10-24 Uhr (warme Küche jeweils bis 21 Uhr).

➥ **Bürg - Stöckenhof - Königsbronnhof** - 1 ½ Stdn. - Vom Schulerhofstüble wandert man aufwärts zum Burghotel-Restaurant-Café Schöne Aussicht. Ab hier leitet der [Rote Strich] durch die Straße Am Burggraben und die Ebniseestraße, bevor man links in die Straße Im Kauzenbach einbiegt. Nach dem Friedhof geht man rechts steil hoch. In Blickrichtung Stöckenhof wandert man durch Felder, schließlich 50 m rechts und nimmt den ersten Weg links. An dessen Ende geht es im Linksbogen zur Begonienstraße in Stöckenhof. Hier folgt man der Enzianstraße nach rechts, überquert vor dem Kreisel die Landstraße und geht direkt gegenüber in die Dahlienstraße. Vor einer Kurve führt ein Trampelpfad geradeaus abwärts **(!)** in den Wald. Dann nimmt man den breiten Weg nach rechts und folgt diesem lange geradeaus. Nach **(!)** einer Steigung kommt man nach links zu einem P, erreicht dort wiederum nach links eine Schranke und wandert auf dem breiten Weg weiter. Nach ca. 400 m folgt man einem schmalen Pfad rechts **(!)** mit dem [Roten Strich] in den Wald, überquert später die Landstraße und erreicht zunächst nach links, dann auf der Straße nach rechts Königsbronnhof.

➥ **Königsbronnhof - Necklinsberg - Rettersburg** - 1 ½ Stdn. - Auf der Höhe folgt man dem [Roten Strich/HW 10], im Ort **(!)** geht man rechts abwärts zwischen den Häusern und hinüber in den Wald. Rechts und gleich links hält man sich an die Markierung [Blauer Strich]. Ein Wegweiser leitet zum P Schönbühl. Zunächst geradeaus, dann links führt der Königsteinweg geradeaus zum Königstein, der 1841 zum 25-jährigen Regierungsjubiläum für König Wilhelm I. von Württemberg aufgestellt wurde. Vor dem Denkmal stehend, biegt man links ab in den Brandhauweg und wandert

dann geradeaus (!) zum Pflästerlesweg, auf dem im Mittelalter eine Salzstraße verlief. Nun hält man sich links und wandert praktisch immer geradeaus mit schönen Blicken ins Wieslauftal nach Necklinsberg, das man in der Kieselhofstraße erreicht. Man biegt rechts in die Berglenstraße ein und folgt dann dem Drexelhofweg erneut nach rechts [ohne Markierung] über freies Feld mit schöner Aussicht auf die Berglen zum Drexelhof. Hier wandert man nach rechts auf einem Waldsträßchen abwärts nach Rettersburg.

➡ Rettersburg - Linsenhof - Bürg - 1 Std. - Zunächst geht es durch die Buchenstraße, dann rechts durch die Kelterstraße (Hauptstraße), die man überquert, bevor man links in die Linsenhofstraße einbiegt. Vor dem Zipfelbach nimmt man das geteerte Sträßchen nach rechts, dem man durch Wiesen nach Linsenhof folgt. Am alten Backhäuschen in der Mitte der Häusergruppe hält man sich links und bleibt konstant auf diesem Weg, der in einer weit ausholenden und dann eng verlaufenden Rechtskehre gemütlich durch den Wald aufwärts führt. Am Waldaustritt befinden sich eine Schutzhütte und ein Spielplatz und man genießt einen schönen Blick auf Bürg. 150 m ab dem Waldrand erreicht man eine Gabelung: Hier bleiben die Wanderer von der »Schönen Aussicht« auf gleicher Höhe, gehen im Bogen zur Landstraße und auf befestigtem Weg daneben zurück nach Bürg. Die Wanderer vom »Schulerhofstüble« nehmen den befestigten Weg halb links abwärts, gehen an der nächsten großen Gabelung erneut halb links abwärts und kommen in einem Linksbogen nach Schulerhof, wo die Flachswiesenstraße und die Schulerhofstraße zum Schulerhofstüble führen.

)》| Burghotel-Restaurant-Café »Schöne Aussicht« - Nomen est omen: Die traumhaft schöne Aussicht aus den stilvoll-rustikalen Governäumen und von der großen Terrasse reicht vom Hohenstaufen bis zu den Löwensteiner Bergen. Das Hotel verfügt über komfortable Zimmer mit Bad/Dusche, WC, Telefon, TV und Radiowecker. Die anerkannt gute Küche bietet feine schwäbische Spezialitäten, Wild- und Fischgerichte (u. a. mit Forellen aus eigenen Gewässern), vegetarische Speisen, Kinderteller, verlockende Desserts sowie kleine Gerichte und Vesper. Zum Nachmittagskaffee genießt man frisch gebackene Kuchen und Torten aus eigener Herstellung. - ÖZ: Täglich 6.30-23.30 Uhr (warme Küche 11.30-14 Uhr und 17-21.30 Uhr).

TOUR 18

Fellbach – Stadt der Weine und Kongresse

Anfahrt - Von Stuttgart B 14 Richtung Schwäbisch Hall, Ausfahrten Fellbach oder Fellbach-Süd. - Stadtbahnlinie U 1 bis »Lutherkirche«. - Buslinien 60, 207, 212.
Parken - 🅿 Rathaus und Schwabenlandhalle (gebührenpflichtig). 🅿 Max-Graser-Stadion (kostenlos, 5 Min. Fußweg zur Stadtmitte).

✪ **Fellbach** - Die Stadt liegt eingebettet zwischen Neckar und Rems und beheimatet mit ihren Ortsteilen Schmiden und Oeffingen rund 44000 Einwohner. Man genießt vom Kappelberg aus einen wunderbaren Blick ins Remstal und über die Landeshauptstadt Stuttgart. Doch das Panorama ist nicht das einzige, was der Fellbacher Hausberg zu bieten hat: Auf rund 180 Hektar wird am Kappelberg, in den beiden Anbaulagen Lämmler und Goldberg, der Fellbacher Wein angebaut. Mit fünf Weingütern (drei davon im Verband der deutschen Prädikatsweingüter) und der Fellbacher Weingärtner-Genossenschaft ist die Stadt nicht nur während ihres traditionellen Wein- und Erntedankfestes, dem »Fellbacher Herbst« am zweiten Oktoberwochenende, eine gute Adresse für Wein- und Württembergfans. Doch nicht nur für Weinliebhaber hat Fellbach viel zu bieten: Wer bei einem Stadtspaziergang durch die Innenstadt schlendert, kann diese auf eigene Faust für sich entdecken.

➡ **Stadtspaziergang durch Fellbach** - Als Ausgangspunkt bietet sich hierfür die Lutherkirche beim Rathaus an. Die 1) Lutherkirche ist das historische Wahrzeichen der Stadt und stammt aus dem Jahre 1518. Geht man in nördlicher Richtung weiter über den Fußgängerüberweg zum Berliner Platz, sieht man schon die 2) Stadtbibliothek, deren blau-weiß gestreifte Fassade sofort ins Auge sticht. Wieder auf der Tainer Straße zurück, gelangt man in westlicher Richtung, parallel zur U-Bahn-Linie, zur Haltestelle Schwabenlandhalle. Hier überquert man die Esslinger Straße und erreicht anschließend den großzügig gestalteten Vorplatz des neuen 3) F.3 Familien- und Freizeitbad Fellbach. Das Bad mit Rutschenparadies, einer umfang-

Blick auf Fellbach vom Kappelberg

reichen Saunalandschaft und verschiedenen Dampfbädern wurde im Herbst 2013 eröffnet. Auf demselben Weg an der Tainer Straße zurück, erwartet den Stadtspaziergänger auf der rechten Straßenseite die 4) Schwabenlandhalle. In diesem Event- und Kongresszentrum finden jährlich rund 500 Veranstaltungen statt. Beim Atrium der Schwabenlandhalle befindet sich außerdem die 5) Musikschule. Ein weiteres Highlight für Augen und Ohren ist der nierenförmig angelegte Orchestersaal. Vom Vorplatz aus erreicht man direkt den 6) Alten Friedhof, der in der Parkanlage zwischen Rathaus und Schwabenlandhalle liegt. Vom Alten Friedhof aus nimmt man den Ausgang in südlicher Richtung und sieht gegenüber vom Rathaus schon die 7) Fellbacher Markthalle. Diese lockt - von ofenwarmen Backwaren über Fischspezialitäten bis zu frischen Blumen - mit allerlei Köstlichkeiten und regionalen Produkten von ortsansässigen Erzeugern. Die Hintere Straße entlang kommt man auf der rechten Seite zum 8) Fellbacher Stadtmuseum. Das ehemalige Fellbacher Bürgerhaus wurde 1682 erbaut und 2011 nach grundlegender Modernisierung wieder eröffnet. Es zeigt eine Dauerausstellung zur Stadtgeschichte Fellbachs. Im Erdgeschoss des Museums wurden ein Mörike-Kabinett und eine Wechselausstellung eingerichtet. Nach dem Museumsbesuch kommt man entlang der Hirschstraße bis zur Cannstatter Straße. Dort steht das 9) Alte Rathaus, das bis 1986 Sitz der Fellbacher Stadtverwaltung war und heute das Fellbacher Polizeirevier beherbergt. Von hier aus geht es die Cannstatter Straße in nördlicher Richtung entlang - zum 10) Neuen Rathaus auf der linken Straßenseite. Eine echte Rarität wartet im Innenhof: Das Rathausglockenspiel aus Meißner Porzellan war einst ein Geschenk der sächsischen Partnerstadt Fellbachs - und ist heute ein krönender Abschluss des kleinen Rundgangs durch den Stadtkern von Fellbach. Der i-Punkt im Rathaus-Innenhof hält außerdem aktuelle Infos zu Veranstaltungen und detaillierte Auskünfte zur Stadt bereit.

➥ **Wandertipp: Besinnungsweg Fellbach** - Der Besinnungsweg befindet sich im Fellbacher Stadtteil Oeffingen. Dort kann man an der Sporthalle/Feuerwehrgerätehaus in der Geschwister-Scholl-Straße parken. Mit öffentlichen Verkehrsmitteln erreicht man Oeffingen von Stuttgart aus zunächst mit der S 2 oder der S 3 bis Fellbach und nimmt dann die Buslinie 60 bis zur Haltestelle Katholisches Gemeindezentrum Oeffingen. Auf den Spuren von Kunst, Literatur und Religion wandelt man auf dem 3 km langen Besinnungsweg, der für Menschen jeden Alters geeignet ist und durch Wiesen und Felder führt. Auf der etwa zwei Stunden langen Tour erwarten

den Wanderer unterschiedliche Werke von namhaften Künstlern wie Micha Ullmann, Inge Mahn, Henk Visch, Jürgen Brodwolf, Timm Ulrichs und anderen. Darüber hinaus begeistert der Besinnungsweg durch seine Fernsicht zum Kappelberg, zum Korber Kopf und nicht zuletzt auch zum Stuttgarter Fernsehturm. Hier ist man einerseits mitten in der Natur und andererseits mittendrin im Leben und Lebensumfeld jedes Besuchers - zwischen Getreide-, Rüben- und Kartoffelfeldern, zwischen Wald und Wiesen, zwischen religiösen, kulturellen und philosophischen Meilensteinen. Kurz: Hier findet man nicht nur einen besonderen Erfahrungsraum jenseits vom Alltagsstress, sondern auch zu sich selbst. Vom P Sporthalle Oeffingen führt der 2001 eröffnete Besinnungsweg mit seinen aktuell sieben Stationen rechts auf den Feldweg Richtung Waiblingen vorbei an der Heilig-Kreuz-Kapelle. Dort liegen Flyer mit dem genauen Plan und Informationen zu den einzelnen Kunstwerken aus. Der Weg ist mit [BWF] gekennzeichnet und führt nach 300 m am Granitkreuz »Zeit« links ab und nach 500 m am Kunstwerk »Erinnern/Vergessen« zum nächsten Werk »Geborgenheit/Vertrauen«. Dann geht es geradeaus über die Landesstraße zu drei weiteren Kunstwerken und anschließend wieder zurück. Seit Oktober 2013 steht etwas abseits dieses Weges außerdem ein nicht zu übersehendes Kunstwerk mit dem Namen »Freiheit«, das man erreicht, wenn man nach der Kapelle erst 900 m geradeaus und dann etwa 800 m nach links geht. - Führungen auf dem Besinnungsweg: Christina Lamparter, Tel. 0711/511417, mail@chrislampi.de

INFO

Die Fellbacher Weingärtner eG

Fellbach ist eine der größten Weinbaugemeinden Württembergs und blickt auf eine lange Weinbautradition zurück. Schon früh betrieben viele Klöster an den sonnigen Keuperhängen ihre Weinberge. Bereits 1858 wurde die Weingärtnergenossenschaft, heute die Fellbacher Weingärtner eG, gegründet. Über 95 % der Fellbacher Winzer liefern ihre Trauben an die Genossenschaft und pflegen ihre Weinberge sorgfältig. Höchste Qualität wird u. a. durch eine gezielte Ertragsreduzierung erreicht. In der Kelter der Fellbacher Weingärtner eG sorgen der Kellermeister und modernste Technik dafür, dass die Trauben zu erlesenen Weinen ausgebaut werden - je nach Sorte werden die ganz besonderen Stärken und Besonderheiten betont. Verschiedene Qualitätsstufen - die Editionen »P«, »S« und »C« - bieten eine weitere Differenzierung. Die Palette reicht von trockenen über feinherbe (halbtrockene) bis hin zu fruchtigen Weinen. Zahlreiche Auszeichnungen, u. a. im Jahr 2013 durch die Zeitschrift »Vinum« als »Beste Genossenschaft Deutschlands«, bestätigen die Fellbacher Weingärtner eG in ihrer Philosophie. Wer die Weine der Fellbacher Weingärtner eG erleben möchte, hat dazu verschiedene Möglichkeiten. In den modernen Verkaufsräumen (ÖZ: Mo. bis Sa. 9-18.30 Uhr) kann man Weine, Destillate und Liköre, Schokoladen- und Trüffelspezialitäten, Wein- und Balsamicoessig, Weingelee, Fellbacher Nudeln und Fleur de Sel erwerben - auf Wunsch auch in attraktiven

Das Rebenmeer der Großlage Goldberg

Geschenkverpackungen und bei den Magnum-Flaschen mit persönlicher Widmung an den Beschenkten. Von Mai bis Oktober hat man jeden Sonntag direkt vor der Neuen Kelter Gelegenheit, die Weine bei einem kleinen Imbiss zu verkosten. Weinproben mit Kellerführung und Imbiss finden monatlich zu festen Terminen statt und können auch für Gruppen ab 12 Personen individuell gebucht werden. In Verbindung mit einer Tour mit einem Oldtimerbus durch die Weinberge - herrliche Ausblicke vom Kappelberg inklusive - wird die Weinprobe zu einem besonderen Erlebnis. Detailliertes Wissen für interessierte Weinfreunde bieten die Weinseminare zu allgemeiner Weinkunde oder Themen wie Weinsensorik. Feste Termine im Veranstaltungskalender der Fellbacher Weingärtner sind die Weinpräsentation »Festival der Weingenüsse« in der Alten Kelter alljährlich im April und das »Weinerlebnis am Kappelberg«, ein Weinfest rund um die Neue Kelter, das am zweiten Septemberwochenende ein buntes Programm und musikalische Unterhaltung bietet.

✪ Dem Genuss auf der Spur mit dem neuen Weinweg Fellbach
- Weit über die regionalen Grenzen hinaus ist Fellbach bekannt für seine Weine vom Kappelberg, die mit ihrem exzellenten Geschmack und hoher Qualität begeistern. Doch der Hausberg der Stadt ist auch für Spaziergänger ein Leckerbissen. Hier verbinden sich Natur und Kultur zu einer unverwech-

selbaren Genusslandschaft, die ihren Besucher nicht nur zu den Wurzeln einer langen Weintradition führt, sondern auch zu einem einmaligen Panoramablick. Wer auf den Spuren dieses faszinierenden Panoramas wandeln und neben einer ganz besonderen Landschaft auch deren Weintradition entdecken möchte, ist auf dem neu konzipierten Weinweg Fellbach am Ziel. Hier wird Interessantes, Informatives und Inspirierendes rund um Kultur, Historie und Natur des Weinbaus und dessen Herstellung serviert. So kann man sich beispielsweise neben fast 100 Rebsorten, die am Wegesrand aufgeführt sind, auf fachkundige, aber leicht verständliche Weise über die beliebten Fellbacher Weinsorten informieren. Der An- und Ausbau der Trauben ist dabei noch lange nicht alles, was hier wissens- und sehenswert ist. An vielen großen und kleinen Stationen, die überall entlang des Weinwegs auf die Wander- und Weinfreunde warten, stehen Flora, Fauna und die biologische Vielfalt am Weinberg im Mittelpunkt. Genau wie das spannende Miteinander von Natur und Kultur, das für jeden Geschmack etwas zu bieten hat.

Weitere Informationen zum neu konzipierten Weinweg Fellbach gibt es unter www.fellbach-tourismus.de, i-punkt@schwabenlandhalle.de oder im i-Punkt Fellbach, Marktplatz 7, 70734 Fellbach, Tel. 0711/580058.

Kernen im Remstal - geliebt von Römern, Fürsten und Edelfrauen

Mag der eine oder andere Historiker auch daran zweifeln, dass die Römer den Weinbau nach Württemberg brachten - in Kernen ist man sich ganz sicher. Schließlich wurde auf der Rommelshausener Markung ein Rebmesser aus der Römerzeit gefunden sowie ein großer römischer Gutshof, die »villa rustica«, die 1971 freigelegt wurde. Die Eigner dieser Villa unter den Hartäckern haben jedenfalls den Standortvorteil ihrer Finca erkannt und für den Weinbau genutzt. Auch alle Fürstenhäuser, die sich nach dem Mittelalter den Besitz zwischen Y-Burg und dem Aussichtshügel »Kernen« sicherten, wussten den Wein zu schätzen. So wie der Wein die mehr oder weniger hohen Herrschaften im wahren Wortsinn »g'lüschtig« auf Stetten machte, so ist der Rebensaft auch heute noch wichtigster Grund für einen Besuch in dem schmucken Ortsteil von Kernen, in dem es die meisten Selbstvermarkter der Region gibt - mit international prämierten Traubentröpfchen. In den vergangenen Jahrzehnten hat sich Kernen zur attraktiven, schaffigen Wohn-, Werk- und Einkaufsgemeinde entwickelt - mit einem lebendigen Kultur- und Vereinsleben. Neben dem guten Wein gibt es in Kernen viele weitere Attraktionen: einen Waldsportpfad, Frei- und Hallenbad, einen Klettergarten, Bike-Park sowie den Stettener Weinweg und ausgeschilderte Wander- und Radwege. Die Y-Burg, einst Sitz der Truchsessen von Stetten, ist das Wahrzeichen des Weinortes Stetten. Seit 2011 beherbergt die Burgruine 16 Plastiken des bekannten Bildhauers

Kulturinteressiert?
Naturverbunden oder Genussmensch?
Alle sind willkommen!

- Villa Rustica
- Glockenkelter
- Schloss Stetten
- Kirchturmmuseum
- Museum unter der Y-Burg
- Y-Burg mit Nuss-Skulpturen

- Jakobsweg und Kulinarischer Weinweg
- Trockenmauern und Museumswengert
- Ein Barockgärtle
- Streuobstwiesen
- Grüne Natur

- Hervorragende Weingüter
- Exquisite Gastronomie
- Historischer Ortsrundgang
- „Römer Bad" und Bädle
- Waldsportpfad
- Bike-Park
- Klettergarten

Kommen Sie doch mal vorbei!
www.kernen.de

Ortsansicht von Kernen-Rommelhausen

Karl-Ulrich Nuss - die frei zugängliche Ausstellung unter freiem Himmel ist zum Besuchermagnet geworden. Eine Berühmtheit ist auch die rundum sanierte Glockenkelter am Fuße der Y-Burg, die heute zu einem kulturellen Zentrum geworden ist. Das Schloss im Herzen der Gemeinde diente bis in die Mitte des 19. Jh. auch als Ruhesitz der Witwen württembergischer Herzöge. Die beliebteste Witwe war Magdalena Sibylla, die vor 300 Jahren starb. Die »Schwiegermutter« der wegen ihrer ausschweifenden Lebensart ungeliebten »Gräfenitz« liebte den Wein und ließ ihn - da den Damen zum Essen nur Wasser zustand - wie Wasser in einem Steinkrug servieren und »tunkte« ihr Brot ein, so wie man zu jener Zeit Anisbrot in Zuckerwasser tauchte. Deshalb heißt der Riesling auf einem besonders guten Flurstück heute »Brotwasser«. Die Einzellage ist noch immer im Besitz der Herzoglichen Hofkammer, jetzt Weingut des Hauses Württemberg. Zu Zeiten der wilden Gräfenitz wurde im Schloss üppig gefeiert. Von 1712 bis 1737 gehörten Schloss und Dorf der Mätresse von Herzog Eberhard Ludwig. Mit der Liebsten und dem Gefolge feierte der Fürst einmal sieben Wochen lang am Stück. Dabei sollen 20000 Liter »Stettener« den Weg allen Weines geflossen sein. Das Schloss allerdings wurde bereits 1863 verkauft. Es beherbergt heute die vorbildlichen Anlagen der Diakonie zur Betreuung, Ausbildung und Förderung von Behinderten. Weitere berühmte Weine aus Stetten sind der »Pulvermächer«, der »Lindhälder« und der »Hälder«. Dass man sich bei einer Probe in einem Weingut oder in der Remstalkellerei von den besonderen Qualitäten der heimischen Gewächse überzeugen kann, versteht sich ebenso von selbst wie die optimale Verbindung von Küchenkunst und Kellermeisterschaft in der renommierten Gastronomie. Die Vielfalt der Kfz-Kennzeichen auf den Parkplätzen der Landgasthöfe und Weinstuben untermauert den kulinarischen Ruf Kernens. Im Zentrum von Stetten, in der Klosterstraße, befindet sich die Info-Tafel der Remstal-Route.

Y-Burg mit Weinreben

TOUR 19

Durch die Weinberge von Kernen nach Endersbach

Charakteristik - Die Tour führt durch Streuobstwiesen und Weinberge in zwei alte Fachwerkorte und zur Ruine Y-Burg, von der sich herrliche Ausblicke ins Remstal eröffnen. Die Wanderung ist ein Vorschlag der Remstal-Route e. V.
Anfahrt - B 14/B 29 Stuttgart - Schwäb. Gmünd, Ausfahrt Kernen i. R., weiter nach Rommelshausen oder Stetten. - Nach Rommelshausen: Von Stuttgart S 2 bis Rommelshausen. Nach Stetten: Von Stuttgart S 2 oder S 3 bis Waiblingen, dann Buslinie 211 bis Haltestelle Kleines Feldle.
Parken - In Rommelshausen: Im Bahnhofsbereich bzw. im Industriegebiet. - In Stetten: Kostenlose Dauerparkplätze am Sportplatz in der Kirchstraße (am Kreisverkehr links) oder in der Weinstraße (am Kreisverkehr rechts), jeweils ca. 5 Gehminuten zum Rathaus. Alternative: Gäste-P Hotel Restaurant Hirsch.

14 km

3 Stdn.

170 m

➡ **Rommelshausen - Stetten** - Vom S-Bahnhof Rommelshausen geht man durch die Max-Eyth-Straße zur Siemensstraße und folgt dann der Markierung [Blauer Strich] in südlicher Richtung durch den Ort. Kurz nach dem Ortsende lohnt sich ein Abstecher zur Villa Rustica, den Resten eines römischen Gutshofes aus dem 2. Jh. n. Chr. Durch Streuobstwiesen und Weinberge führt der Weg, weiter mit dem [Blauen Strich], hinauf zum Wasserbehälter. Durch den Harthau folgt man dem [Roten Strich] hinab nach Stetten. Hier biegt man von der Langen Straße rechts ab in die Mühlstraße und folgt dieser bis zur Einmündung der Hirschstraße. Zur erholsamen Rast findet man hier das

🍴 **Hotel Restaurant Hirsch** - Das urgemütliche Wein- und Speiselokal liegt am Fuße der Y-Burg und ist umgeben von einem parkähnlichen Garten, der im Sommer - neben einem überdachten Balkon - Sitzplätze im

Seit über 60 Jahren

gemütliche und gepflegte Gastlichkeit. Bekannt für seine schwäbische und spanische Küche.

Auf einen Besuch freut sich
Familie U. Heim und F. Amor

Ruhetag: Mo. bis 17.30 Uhr und Do. ganztägig

Hirschstraße 2-4 · 71394 Kernen-Stetten · Tel. 07151 / 4 42 40 · Fax 07151 / 4 21 98
www.hirsch-kernen.de

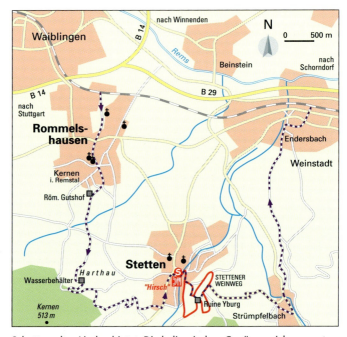

Schatten alter Linden bietet. Die kulinarischen Genüsse reichen von traditioneller schwäbischer Küche bis zu authentischen spanischen Spezialitäten. Auf der Weinkarte findet man erlesene Tropfen aus dem Remstal und aus Spanien. Die behaglichen Hotelzimmer sind mit Dusche, WC und Farb-TV ausgestattet. Der fahrradfreundliche Betrieb erfüllt die Kriterien des ADFC. - ÖZ: Freitag bis Mittwoch 12-14.30 Uhr und ab 17.30 Uhr, Montag ab 17.30 Uhr. Donnerstag ist Ruhetag.

➥ **Stetten - Endersbach** - Nach der Einkehr geht man weiter bis zur Kirchstraße, in die man scharf rechts einbiegt. Dann geht es links in die Steigstraße und hinauf zur Ruine Y-Burg. Nun folgt man dem [Württem-bergischen Weinwanderweg/Rote Traube] bis Strümpfelbach. Der [Blaue Punkt] führt durch Streuobstwiesen zum S-Bahnhof Endersbach.

➥ **Weiterer Wandervorschlag: Stettener Weinweg** - Der 3,2 km lange Rundweg führt in ca. 1½ Stdn. rund um die Y-Burg und vermittelt auf über 30 Infotafeln Interessantes, Kurioses und Wissenswertes rund um das Thema Wein und die Sortenvielfalt im Remstal. Vom Hotel Restaurant Hirsch geht man durch die Hirschstraße bis zur Hindenburgstraße, die nach links zum Ausgangspunkt des Weinweges am Rathaus führt.

Der »Weingeist« blickt auf Stetten

TOUR 20

Rund um Hohengehren und Baltmannsweiler

Charakteristik - Vom betriebsamen Filstal geht es hinauf auf die ländlichen, ruhigen Höhen des Schurwalds.
Anfahrt - Aus Richtung Neckar-/Filstal: B 10 Ulm - Stuttgart, Ausfahrt Reichenbach an der Fils, dann L 1151 Richtung Lichtenwald/Schorndorf. - Aus dem Remstal: B 14/B 29 Stuttgart - Schwäbisch Gmünd, Ausfahrt Winterbach, dann L 1150 Richtung Hohengehren/Baltmannsweiler. In Baltmannsweiler rechts abbiegen auf die K 1210 (Baacher Straße) Richtung Baach. - Bhf. Reichenbach/Fils an der Bahnstrecke Stuttgart - Ulm.
Parken - Aus Richtung Neckar-/Filstal: Wander-P an der L 1151, knapp 1 km nach dem Ortsausgang Reichenbach Richtung Lichtenwald-Hegenlohe. - Aus dem Remstal: Wander-P am Infoschild Kaisersträßle an der K 1210.

14 km

3¾ Stdn.

440 m

➡ **Der Rundweg** - Die Beschreibung startet am Wander-P an der L 1151. - Wenn die Anreise mit der Bahn erfolgt, so sollte am Bahnhof Reichenbach/Fils nach rechts in die Olgastraße gegangen werden. Diese mündet in die Blumenstraße, der man nach links folgt und die am Ortsausgang zur Schorndorfer Straße wird. Neben der Landstraße führt ein Fußweg bis zum Wander-P. - Es geht weiter zur Ölmühle, ab hier kann man der [Blauen Raute auf weißem Grund] folgen. Es geht nun 5 km bis Hohengehren, fast immer entlang eines Baches, zuerst am Reichenbach, dann am Katzenbach. Auf den letzten 2 km der Strecke verliert sich das Rinnsal und auf einem Pfad wandert man zum Waldrand und den Obstbaumwiesen unterhalb von Hohengehren. Zuvor sollte man sich aber den an der Steigung liegenden Holderstein anschauen. Der Abstecher zu der Sandsteinformation lohnt allemal. Unterhalb von Hohengehren geht es nach links in die Wohnsiedlung hinein. Von der Pfarrstraße kommt man zur Kürzegasse, in die man nur einbiegt, um über den Fußweg zwischen den Häusern hindurch und am Friedhof vorbei in den Neuffenweg zu gelangen. Man folgt der Ringstraße nach links, dann der Zollernstraße und schließlich der Hauptstraße nach rechts. Mit der nächsten Linksabbiegung hat man es geschafft, die Wilhelmstraße bringt einen wieder hinaus aus dem Ort und nur noch das Überqueren der Umgehung am Kreisverkehr ist zu meistern. Auf der anderen Seite der Umgehung geht es nach links und gleich nach rechts, hier gibt es wieder Wegweiser, man befindet sich nun auf dem [Rundweg 2]. Dieser Beschilderung folgt man über den Wiesenweg und später den geteerten Weg bis zur K 1210. Auf diesem Wegabschnitt hat man eine wunderbare Aussicht ins Remstal, auf die weiter im Norden liegenden Berge und die Ortsteile Aichelberg und Krummhardt der Schurwaldgemeinde Aichwald. Auf der anderen Seite der Kreisstraße

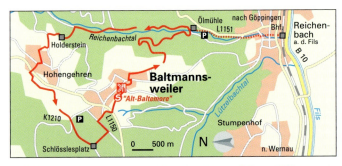

befindet sich der Wander-P mit der Infotafel zum Kaisersträßle. Es geht nun kerzengerade auf dem Esslinger Weg zum Schlösslesplatz. An diesem idyllischen Platz im Wald gibt es nicht nur das obligatorische Ruhebänkchen, hier steht noch eine weitere Tafel, die über die einstigen kaiserlichen Aktivitäten hier oben informiert. So langsam wird dem Wanderer dann auch klar, warum hier die Wege wie mit dem Lineal gezogen wurden. Es geht nun auf dem Weg mit dem Namen Schlösslesrichtstatt bis zum Wannenweg, in den man links einbiegt. Kurz vor der Siedlung, die zu Baltmannsweiler gehört, geht es rechts, um 400 m später die Landstraße (L 1150) zu überqueren. Gegenüber erwartet einen nun eine der schönsten Aussichten auf den Albtrauf. Der Wiesenweg mündet in die Rosenstraße, die im Neubaugebiet Buchsäcker endet. Es geht links und wieder rechts und der folgende Fußweg zwischen den Wohnhäusern führt zur Hauptstraße von Baltmannsweiler. Links gegenüber mündet die Eugenstraße ein, auf der die Wanderung weitergeht. Zuvor bietet sich jedoch eine verlockende Einkehrmöglichkeit im

Alt-Baltemore - In der urigen Gaststube steht die längste Theke des Schurwalds! Im gepflegten Ambiente des stilvollen Wintergartens kann man sich mit gehobener, gutbürgerlicher schwäbischer Küche sowie Saisonspezialitäten (u. a. Wild) verwöhnen lassen. Neben einem täglich wechselnden Mittagsangebot gibt es auch kleine Gerichte und Vesper. Beim Bier hat man die Wahl zwischen 14 Sorten, außerdem werden erlesene Weine aus dem Remstal ausgeschenkt. - ÖZ: Täglich außer Mi. 11.30-14 Uhr und 17-23 Uhr.

Fortsetzung Rundweg - Von der Eugenstraße biegt man rechts ein in die Karlstraße und verlässt den Ort, hinaus in die Obstbaumwiesen. In einem langen Linksbogen kommt man in den Wald. Ab dem Waldrand schlängelt sich der Weg nun gut 2 ½ km hinunter zur Ölmühle, von wo der Wander-P an der L 1151 in 5 Minuten zu erreichen ist.

TOUR 21

Winterbach - Engelberg - Goldboden - Lehenbachtal - Stausee - Winterbach

Charakteristik - Eine beeindruckende und abwechslungsreiche Wanderung rund um Winterbach. Der Aufstieg bis hoch in den Schurwald führt bei herrlicher Aussicht durch weite Obstwiesen, die natürlich zur Blütezeit am schönsten zu durchwandern sind. Im beschaulichen Lehenbachtal erlebt der Wanderer wohltuende Ruhe, das Erholungsgebiet um den Stausee bietet sich für eine Rast an.
Anfahrt - B 14/B 29 Stuttgart - Schwäbisch Gmünd, Ausfahrt Winterbach. - Von Esslingen über Oberesslingen und Baltmannsweiler nach Winterbach. - Von Stuttgart S 2 nach Winterbach.
Parken - P in der Ortsmitte oder Parkhaus am Bahnhof.

11 ½ km

3 ½ Stdn.

Winterbach - Die Gemeinde Winterbach, früher Reichsgut und kaiserliche Pfalz, gilt als eine der ältesten Siedlungen im Remstal. Bereits aus dem Jahr 1046 ist der Aufenthalt Kaiser Heinrichs III. verbürgt. Bis zur Jahrhundertwende 19./20. Jh. gab es einen blühenden Weinbau - heute besteht nur noch ein Weingut. Sehenswert ist der schöne, sanierte Ortskern mit vielen gut erhaltenen Fachwerkgebäuden, den drei Rathäusern und der Evangelischen Pfarrkirche St. Michael. Die große Chorturmkirche von 1309 birgt im Chor bedeutende frühgotische Wandmalereien. Die Kirchhofeinfassung stammt aus dem Mittelalter. Die ehemalige Kelter wurde zum Bürgerhaus umgebaut. Im 1776 erbauten »Haus Dobelmann« ist das Dorf- und Heimatmuseum untergebracht. In dem ortstypischen Bauernhaus befanden sich einst Wohnräume, Vieh- und Vorratshaltung unter einem Dach. Heute sind hier landwirtschaftliche Geräte, originalgetreu eingerichtete Stuben, Exponate zu Handwerk, Archäologie und Geschichte Winterbachs sowie eine große Puppen- und Spielzeugsammlung zu sehen. Zum Museum gehören auch der große Bauerngarten mit Backhaus, die benachbarte Hafnerbrennhütte und die ehemalige Hütte des Totengräbers auf dem Friedhof. Das alljährliche Brunnenfest ist der Höhepunkt im Winterbacher Veranstaltungskalender. Attraktive Wanderwege führen nach Manolzweiler, Baltmannsweiler und Schlichten. Durch das Gemeindegebiet verlaufen außerdem der Remstalwanderweg und der Remstal-Höhenweg.

⭐ **Engelberg** - Der Engelberg erstreckt sich vom südlichen Winterbacher Ortsrand bis zur Schurwaldhochfläche, dem Goldboden, und war in seiner wechselvollen Geschichte Kultstätte, Kloster (bis 1538) und Jagdschloss der württembergischen Herzöge (ab 1602). Heute ist Engelberg bekannt durch die Freie Waldorfschule, ein kulturelles Zentrum im Remstal.

➡ **Der Rundweg** - Vom Landgasthof Horbele geht man durch die Schorndorfer Straße zur Ortsmitte, wo sich das Gasthaus Krone befindet. Dann biegt man links in die Straße Oberdorf ein, unterquert die Bahnlinie und wandert mit dem [Roten Kreuz] Richtung Engelberg. Die Engelberger Straße führt aufwärts, dann geht es links durch die Straße Am Pflaster, bevor man die Hauptstraße (Engelberger Straße) unterquert. Der Weg verläuft nun durch Obstwiesen mit wunderbarer Aussicht auf das Remstal und die gegenüberliegenden Berglen. Der Rudolf-Steiner-Weg führt hinauf zur Waldorfschule in Engelberg. Hier unterquert man die Hauptstraße und wandert aufwärts entlang der Esslinger Straße. Beim Fußgängerüberweg biegt man rechts in den Sandweg ein. An einer Gabelung wandert man mit dem [Blauen Punkt] geradeaus aufwärts. 100 m nach dem Waldanfang überquert man eine Wegkreuzung geradeaus und geht auf dem Sträßchen Richtung Manolzweiler aufwärts. Am Waldende biegt man links ab, geht 300 m am Waldrand entlang, dann rechts durch Felder und überquert schließlich die Straße. Nach 100 m wandert man links am Waldrand entlang, vorbei an zwei großen Wellingtonien. Vor den Gebäuden einer Forstbaumschule führt der Weg links bis zur Straße. Hier kann man wieder eine herrliche Aussicht über den Schwäbischen Wald

genießen. Nach 50 m geht es beim Naturdenkmal Wilhelmseiche rechts in den Wald, hier steht auch eine Hinweistafel [Der Goldboden]. Dem Verlauf der Straße nach Baltmannsweiler folgt man nach rechts. Ca. 50 m nach der Einfahrt zum Wander-P geht es links mit [Blauem Punkt] in den Wald. Dieser Waldpfad führt nach ca. 700 m auf einen gut ausgebauten Querweg. Hier geht man [ohne Markierung] links, ab der Schranke mit [Blauem Strich] geradeaus. Nach Überquerung der Kaiserstraße (K 1209) wandert man abwärts bis zum nächsten Querweg, einem geschotterten Forstweg, dem man mit der Markierung [Rundweg 1] nach rechts bis zu einer Kehre mit Rastplatz folgt. Hier biegt man scharf links in den Schießhausweg ein, der bequem in das Lehenbachtal hinabführt. Der Lehenbachtalweg mit vielen Tafeln des Naturlehrpfades führt bald aus dem Wald heraus und vorbei an einem idyllisch gelegenen Stausee, bevor man in ca. 10 Min. Winterbach erreicht. Über die Oberdorfstraße kommt man zum Marktplatz, an dem man rechts durch die Straße Am Kronenbergele das Gasthaus Krone erreicht. Weiter durch die Schorndorfer Straße kommt man zum

Landgasthof Zum Horbele - Die traditionelle schwäbische Küche mit Klassikern wie Zwiebelrostbraten oder Kässpätzle wird ergänzt durch Saisonspezialitäten. Für den kleinen Hunger bietet die Vesperkarte eine gute Auswahl. Unter den Desserts findet sich auch etwas Süßes zum Abschluss. Alle Gerichte werden aus frischen, regionalen Produkten zubereitet. Die Weine stammen aus dem Remstal sowie von international bekannten Winzern. - ÖZ: Mo. bis Fr. 17.30-23.30 Uhr, Sa., So. und Fei. 11.30-14.30 Uhr und 17.30-23.30 Uhr (So. bis 21 Uhr). Mittwoch ist Ruhetag.

Gasthaus Krone - Bereits seit 1880 wird die »Krone«, heute in der 5. Generation, als Familienbetrieb geführt. Die regionale, gutbürgerliche Küche bildet den Schwerpunkt der Speisekarte. Viel Abwechslung bieten Saisonspezialitäten wie Spargel, Pfifferlinge sowie Variationen von Gans und Ente. Ende Oktober kann man sich während der Schweden-Aktion zwei Wochen lang auf kulinarische Reise in den hohen Norden begeben. Auf der Getränkekarte findet man die passende Begleitung, beispielsweise in Form von regionalen und internationalen Weinen. - ÖZ: Täglich von 11.30 bis 14 Uhr und 17.30 bis 23 Uhr, Samstag ab 18 Uhr. Dienstag ist Ruhetag.

Der direkte Weg für Genießer

Die Krone befindet sich im Ortszentrum von Winterbach - gegenüber der evangelischen Kirche und dem Rathaus. Parkplätze sind normalerweise in der direkten Umgebung zu finden, ansonsten im Parkhaus am Bahnhof. Von der S-Bahn (S2) sind wir nur 5 Gehminuten entfernt.

Gasthaus Krone
Jürgen Wurst
Kronenbergele 1
73650 Winterbach

Telefon 0 71 81/77 70 2
Telefax 0 71 81/77 92 9
info@krone-winterbach.de
www.krone-winterbach.de

TOUR 22

Schorndorf - Historischer Stadtrundgang

1½ Stdn.

Anfahrt - B 14/B 29 von Stuttgart. - B 29 von Schwäbisch Gmünd. - Von Stuttgart S 2 oder Regionalexpress.
Parken - 🏠 Künkelin, Arnold und Bantel. P Unterer Marktplatz, An der Mauer, Bantel und Spitalhof.

✪ **Schorndorf** - Die Daimlerstadt liegt umgeben von Weinbergen, Wiesen und Wäldern im Remstal, begrenzt vom Schurwald im Süden und dem Welzheimer Wald im Norden. Die historische Altstadt versprüht Romantik und lädt zum Bummeln und Verweilen ein.

✪ **Aus der Geschichte** - Im Jahr 1235 wird Schorndorf, damals unter staufischer Herrschaft, erstmals urkundlich erwähnt. Um 1250 erwirbt Graf Ulrich I. von Württemberg den Ort, der 1262 erstmals als befestigte Stadt bezeichnet wird. Unter Herzog Ulrich I. wird Schorndorf 1538 bis 1544 zur Landesfestung ausgebaut. Während des Dreißigjährigen Krieges wird Schorndorf 1634 weitgehend zerstört - erhalten bleiben das Burgschloss, der Chor der Stadtkirche und zwei Häuser. 1688 verhindern die »Weiber von Schorndorf« unter der Führung von Barbara Walch (später Künkelin) die Übergabe der Festung an die Truppen Ludwigs XIV. Zwischen 1811 und 1880 werden die Stadtmauer und die Wälle bis auf wenige Reste abgetragen. 1834 wird Gottlieb Daimler in Schorndorf geboren. 1861 wird die Remstalbahn Stuttgart - Schwäbisch Gmünd eröffnet. 1889 erblickt ein weiterer berühmter Sohn der Stadt das Licht der Welt: Reinhold Maier, erster Ministerpräsident Baden-Württembergs. Nach dem Zweiten Weltkrieg marschieren amerikanische Truppen in Schorndorf ein. 1967 wird Schorndorf Große Kreisstadt. Zwischen 1972 und 1975 werden Buhlbronn, Haubersbronn, Miedelsbach, Oberberken, Schlichten, Schornbach und Weiler eingemeindet. Heute hat Schorndorf ca. 39000 Einwohner.

Panorama mit Postturm (Foto: Jean-Paul Martin)

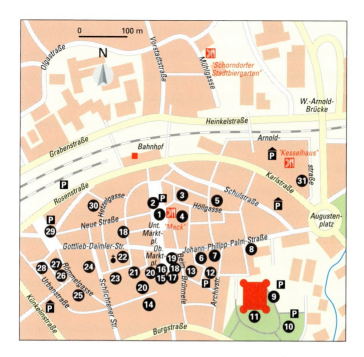

➥ **Historischer Stadtrundgang** - Analog der ausführlichen Broschüre der Stadt Schorndorf, die bei der Stadtinfo im Rathaus erhältlich ist. - Das 1) Rathaus wurde 1726 bis 1730 vom herzoglichen und Kirchenratsbaumeister Georg Friedrich Majer errichtet, der auch am Bau des Ludwigsburger Schlosses beteiligt war und am Schorndorfer Rathaus deutliche barocke Elemente einfließen ließ. Die lateinische Inschrift über dem Portal bedeutet: »Dieses Haus ist Gott geweiht - das Schorndofer Rathaus nach neun Decennien und zwei Jahren aus der Asche wiedererstanden im Jahre 1726«. - Das 2) Gottlieb-Daimler-Denkmal wurde 1950 von Fritz von Graevenitz anlässlich Daimlers 50. Todestages und des 700-jährigen Stadtjubiläums geschaffen. Das Mosaik »Die Weiber von Schorndorf« (1965) von Hans-Gottfried von Stockhausen an der Nordseite des Rathauses erinnert an den Widerstand der Bürger - und vor allem der Bürgerinnen unter der Führung von Barbara Walch-Künkelin - gegen die Übergabe der Festung an den französischen Feldherrn Mélac im Jahre 1688. - Das 3) Gottlieb-Daimler-Geburtshaus (Höllgasse 7) wurde nach 1695 neu aufgebaut. Daimler wurde hier am 17.3.1834 geboren. Nach der Realschule absolvierte er eine Lehre zum Büchsenmacher, besuchte die Polytechnische Schule in Stuttgart

Gottlieb-Daimler-Geburtshaus

SCHORNDORF »
DIE DAIMLERSTADT

Einkehren, wo es am schönsten ist.

Naturgenuss und kulinarische Landschaften rund um Schorndorf.

Schorndorf zwingt gewissermaßen zur Einkehr – so reich ist die Auswahl an Restaurants, Weinstuben und Gasthäusern. Hier schmeckt die Tradition noch hausgemacht. Erleben Sie schwäbische Gastfreundschaft:
nach einer Wanderung im Schurwald, einer Fahrradtour entlang der Rems oder nach einer Stadtbesichtigung. Schorndorf ist immer einen Abstecher wert.

Informieren Sie sich auch über spannende und unterhaltsame Stadtführungen in Schorndorf!

Heimat guter Ideen.

Stadtinfo Schorndorf, Telefon 07181 602 140, stadtinfo@schorndorf.de
www.schorndorf.de

und entwickelte in seiner Werkstatt in Cannstatt den »leichten schnelllaufenden Benzinmotor zur allgemeinen Anwendbarkeit, besonders im Verkehrswesen«. Am 6.3.1900 starb Daimler in Cannstatt. Sein Geburtshaus dient heute als Museum. Zu sehen sind u. a. Daimlers Gesellenstück, Zeichnungen und persönliche Gegenstände (ÖZ: Di. bis Fr. 14-17 Uhr, Sa., So. und Fei. 11-17 Uhr). - Der 4) Ehem. Konstanzer Hof (Konstanzer-Hof-Gasse 13) diente von 1483 bis 1803 als Pfleghof des Konstanzer Domkapitels und wurde 1819 an einen Bierbrauer verkauft. Nach Bränden 1634 und 1690 wurde das Gebäude jeweils neu errichtet. Als Sohn des letzten Konstanzischen Pflegers kam hier Ferdinand Heinrich August Weckherlin (1767-1828) zur Welt, der später als württembergischer Finanzminister u. a. eine große Steuerreform durchführte. - Das 5) Ehem. Alte Bad (Höllgasse 22/Schulstr. 22) beherbergte einst eine der mittelalterlichen Badstuben mit Dampfbad, Friseur, Wundarzt und Gaststätte. Nach dem Stadtbrand 1634 wurde es wiederaufgebaut, brannte jedoch 1690 erneut nieder. Danach wurde hier eine Werkstatt und ein Stall gebaut, bevor 1724 das heutige Gebäude mit seinem prächtigen Renaissanceportal entstand. Der Spruch über dem Portal zeugt von der Frömmigkeit der Bauherren und Besitzer: »Dieu tout et nous rien. - Gott ist alles und wir sind nichts.« - Das 6) Ehem. Spital zum Heiligen Geist (Johann-Philipp-Palm-Str. 10) wurde wahrscheinlich vor 1420 von der Stadt als Altersheim und Waisenhaus gegründet und erlebte bis zum Dreißigjährigen Krieg eine wirtschaftliche Blütezeit. 1662 bis 1664, nach der Zerstörung im Dreißigjährigen Krieg 1634, erfolgte der Neubau der Fachwerkgeschosse auf dem erhalten gebliebenen Erdgeschoss von 1558/1582. - Das 7) Stadtarchiv (Archivstr. 2/Ecke Johann-Philipp-Palm-Str.) entstand 1785 bis 1788 nach Entwürfen des württembergischen Landesoberbauinspektors Johann Adam Groß d. J. und beherbergt bis heute Urkunden, Akten, Pläne etc., die bis 1368 zurückreichen. - Das 8) Ehem. Jagdschloss/Obervogtei (Johann-Philipp-Palm-Str. 28) wurde laut einer Inschrift 1555 als »Neues Schloss« von Herzog Christoph erbaut und diente auch als Amtssitz des Obervogtes, der als staatlicher Beamter vor allem militärische Aufgaben erfüllte. Das Anwesen wurde an der östlichen Schmalseite auf die Stadtmauer von 1400 aufgebaut und überstand wie das Burgschloss den Stadtbrand 1634. Ab 1755 hatte im Ostflügel der jeweilige »Keller« (Finanzbeamte) seinen Sitz. Ab 1810 wurde es von König Friedrich als Jagdschloss genutzt, bevor 1817 das Forstamt einzog. Heute ist hier das Finanzamt untergebracht. - Das 9) Burgschloss entstand 1538 unter Herzog Ulrich vermutlich anstelle einer früheren Wasserburg. Als Eckpfeiler der Festungsanlage überstand es auch den Brand von 1634. Besondere Beachtung verdienen die Inschriften und Wappen an den Türmen sowie das Wappen und die Pechnase über dem Hauptportal. Im 18. Jh. diente das Burgschloss als Kaserne, wurde 1834/35 grundlegend umgestaltet und ist heute Sitz des Amtsgerichtes. - Die 10) Schlossbastion gehörte zu den Anlagen der Landesfestung. Herzog Ulrich baute ab 1538 die alte Wehranlage zur modernen Festung mit Erdwällen, Wassergraben und Bastionen aus. Zwischen 1811 und 1880 wurden die Festungsanlagen weitgehend abgetragen. Die unterirdischen Reste der Kasematten wurden inzwischen freigelegt. - Die 11) Schlossmauerreste beim Burgschloss gehörten vermutlich zur ersten Stadtmauer, die die Obere Stadt umschloss, und zählen damit zu den ältesten mittelalterlichen Zeugnissen Schorndorfs. Die Untere Stadt, das Gebiet um die Pfarrkirche, wurde erst um die Mitte des 14. Jh. in die Stadtbefestigung integriert. - Das heutige Gebäude der 12) Ehem. Meierei des Spitals (Archivstr. 4) wurde 1685 bis 1688 nach dem Stadtbrand auf den erhaltenen Fundamenten der beiden Vorgängerbauten errichtet. Die seit dem späten 18. Jh. gebräuchliche Bezeichnung »Meierei« weist darauf hin, dass von hier aus die Güter des Spitals verwaltet wurden. Bis 1960 umfasste das Anwesen auch eine Scheuer sowie ein Wasch-, Back- und Brennhaus. - Die 13) Stadtmauerreste beim Brünnele (Beim Brünnele 7) dokumentieren die unterschiedlichen Bauweisen der hoch- und spätmittelalterlichen Befestigungsanlagen. Der Knick deutet darauf hin, dass die Mauer aus dem 13. Jh. ab hier ursprünglich in nördlicher Richtung verlief. Wenn man durch die Passage des Gebäudes Oberer Marktplatz 7 geht, erkennt man deutlich die Eigenschaften der jüngeren Stadtmauer, auf die die Gebäude am Oberen Marktplatz aufgesetzt wurden. - Der 14) Ehem. Wehrturm (Im Sack 5) war einer der einst 18 Türme der Stadtmauer, die vermutlich bei einer Stadterweiterung um die Mitte des 14. Jh. erbaut wurden. Nachdem diese damals auch »Erker« genannten Türme mit dem Bau der Festung ihre militärische Funktion verloren hatten, wurden sie privat als Wohnraum vermietet. - Die 15) Ehem. Brotlaube (Oberer Marktplatz 6) wurde laut Inschrift ursprünglich 1660 errichtet und beherbergte im Erdgeschoss einen Verkaufsraum für die Schorndorfer Bäcker. Als die »Brotlaube« Mitte des 18. Jh. ihre Bedeutung verlor, wurde der linke Gebäudeteil als Lagerstätte für Löschgeräte genutzt, während im rechten ein Durchgang zur Gasse »Im Sack« eingerichtet wurde. Nach dem Abriss 1977 wurde das Haus neu aufgebaut und die alte Fachwerkfassade mit ihren schönen Schnitzereien wieder verwendet und vorgeblendet. - Bereits 1478 wird erstmals ein 16) Marktbrunnen erwähnt. 1522 stand hier ein steinerner Brun-

Marktplatz mit Rathaus, Marktbrunnen und Palm´scher Apotheke

nen mit einer Statue Herzog Ulrichs. Der heutige gusseiserne Brunnen wurde 1773 gefertigt und das Standbild durch eine Säule mit kupfernem Blumenschmuck ersetzt. Die Seiten zieren die Wappen von Carl Herzog zu Württemberg, der Stadt Schorndorf sowie der Stadtobrigkeit (Oberamtmann, Bürgermeister und Stadtschreiber). - Die 17) Gaupp'sche Apotheke (Oberer Marktplatz 1) ist ein typisches Stadthaus wohlhabender Bürger und beherbergt seit 1689 eine Apotheke. Nach dem Stadtbrand wurde das imposante Fachwerkgebäude, wie eine Inschrift belegt, 1663 auf den Grundmauern von 1520/1530 neu errichtet. Die Jahreszahl an der Rückseite dokumentiert, dass 1793 ein Um- und Ausbau erfolgte. - Zu den schönsten Elementen des Schorndorfer Fachwerkensembles gehört die 18) Palm'sche Apotheke (Marktplatz 2), die ursprünglich aus zwei Gebäuden bestand. Das Eckhaus mit Neidköpfen entstand um 1660 auf den Grundmauern von 1533, das andere Haus wurde wohl um 1650 erbaut. Das 1696 errichtete Zwerchhaus fasst die beiden Gebäude zusammen. Anfang des 19. Jh. wurde das Haus verputzt und 1896 mit einer ornamentalen Fassadenmalerei versehen. 1931 wurde das Fachwerk wieder freigelegt. 1976 bis 1979 wurde das Gebäude vollständig abgerissen und neu aufgebaut, wobei die restaurierte Fachwerkstruktur als Fassade verwendet wurde. Seit 1644 beherbergt das Haus eine Apotheke. Die Gedenktafeln am Haus erinnern an den Nürnberger Buchhändler Johann-Philipp Palm, der 1766 in Schorndorf geboren und 1806 auf Befehl Napoleons erschossen wurde. - Das 19) Ehem. Wohnhaus der Barbara Walch-Künkelin (Marktplatz 4) wurde um 1650 erbaut. Anna Barbara Walch, die 1651 in Leutkirch geboren wurde und 1688 die »Weiber von Schorndorf« anführte (siehe »Aus der Geschichte«), heiratete 1689 den Bürgermeister Johann Georg Künkelin, der das Haus 1683 erworben hatte. Barbara Künkelin starb 1741 in Schorndorf und stiftete in ihrem Testament ein Stipendium für Schorndorfer Theologiestudenten an der Universität Tübingen. Davon profitierte u. a. der Philosoph Friedrich Wilhelm Joseph Schelling, dessen Vater von 1791 bis 1801 Dekan in Schorndorf war. In diesem geschichtsträchtigen Gebäude findet man heute das **Café Mack** - In zentraler Lage laden die komplett umgebauten, sanierten Räumlichkeiten mit ihrem gemütlichen, hellen Ambiente und die große Sonnenterrasse zu einer Pause auf dem Stadtrundgang ein. Neben süßen und herzhaften Verlockungen aus Konditorei, Confiserie und

Backstube findet man täglich wechselnde, frisch zubereitete Gerichte auf der Mittagskarte. Eine große Auswahl an Kaffee-, Tee- und Schokoladenspezialitäten rundet das Angebot ab. - ÖZ: Montag bis Samstag 7-19 Uhr, Sonntag 8-19 Uhr.

➡ **Fortsetzung Stadtrundgang** - Die nächste Station des Rundgangs ist ein für Schorndorf typisches 20) Ackerbürgerhaus (Im Sack 3), das wohl um 1660 erbaut wurde. Seine Bewohner betrieben zumindest im Nebenerwerb Landwirtschaft. Die rückwärtige Giebelfront sitzt auf der mittelalterlichen Stadtmauer auf. Der gut erhaltene, große Gewölbekeller zeigt, wie wichtig Vorratshaltung damals war. An der Fassade ist ein großes Tor zu erkennen, das zur Tenne führte, links und rechts davon ein Zwischengeschoss, in dem wohl Viehfutter gelagert wurde. Bei der Restaurierung 1980 musste der Neidkopf durch eine Kopie ersetzt werden, das Original ist im Stadtmuseum zu besichtigen. - Laut Inschrift über dem Eingang wurde die 21) Ehem. Vogtei (Kirchplatz 1) 1682 erbaut. Bis 1835 befand sich hier der Sitz des Vogts bzw. Oberamtmanns, dann das evangelische Dekanat und ab 1935 das Stadtpfarramt. Seit 1977 wird das Gebäude als Geschäftshaus genutzt. - Mit dem Bau der 22) Ev. Stadtkirche (Kirchplatz) wurde 1477

Evangelische Stadtkirche

als dreischiffige Hallenkirche mit zwei Chören und einem Turm begonnen. Der Turm wurde 1488 vollendet, das gesamte Gebäude 1501. Die um 1490 entstandene Marienkapelle mit ihrer einmaligen Wurzel-Jesse-Darstellung ist kunstgeschichtlich von großer Bedeutung und wurde möglicherweise vom Baumeister Anton Pilgram geplant, der auch am Wiener Stephansdom mitarbeitete. Während der Reformation wurden die meisten sakralen Schätze geplündert, den Stadtbrand 1634 überstanden nur der Haupt- und der Marienchor. 1634 und 1651 erfolgte die Wiedererrichtung des Turmes, 1658 bis 1660 der Wiederaufbau des Kirchenschiffes als flachgedeckter Saal. Im Laufe der Jahrhunderte wurden mehrere Renovierungen und Veränderungen durchgeführt. Besondere Beachtung verdienen, neben der Wurzel-Jesse-Darstellung, die Renaissancekanzel mit barocken Elementen (1660), die ehemaligen, jetzt im Chor befindlichen Altarschranken im Stil des Frührokoko (1739) und die Epitaphien im Chor. - Nach der Zerstörung des Vorgängerbaus beim Stadtbrand 1634 wurde 1650 das heutige Gebäude der 23) Ehem. Lateinschule/Stadtmuseum (Kirchplatz 9) errichtet - eine lateinische Inschrift erinnert an den Stifter Daniel Steinbock. Nach dem Umzug der Schule in das heutige Burg-Gymnasium im Jahre 1906 wurde die alte Lateinschule 1938 zum Stadtmuseum umgestaltet, das sehens-

Stadtmuseum

werte Exponate zu den Themen Geologie, Römerzeit, Mittelalter, Zunftwesen, Schorndorfer Porzellan etc. zeigt und 1994 um das Nachbargebäude (Kirchplatz 7) erweitert wurde (ÖZ: Di. bis Fr. 14-17 Uhr, Sa. 10-12 Uhr und 14-17 Uhr, So. und Fei. 10-17 Uhr, Führungen nach Vereinbarung unter Tel. 07181/602-181). - Das 24) Ehem. Diakonatshaus (Schlichtener Straße 8) wurde um 1660 errichtet und 1714 von der geistlichen Verwaltung als Dienstwohnung für den Diakon, den zweiten Stadtpfarrer, erworben. - Durch seine Asymmetrie fällt das 1730 erbaute 25) Haus auf der Mauer (Römmelgasse 18) auf, das seit 2005 das Comic-Museum »Piccolo« beherbergt. In diesem kleinen Format wurden Comic-Hefte in der Zeit zwischen 1950 und 1970 herausgegeben, u. a. die Reihen »Sigurd« oder »Nick« (ÖZ: nach Vereinbarung unter Tel. 07181/74830). - Einen hoch aufragenden Spitzgiebel trägt das 1685 erbaute 26) Haus am Gumpbrunnen (Römmelgasse 14). Davor steht einer von wenigen erhaltenen gusseisernen Brunnen aus dem späten 19. Jh. - Aus Platzmangel ist das 27) Rotgerberhaus (Römmelgasse 10) mit der Traufseite zur Straße ausgerichtet. Laut Inschrift über der prächtigen Haustür mit alten Beschlägen wurde es 1683 vom Rotgerber Leonhard Seitz erbaut. Rotgerber gab es in Schorndorf bereits im Mittelalter, in diesem Haus wurde das Gewerbe bis in das 19. Jh. ausgeübt. - Der Rundgang führt zu einem weiteren 28) Ehem. Stadtmauerturm (Urbanstraße), siehe Nr. 14. - Der 29) Stadtmauerrest an der Rosenstraße überstand den Abriss der Befestigungsanlagen im 19. Jh., weil er als Rückwand für die Häuser genutzt wurde. Nach deren Abbruch

1980 blieben die Mauerreste stehen. - Ein Abstecher lohnt sich in die 30) Hetzelgasse, der mehrere liebevoll restaurierte Ackerbürgerhäuser einen dörflichen Charakter verleihen. Im Sommer verstärken an den Fassaden emporrankende Rosen diesen Eindruck. - Seit April 2004 zeigen die 31) Galerien für Kunst und Technik (Arnoldstraße 1) in der denkmalgeschützten Fabrikhalle der ehem. Eisenmöbelfabrik L. & C. Arnold den Zusammenhang zwischen diesen beiden scheinbar gegensätzlichen Themenbereichen. Der Bereich Technik widmet sich ausführlich dem wohl berühmtesten Schorndorfer, Gottlieb Daimler, dem Flugzeugkonstrukteur Ernst Heinkel und dem Luftfahrtpionier Paul Strähle und zeigt Oldtimer, Flugzeuge und Motoren. Nach einer Reise durch den Zeittunnel kann man Themen wie Beschleunigung, Kraft und Leistung aktiv »erfahren« und seinen Besuch mit modernsten Medien selbst gestalten. In der Galerie für Kunst setzen sich die Aspekte neue Medien und Materialien, Installationen und Konstruktionen fort (ÖZ: Di., Mi., Fr., Sa. 10-12 Uhr und 14-17 Uhr, Do. 10-12 Uhr und 14-20 Uhr, So. und Fei. 10-17 Uhr, Führungen: Galerie für Kunst unter Tel. 07181/9927940, Galerie für Technik unter Tel. 07181/602-181). - Nach dem ausgiebigen Stadtrundgang und Museumsbesuch bieten sich in der Nähe nun zwei Einkehrmöglichkeiten - nicht nur für Bierfans!

Kesselhaus - Die erste Schorndorfer Gasthausbrauerei befindet sich in der Arnold Galerie im Herzen der Stadt. Den Mittelpunkt der stilvollen Gasträume, die sich auch für Feiern eignen, bildet die Brauanlage. Bei schönem Wetter kann man im Biergarten und im Außenbereich rund um das

Willkommen in der 1. Schorndorfer Gasthausbrauerei

Das Kesselhaus in Schorndorf ist die erste Gasthausbrauerei im Herzen der Stadt. Im unverkennbaren Ambiente des alten Industriegebäudes von 1895 wird in der inmitten des Gasthauses gelegene Brennanlage eigenes Bier gebraut. Zudem bieten wir unseren Gästen:

- Vielseitige Gerichte rund ums Bier
- Jeden 3. Sonntag im Monat Braumeistermahl
- Biergarten, Wintergarten und ausreichend Raum für Ihre persönliche Feier
- Hausgebraute, naturbelassene Biere gibt es als Six-Päck auch zum Mitnehmen

Arnoldstraße 3
73614 Schorndorf
Telefon: 07181/484933

www.kesselhaus-schorndorf.de

Kesselhaus gesellige Stunden verbringen. Die Speisekarte bietet heimische Klassiker, aber auch raffinierte Fisch- und Fleischgerichte aus Topf und Pfanne, Steaks vom Grill, vegetarische Speisen, Suppen, knackige Salate, deftige Brotzeiten, hausgemachte Flammkuchen und verführerische Desserts. Das Angebot wird ergänzt durch wechselnde Wochen- und Saisonkarten. Die hausgebrauten Biere werden frisch gezapft. Die angebotenen Weine stammen fast ausschließlich aus dem Remstal, der Apfelsaft von heimischen Streuobstwiesen. - ÖZ: Mo. bis Do. 11-24 Uhr, Fr. und Sa. 11-1 Uhr, So. und Fei. 11-23 Uhr.

Schorndorfer Stadtbiergarten - Auf dem Gelände der historischen Hahn'schen Mühle finden unter Kastanien und großen Schirmen sowie unter zwei regenfesten Pergolen ca. 800 Gäste Platz. Das Angebot an Speisen und Getränken ist sehr vielfältig: schwäbische und bayerische Vesper, Steaks, Leberkäs, Würstchen und Schnitzel, knackige Salate, Pommes. Zusätzlich gibt es spezielle Angebote für Senioren, Gruppen und Kinder und von Montag bis Freitag ab 12 Uhr preiswerte Tagesessen. Als Aktionsangebote werden Hähnchen und Schweinshaxen gegrillt. Bier aus Bayern und der Region sowie Remstäler Weine sind im Ausschank. Ein Spielplatz, eine Service-Station für Radfahrer sowie eine E-Bike-Akku-Ladestation sind weitere Besonderheiten des Biergartens, ebenso wie ein barrierefreies WC und ein Wickelraum. Ab Anfang Mai lädt der Biergarten sonntags ab 11 Uhr zum Musik-Frühschoppen mit Jazz und Blasmusik ein. - ÖZ: Von Mitte März bis Mitte Oktober täglich bei Biergartenwetter 11-23 Uhr.

Wandertipp: Der »Jubiläumsweg 1891-1991« - Anlässlich des 100-jährigen Jubiläums der Ortsgruppe Schorndorf im Schwäbischen Albverein wurde diese Rundwanderung angelegt. Die ca. 48 km lange Tour ist mit einem eigenen Wanderweg-Logo markiert und verbindet alle neun Schorndorfer Teilorte miteinander. Außerdem führen vom Bahnhof Schorndorf aus zwei mit [Rotem Kreuz] bzw. [Blauem Strich] markierte Zugangswege zum Jubiläumsweg, so dass man die Gesamtstrecke auch in angenehme Etappen aufteilen kann. Der Weg führt durch Streuobstwiesen, über Höhen mit herrlichen Ausblicken und durch die Hügel des Schurwaldes und der Berglen. Fast alle Teilstrecken sind auch für Rollstuhlfahrer und Kinderwagen geeignet. Eine Wanderkarte ist über die Stadtinfo Schorndorf erhältlich.

TOUR 23

Oskar Frech SeeBad/Schorndorf - Winterbach - Lehenbachtal - Schlichten - Schorndorf

12 km

3¼ Stdn.

480 m

Charakteristik - Über Obstbaumwiesen geht es durch ein schönes Tal hinauf auf die Schurwaldhöhen. Nach der Tour kann man sich im Oskar Frech SeeBad entspannen.

Anfahrt - B 14/B 29 Stuttgart - Schwäbisch Gmünd, Ausfahrt Schorndorf-West, dann der Hallenbadbeschilderung folgen. - Von Stuttgart S 2 bis Weiler, vom Bahnhof zu Fuß zur Bushaltestelle Rathaus (ca. 8 Gehminuten), dann mit der Buslinie 245 zum Oskar Frech SeeBad.

Parken - P am Oskar Frech SeeBad.

✪ **Oskar Frech SeeBad** - »Meer als ein Bad« - das moderne Hallenbad, der Ziegeleisee und der Saunagarten bilden eine Wasser- und Freizeitlandschaft für die ganze Familie. Das Erlebnisbad bietet auf fast 1000 m² Wasserfläche ein Schwimmer- und Sprungbecken, einen Erlebnispool mit Massagedüsen und Sprudelliegen und für die kleinen Gäste eine Planschfläche mit Sprudlern. Nervenkitzel und Spaß erlebt man auf der Riesenrutsche, die aus 12 Metern Höhe auf 80 Metern Länge in engen Kurven nach außen und wieder ins Hallenbad hinein führt. In Kursen kann man das Schwimmen erlernen (für Kinder und Erwachsene) oder sich mit Wassergymnastik, Aquajogging und Aquacycling fit halten. Und in der Babysauna können sich sogar schon die ganz Kleinen in der angenehmen Wärme sanft entspannen. Erholung für die Großen verspricht die Gesundheitsoase. Verschiedene Saunen, ein Dampfbad mit Sternenhimmel und ein Sanarium verwöhnen die Besucher mit Düften, Licht und Klängen. Ausgedehnte Ruhebereiche, beispielsweise im liebevoll gestalteten Saunagarten, der über einen Barfußpfad und einen Steg auch einen Zugang zum

Blick über den Saunagarten

Hinein
ins Seehallensaunarutschenbad

„Meer" als ein Bad!

Modernes Hallenbad, großzügige Saunalandschaft und Naturerlebnis Ziegelei SeeBad.

Hinein ins Vergnügen!

Oskar Frech SeeBad | Lortzingstraße 56
73614 Schorndorf | Tel.: 07181 96450-200
www.stadtwerke-schorndorf.de
POWER by Stadtwerke Schorndorf

**OSKAR FRECH
SEE BAD
SCHORNDORF**

Ziegeleisee bietet, oder in den hochwertig eingerichteten Ruheräumen, runden den Saunabesuch ab. Die Hektik des Alltags hinter sich lassen kann man auch unter der Erlebnisdusche, die einen sanft berieselt, beim Relaxen unter freiem Himmel im Whirlpool oder bei den Massagen aus aller Welt, die nach Terminvereinbarung angeboten werden. Und wenn nach den Aktivitäten im und um das Wasser Hunger und Durst aufkommen, hilft ein Besuch im SeeBad-Bistro, das seine Gäste in stilvollem, modernem Ambiente mit einer reichhaltigen Speise- und Getränkekarte erwartet. Im Sommer kann man den Komfort des Hallenbades mit dem Schwimmen im Ziegeleisee verbinden. Das Ziegelei SeeBad lockt mit einem 8500 m² großen See, einem beheizten Nichtschwimmerbecken und weitläufigen Liegeflächen, die durch Bäume, Sträucher und Hecken aufgelockert werden. Wagemutige stürzen sich vom Sprungfelsen mit 1 m- und 3 m-Plattform ins kühle Nass des bis zu 4 m tiefen Sees. Für ein spritziges Vergnügen sorgt auch die Breitwellenrutsche. Auf die kleinen Gäste warten eine Kleinkindrutsche, ein abgegrenzter Kleinkinderbereich mit Sandstrand und ein Spielbereich mit Matschanlage. Wer sich auch außerhalb des Wassers sportlich betätigen möchte, kann dies auf zwei Beachvolleyballfeldern, einer Beachsocceranlage und an zwei Tischtennisplatten tun. - ÖZ Erlebnisbad: Mo. 10-21 Uhr, Di. bis Do. 6.30-21 Uhr, Fr.und Sa. 8-22 Uhr, So. und Fei. 8-21 Uhr (Sauna- und Massagezeiten abweichend). - ÖZ Ziegelei SeeBad: Während der Freibadsaison täglich 9-20 Uhr.

➡ **Der Rundweg** - Vom Oskar Frech SeeBad geht es entlang der Lortzingstraße auf dem Fußweg entlang diverser Vereinsheime Richtung Weiler. Die Lortzingstraße geht in die Schützenstraße über und endet in der Pfarrstraße. Hier biegt man links ab und folgt der Pfarrstraße und im wei-

Das Erlebnisbad bei Nacht

teren Verlauf der Carl-Zeiss-Straße aus dem Ort hinaus. Der Streitäckerweg führt nach rechts hinaus in die Obstbaumwiesen. Nach knapp 1 km geht es nun rechts ab und der seither leicht ansteigende Weg verläuft, vorbei am Salamanderbrunnen und einem kleinen Spielplatz, Richtung Winterbach. Vom Brunnen sind es gut 500 m, bis es links abgeht. Man gelangt dadurch recht schnell in die oberste Wohnstraße von Winterbach, den Goldammerweg. Dann biegt man links in die Bussardstraße und rechts in die Schlichtener Straße ab. Diese quert man quasi nur, denn nach wenigen Metern geht es nach links in die Örlenstraße. Zwischen zwei Wohnhäusern zweigt ein Fußweg ab, der zuerst unterhalb der Häuserreihe entlang führt, um dann den Bach zu überqueren. Auf der anderen Seite des Baches ist schon das Winterbacher Freibad zu erkennen, das man links liegen lässt. Ein kleiner Anstieg und schon steht man auf der Staumauer des Sees, der hier den Lehenbach aufstaut. Entlang des rechten Ufers wandert man nun in das Lehenbachtal hinein. Das teilweise schön mit Binsen bewachsene Tal steigt gut 2½ km an, bis man in einer Rechtskehre den Talboden verlässt. An der nächsten Kreuzung geht es links ab und man gelangt, mit einer nochmaligen Überquerung des Baches und einem letzten Blick ins Lehenbachtal, zur Sterrenbachstraße. Diese führt hinauf nach Schlichten. Auf der Fahrstraße geht es nun ein letztes Stück steil aufwärts hinein nach Schlichten. Der auf etwa 490 m Höhe gelegene Ortsteil von Schorndorf wird über die Vogelsang- und die Schurwaldstraße praktisch nur gestreift. Über die Schurwaldstraße gelangt man wieder zum Ortsausgang Richtung Schorndorf. Nun muss man ein kurzes Stück auf dem Grünstreifen entlang der Landstraße gehen. Hier kann man sich an den Schildern des Jubiläumsweges der Albvereins-Ortsgruppe Schorndorf orientieren. Die Wanderung folgt dieser Markierung auf den Weilerweg, der nach links in den Wald hinab abbiegt. Über den teils auf einem Trampelpfad und teils auf einem Waldweg verlaufenden Abstieg kommt man zuerst zum Reuteweg und dann zum Buitersweg, auf den man nach rechts einbiegt. Der abfallende Waldweg führt durch einige Kurven, am Waldkindergarten vorbei, wieder hinaus auf die Obstbaumwiesen. Nach der Pizzeria geht man scharf rechts, um entlang von Schrebergärten 500 m später auf den nach links abzweigenden Weg einzubiegen. Von hier geht es wieder leicht bergab, am Rehfeldsee vorbei, hinunter zur Lortzingstraße, die nach rechts zum Ausgangspunkt der Wanderung am Oskar Frech SeeBad zurückführt.

TOUR 24

Schorndorf-Schornbach - Streich - Buhlbronn - Schornbach

Charakteristik - Eine abwechslungsreiche Wanderung mit schönen Ausblicken auf die Schwäbische Alb und den Schwäbischen Wald sowie ins Wieslauf- und Remstal.

Anfahrt - B 14/B 29 Stuttgart - Schwäbisch Gmünd, Ausfahrt Schorndorf-West, auf der alten B 29 (Waiblinger Straße/L 1150), die parallel zur neuen Bundesstraße verläuft, bis zu einem Kreisel mit einer Löwensäule (Dueviller Platz), hier auf der K 1916 Richtung Berglen/Winnenden, nach 2 km ist Schornbach erreicht. - Von Stuttgart mit der S 2 oder dem Regionalexpress bis Schorndorf, dann mit der Buslinie 244 nach Schornbach, Haltestelle Post.

Parken - Gäste-P beim Gasthaus Lamm, kleiner P vor dem Rathaus gegenüber dem Gasthaus sowie Parkmöglichkeit im Auerbachweg links von der Kirche, ansonsten P bei der Brühlhalle am Ortsende Richtung Winnenden.

✪ **Schornbach** - Der Schorndorfer Teilort mit ca. 1880 Einwohnern liegt im gleichnamigen Seitental des Remstales. Schornbach wurde 1264 erstmals urkundlich erwähnt und 1975 nach Schorndorf eingemeindet. Das Ortsbild wird geprägt vom Chorturm der 1471 erbauten Ev. Maria-Barbara-Katharina-Kirche mit seiner schmucken Holzarchitektur. Besondere Beachtung im Inneren des Gotteshauses verdienen der spätgotische Taufstein sowie die Steinkanzel, die Empore und das Kruzifix aus der Renaissance (1606). In der Kirche predigte einst der Pfarrer und Liederkomponist Friedrich Glück (1793-1840), der u. a. das berühmte Gedicht von Joseph von Eichendorff »In einem kühlen Grunde, da geht ein Mühlenrad« vertonte. Eine Gedenktafel am Rathaus und auf dem Friedhof sowie eine Ausstellung im Pfarrhaus erinnern an Friedrich Glücks Zeit in Schornbach. Unweit der Kirche befindet sich die alte Schornbacher Mühle, die heute als Kunstgalerie genutzt wird. Die Schornbacher Kelter erscheint 1467 erstmals in Dokumenten. Nachdem Anfang des 20. Jh. der Weinbau in Schornbach aufgegeben wurde, diente das Gebäude als Abstellschuppen, Viehwaage und Schafstall und beherbergt, heute denkmalgeschützt, nun die Freiwillige Feuerwehr und den Bauhof. Zu Schornbach gehört auch der auf einer Anhöhe gelegene Weiler Mannshaupten mit ca. 160 Einwohnern, der erstmals 1424 genannt wurde.

➡ **Der Rundweg** - Vom Gasthaus Zum Lamm in Schornbach geht man mit der Markierung [Blauer Strich] am Schornbacher Platz vorbei auf der Weißbucher Straße in nördlicher Richtung. Mit dem [Blauen Strich], dem man nun bis hinter Streich folgt, verlässt man nach knapp 100 m die Hauptstraße und es geht nach rechts in der Streicher Straße bergauf. Bei der

Friedhofsmauer (hierher kann man auch direkt vom P an der Brühlhalle kommen) weist die Markierung, die Straße abkürzend, auf einem asphaltierten Fußweg nach rechts. Am Ende des Fußwegs geht man geradeaus über die Boßlerstraße und verlässt den Ort auf einem asphaltierten, schmaler werdenden Wirtschaftsweg, der weiterhin ansteigt. Man geht geradeaus zwischen Streuobstwiesen und erreicht nach einer Linkskurve den Wald. Der breite Waldweg (Streicher Weg), nunmehr geschottert, steigt steiler an. Weiter oben, kurz nach einem Abzweig, wo man geradeaus geht, kommt man an eine Kreuzung. Hier weist der [Blaue Strich] nach rechts, weiterhin ansteigend. Kurz darauf wird der Waldaustritt erreicht und es geht durch Streuobstwiesen auf einem asphaltierten Weg, zuletzt fast eben, bei schöner Aussicht auf Welzheimer Wald, Schwäbische Alb und die Berglen nach Streich. Kurz vor Streich kann man auch die nächsten Ziele der Wanderung erkennen: den weißen Wasserturm auf dem Bühl und rechts davon den Ort Buhlbronn. In Streich geht man die Ötztalstraße abwärts. Kurz nach dem Backhaus mündet die Ötztalstraße in die Tessinstraße (Hauptstraße), der man nach links folgt und auf der man den Ort verlässt. An der nächsten Kreuzung, etwa 100 m nach dem Ortsendeschild, geht man nunmehr [ohne Markierung] mit dem Wegweiser [Friedhof] nach rechts und sofort wieder auf einer ansteigenden Asphaltstraße nach links. Nach einem Rechtsbogen (Schild »Wasserschutzgebiet«) hat man - wie auch auf dem weiteren Weg bis Buhlbronn - eine umfassende Aussicht. Gut erkennbar im Schwäbischen Wald ist die Haube mit Mannenberg, der Hohberg als höhere Erhebung im Remstal und der Hohenstaufen mit seiner markanten Form sowie bei guter Sicht die Teck. Im weiteren Verlauf laden einige Ruhebänke zur Rast ein. An der linken Wegkante Richtung Vorderweißbuch war früher ein Steinbruch, von dem man heute jedoch nahezu nichts mehr erkennen kann. Lediglich ein kleiner Fels etwa 100 m hinter der Rechtskurve zeugt noch davon. Heute sind hier Streuobstwiesen. An einer halbrunden Sitzbank um einen Lindenstamm gabelt sich der Asphaltweg. Man wählt den linken Weg zum niedrigen Wasserturm auf dem Bühl. Am Wasserturm und vor dem umzäunten Erdhügel (Wasserbehälter) geht man rechts vorbei. Hier lädt eine zweite Sitzbank - die erste steht direkt am Turm - zum Genießen der Aussicht in Richtung Süden und Südosten ein. Der Weiterweg führt auf einem befestigten Feldweg in Richtung Südosten. Nach 50 m bleibt man links und damit auf der Höhe. Nach weiteren 100 m verlässt man den abwärts führenden befestigten Weg nach links und geht auf einem grasigen

Feldweg (!) weiter; damit bleibt man weiterhin auf der Höhe. Rechts etwas unterhalb liegt der Friedhof von Buhlbronn. Am Ende des Weges geht man nach links zum Sportplatzgelände, vor (!) einem doppelgiebeligen Holzschuppen nach rechts und weiter auf einem befestigten Weg vorbei am Kinderspielplatz in Richtung Buhlbronn, dem mit knapp 760 Einwohnern kleinsten Schorndorfer Teilort. Kurz vor den ersten Häusern hat man einen schönen Blick ins Wieslauftal bei Miedelsbach und ins Remstal bei Urbach und Plüderhausen. Am Ende der Straße wandert man kurz nach links und beim ersten Haus von Buhlbronn wieder nach rechts in die Steinbühlstraße und vorbei am neuen Bürgerhaus bergab zum Rathaus, wo die Hauptstraße erreicht wird. Hier geht es links abwärts. Bei der anschließenden Rechtskurve trifft man auf die Markierung [Blauer Punkt], der man nunmehr bis zum Ausgangspunkt der Wanderung in Schornbach folgen kann. In der nächsten Linkskurve geht es auf der Unteren Hauptstraße weiter. Diese wird in der Rechtskurve nach links (Grundackerweg) verlassen. Es geht nun geradeaus aus dem Ort und bei den letzten Häusern teilweise steiler abwärts in den Wald. Bei einer Klingenüberquerung steigt der Weg nochmals kurz an. An einer Gabelung kurz vor Waldaustritt hält man sich rechts. Unten, wenn man links die ersten Häuser von Schornbach sieht, kann man wählen: Entweder [ohne Markierung] nach links auf dem geringfügig längeren Weg und dann geradeaus mit anschließender Rechtskurve durch die Weinbergstraße oder geradeaus mit dem [Blauen Punkt] auf dem etwas steileren, verwachsenen Pfad, der weiter unten in die Weinbergstraße mündet. Über die Berglenstraße wird der Ausgangspunkt in Schornbach erreicht.

 🍽 **Gasthaus & Metzgerei Zum Lamm** - Der Familienbetrieb in dritter Generation blickt auf eine lange Tradition seit 1905 zurück und entwickelte sich vom einfachen schwäbischen Vesperwirtschäftle zum gemütlichen Gasthaus. In behaglichen Räumlichkeiten genießt man die gutbürgerliche Küche, u. a. Wild aus regionaler Jagd. Die Hausspezialitäten aus eigener Herstellung - Maultaschen, Dosenwurst sowie saure Kutteln oder Nieren - gibt es auch zum Mitnehmen. Im Ausschank sind u. a. der hauseigene Birnenmost und Weine aus der Region. - ÖZ: Mo. bis Fr. 10.30-14 Uhr und 17-24 Uhr, Sa. 10.30-24 Uhr, So. 10-24 Uhr (warme Küche: 11.30-14 Uhr und 17.30-21.30 Uhr). Mittwoch ist Ruhetag.

TOUR 25

Schorndorf-Miedelsbach - Buhlbronn - Streich - Ödernhardt - Birkenweißbuch - Vorderweißbuch - Miedelsbach

Charakteristik - Diese Wanderung eröffnet herrliche Aussichten. Obstbaumwiesen, kleine, ländliche Orte und weite Flächen geben dem Wanderer das Gefühl, viel weiter entfernt vom Ballungszentrum Stuttgart zu sein, als man es wirklich ist. Neben weiten fast ebenen Strecken hat die Tour auch einige Steigungen zu bieten.
Anfahrt - Von Schorndorf L 1148 bis zum Kreisverkehr beim »Netto«-Supermarkt in Miedelsbach, dort in das Gewerbegebiet abbiegen (von Schorndorf kommend im Kreisverkehr die dritte Abfahrt nehmen). - Ab Schorndorf mit der Wieslauftalbahn »Wiesel« (R 21) bis zum Bahnhof Miedelsbach, am Wochenende mit den Buslinien 265 oder 228.
Parken - Im Gewerbegebiet Miedelsbach entlang der Hanfwiesen- und Industriestraße. - Oder: P an der Gaststätte Schützenhaus Ödernhardt.

17 km

4 Stdn.

540 m

➥ **Der Rundweg** - Ausgangspunkt ist der Bahnhof in Miedelsbach. In Richtung Schorndorf überquert man nach ca. 100 m die Schienen, gelangt in das Gewerbegebiet und folgt der Wehrwiesen- und der Hanfwiesenstraße bis zur Buhlbronner Straße. Hier biegt man links ein und überquert die Wieslauf. Es geht weiter auf der kleinen Fahrstraße bis zum ersten geteerten Weg, der nach rechts abbiegt. Steil geht es auf dem Jubiläumsweg den Mönchsberg hinauf. Mit jedem Höhenmeter erblickt man mehr der wunderbaren Wieslauftal-Landschaft. Das Gartenhausgebiet endet und es folgen links und rechts große Brombeerhecken. Auf der Höhe angekommen erkennt man bald die Häuser von Buhlbronn. Vor dem Ortseingang sollte man kurz verweilen und die Aussicht zu den Drei-Kaiser-Bergen genießen. In die Hauptstraße biegt man rechts ein und folgt der K 1873 Richtung Streich. - Hier erfolgt die Fortsetzung des Rundweges, wenn man am »Schützenhaus« gestartet ist (siehe Hinweis unten). - Nach 100 m geht es links ab (und an der Gabelung gleich rechts) in einen landwirtschaftlichen Weg, der nach Streich führt. Kurz vor dem Ortseingang kommt man wieder auf die K 1873. Der landwirtschaftlich geprägte Ort Streich wird entlang der Hauptstraße (Alpenstraße/K 1873) durchwandert. Auf dem breiten Weg neben der Straße geht es, vorbei an Vorderweißbuch, nach Birkenweißbuch. Kurz vor Birkenweißbuch geht links der Stauferweg ab. Birkenweißbuch lässt man rechts liegen. Man überquert die K 1916 und kommt an eine Kreuzung. Gegenüber befindet sich ein Spielplatz. An diesem und der gleich folgenden Schäferei wandert man vorbei. Nach knapp 1 km erreicht man einen Pferdestall, hier biegt man links und gleich wieder rechts ab. 1 ½ km geht es nun geradeaus, und dann steht man vor der Gaststätte Schützenhaus.

🍴 **Gaststätte Schützenhaus** - In gemütlichen, barrierefreien Räumlichkeiten, in denen auch Reise- und Wandergruppen willkommen sind, sowie im Sommer auf der großen, überdachten Terrasse werden die Gäste mit saisonal-regionaler Landküche (Schnitzel, Braten, hausgemachte Maultaschen, vegetarische Gerichte, deftige Vesper) und gepflegten Getränken (u. a. regionale Weine sowie Schnäpse und Liköre aus heimischen Brennereien) verwöhnt. Die Küche verarbeitet Produkte heimischer Landwirte und Erzeuger aus artgerechter Tierhaltung und Fütterung sowie umweltschonend angebaute und kontrollierte Nahrungsmittel. Zum Dessert lockt hausgemachtes Bauernhofeis. Für die kleinen Gäste gibt es einen Kinderspielplatz und ein Kleintiergehege. Der angeschlossene Bauernmarkt (ÖZ: Mi. bis So. 10-20 Uhr) bietet Bauernbrot, Salzkuchen, süße Kuchen, Marmelade, Gelee, Maultaschen und Fertiggerichte aus eigener Herstellung sowie Vorzugsmilch, Obst und Gemüse aus regionalem Anbau. - ÖZ: Mi. bis So. ab 10 Uhr (warme Küche 11.30-14 Uhr und 17.30-21 Uhr, So. durchgehend).

➡ **Fortsetzung Rundweg** - Nach der verdienten Pause geht es ein kurzes Stück zurück, an der ersten Kreuzung biegt man links ab. Mit Blick hinunter nach Erlenhof und Bretzenacker erreicht man nach kurzer Steigung Ödernhardt. Von dem hoch über dem Tal gelegenen Ortsteil der Gemeinde Berglen hat man die schönste Aussicht auf die anderen Teilorte, die sich über die hügelige Landschaft verstreuen. Ödernhardt betritt man über die Karlstraße, geht durch die Rolandstraße und verlässt den Ort in der Ulrichstraße. Aus dem Ort führt ein Hangweg durch ein Waldstück, mit Ziel Birkenweißbuch. Durch die Boßler- und die Teckstraße geht es auf dem Landwirtschafts-

weg hinauf zum nächsten Bergrücken, der wieder nach Vorderweißbuch und Richtung Wieslauftal führt. Doch vor dem schönen Abstieg geht es zuvor noch zum höchsten Punkt der Wanderung. In der Ortsmitte von Vorderweißbuch nimmt man die Feldbergstraße, die, vorbei an einem Spielplatz, in die Obstbaumwiesen führt. Der Weg steigt kurz an und 500 m vom Ortsausgang steht man am AP Wasserturm. Wenn das Wetter mitspielt, hat man von hier eine traumhafte Aussicht über den Schurwald bis zur Schwäbischen Alb. Linker Hand am Waldrand entlang geht es auf einem Wiesenweg zum Sportgelände Buhlbronn, wo der P zu queren ist, um an der Scheune vorbei über den Mönchsberg wieder ins Wieslauftal zu gelangen. - Hinweis: Wer sein Auto am Schützenhaus Ödernhardt geparkt und die Wanderung dort begonnen hat, sollte hier nicht absteigen, sondern am Friedhof vorbei nach Buhlbronn weiterwandern (siehe Skizze). In Buhlbronn kann die Tour dann in Richtung Streich fortgesetzt werden. - Der Abstieg zum Bahnhof Miedelsbach gestaltet sich ähnlich wie der Aufstieg, nur dass im oberen Teil eine andere Routenwahl gilt. Nach der Scheune geht es im Bogen nach rechts bis zur ersten Kreuzung, dort geradeaus und an der nächsten Möglichkeit nach links. Einen knappen Kilometer wandert man nun am Hang entlang. Dann biegt man rechts ab und erreicht so den vom Aufstieg bekannten Weg. Von hier kehrt man zurück zum Bahnhof Miedelsbach.

TOUR 26

Miedelsbach - Steinenberg - Berghofsee - Forellensprung - Miedelsbach

15 ½ km

4 ½ Stdn.

620 m

Charakteristik - Diese Tour bietet für jeden Geschmack etwas: Schmucke historische Ortskerne, geologische Naturdenkmäler, einsame Waldwege, einen romantischen See und herrliche Ausblicke.
Anfahrt - B 14/B 29 Stuttgart - Schwäbisch Gmünd, Ausfahrt Schorndorf, dann L 1148 über Haubersbronn nach Miedelsbach. - Von Stuttgart S 2 oder Regionalexpress bis Schorndorf, dann mit der Wieslauftalbahn »Wiesel« (R 21) bis zum Bahnhof Miedelsbach, am Wochenende mit den Buslinien 265 oder 228.
Parken - Am Bahnhof Miedelsbach oder in den Wohnstraßen bei der Gaststätte Hirsch.

✪ **Miedelsbach** - Die 2100-Einwohner-Gemeinde liegt nördlich von Schorndorf im Wieslauftal, umgeben von Streuobstwiesen und Wäldern. Der Tannbach fließt durch den Ortskern und mündet in die Wieslauf. »Der saubere, freundliche Ort...«, wie August Lämmle Miedelsbach in seinem Heimatkundebuch von 1913 beschreibt, wurde 1297 erstmals urkundlich

erwähnt und ist seit 1973 Stadtteil von Schorndorf. Neben Landwirtschaft und Handwerksbetrieben gab es Anfang des 20. Jh. eine Zigarrenfabrik. Bei Aktionen zur Ortsverschönerung entstanden lauschige Plätze, Brunnen, ein Aussichtsturm u. v. m.

➥ **Der Rundweg** - Vom Bahnhof Miedelsbach geht es durch den kurzen Stifterweg zur L 1148, die man überquert und der man ein kurzes Stück nach links folgt. Über einen Fußweg kommt man in die Eichendorffstraße, es folgt die Lenaustraße nach links. Nach Überquerung der Freiburgstraße erreicht man das offene Feld. Pferdekoppeln und Obstbaumwiesen säumen den Weg zum Tannbach. Dem Bachlauf folgt man bis zu einer kleinen Brücke, die zu überqueren ist. Keine 50 m weiter geht es links ab. Der Feldweg und spätere Pfad führt weiter entlang des Tannbachs, bis nach links eine kleine Brücke abbiegt, die in den Holzwiesenweg des Rudersberger Ortsteils Steinenberg führt. An der Kreuzung zur Schorndorfer Straße biegt man nach rechts ab und wandert an der Straße entlang bis zur Ortsmitte. Der neu angelegte Spielplatz hinter dem Ortsamt bietet den jüngeren Wanderern die Chance, sich die Zeit zu vertreiben, während die historisch Interessierten sich dem Fachwerkensemble rund um die 1708 erbaute Petruskirche hinwenden. Der Kirchplatz bildet alljährlich die Kulisse für das Freilichttheater. Der Lenkstraße und später dem Freibadweg folgend verlässt man Steinenberg. 300 m nach dem Ortsausgang liegt das Freibad rechts am Weg. Weiter geht es zu einer Wegkreuzung, die man gerade überquert. Das Tal wird nun einsamer und der Weg ist zuerst geteert, dann geschottert und die letzten knapp 500 m nur noch eine Pfadspur über die Wiese. Das Privatschild gilt nur für die Durchfahrt. Bevor es richtig in den Wald geht, kommt man an eine Furt, der Geißgurgelbach ist durch zwei, drei ausbalancierte Schritte bei Normalwasser leicht zu überqueren. **(!)** Sollte der Wasserstand höher sein, ist der Bach nicht zu überqueren. Dann bleibt man auf dem Waldweg, der rechts den Berg hinaufführt. Über diesen Weg gelangt man auch an den Berghofsee. Über den Bach auf der anderen Seite angekommen folgt man dem Pfad, der hinauf zum Damm des romantisch gelegenen Berghofsees führt. Der See ist am rechten Ufer zu umgehen, bis der Weg hinauf zum Forstweg führt. Es geht nach rechts, bis zur Abbiegung in den Heuweg linker Hand. Steil ist der Heuweg, aber 50 Höhenmeter später befindet man sich auf den Wiesen unterhalb von Obersteinenberg. Am Waldrand geht es nach links, bis ein weiterer Weg aus dem Wald ganz hinauf zur Fahrstraße Obersteinenberg - Langenberg führt. Am Fahrweg geht es rechts und gleich wieder links, vorbei am Sandbruch. Der Geologische Pfad der Stadt Welzheim ist erreicht, man wandert weiter auf dem Renzenbühlweg. Es folgt nun ein wunderschöner Waldabschnitt, der durch die Besonderheiten der Glasklinge (Beschilderung beachten!), den Fleinssteinbruch und den Wasserfall Forellensprung die interessanten geologischen Schichten im Schwäbischen Wald aufzeigt. Nach gut 3 km ab Waldrand biegt man rechts in den Rauklingenweg ab, der wieder aus dem Wald auf die Obstbaumwiesen führt. Er endet an der Fahrstraße von Steinenberg nach Steinbruck. Dieser folgt man nach links über die Holzbrücke und biegt nach etwas mehr als 100 m rechts ab. Der Mühlwandweg mit der Markierung [HW 10] verläuft nun bergan, links lässt man einen kleinen Weiher liegen. Der Mühlwandweg macht 400 m nach Waldbeginn eine Kehre nach links. In der Kehre biegt man rechts ab, vorbei an einem kleinen Feld mit Schilf geht es nun wieder auf einem wenig begangenen, abfallenden Weg und späteren Pfad durch den Wald. Am Waldrand befinden sich Wochenendgrundstücke, um die man an der großen Hecke entlang nach links weiterwandert. Am Ende der Hecke sieht man durch die Bäume bei genauem Hinschauen schon das nächste Ziel der Wanderung, den Miedelsbacher Aussichtsturm. Der Weg führt weiter talwärts am Hang entlang und dann an der zweiten Möglichkeit steil nach rechts hinunter in das Neubaugebiet »Im Hasenholz«. Man befindet sich nun am oberen Rand von Miedelsbach. Die Bergstraße ist zu überqueren, um auf dem gegenüberliegenden Weg oberhalb der Wohnhäuser weiter zu gehen. Nach 500 m erreicht man den Miedelsbacher AT, ein ehemaliges Trafohäuschen, das durch Miedelsbacher Bürger zum AT ausgebaut wurde. Neben einer Grillstelle befindet sich dort noch eine Bildtafel, die die einzelnen Orte im Wieslauftal beschreibt. Zum Abschluss der Wanderung bietet sich eine Einkehr in der Gaststätte Hirsch an. Über die Wohnstraße Im Hiller und entlang der Haubersbronner Straße kommt man schnell hinunter und gelangt nach gut 500 m zur Gaststätte Hirsch. Von hier sind es nochmals 350 m zum Bahnhof, den man über die Rudersberger Straße und die Eisenbahnstraße erreicht.

Gaststätte Hirsch - Das Traditionslokal befindet sich seit über 100 Jahren in Familienbesitz und verfügt über gemütliche Galerie und eine nette Gartenwirtschaft. Hier kocht der Chef des Hauses selbst, und die

Chefin sorgt für eine familiäre Atmosphäre. Auf der Speisekarte stehen gutbürgerliche Klassiker (Schnitzel, Steaks), schwäbische Spezialitäten (auch Kinder- und Seniorenteller), warme Gerichte für den kleinen Hunger sowie deftige Vesper (u. a. mit hausgemacher Dosenwurst, die auch zum Mitnehmen angeboten wird). - ÖZ: Di. bis Sa. 10-14 Uhr und 17-23 Uhr, So. und Fei. 10-14 Uhr und 16.30-23 Uhr. Montag ist Ruhetag.

TOUR 27

Schorndorf-Schlichten - Herrenbachtal - Kohlplatte - Baiereck - Schlichten

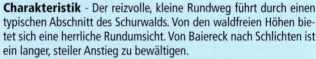

8 km

2¼ Stdn.

160 m

Charakteristik - Der reizvolle, kleine Rundweg führt durch einen typischen Abschnitt des Schurwalds. Von den waldfreien Höhen bietet sich eine herrliche Rundumsicht. Von Baiereck nach Schlichten ist ein langer, steiler Anstieg zu bewältigen.

Anfahrt - B 14/B 29 bis Ausfahrt Schorndorf-West, L 1151 Richtung Reichenbach/Fils. - Von Stuttgart S 2 oder Regionalexpress bis Schorndorf, Buslinie 262 Richtung Plochingen ZOB bis Haltestelle Schlichten Kirche.

Parken - P beim Gasthaus Hirsch.

✪ **Schlichten** - Der 1185 erstmals schriftlich erwähnte Schorndorfer Stadtteil liegt an der Straße, die Schorndorf mit dem Filstal verbindet. Im Osten grenzt Schlichten an das Herrenbachtal, im Norden an das Remstal. Sehenswert ist die 1460 erbaute Kirche mit ihren gotischen Fenstern. Für Freizeitspaß sorgen ein Grill-, Spiel- und Bolzplatz sowie das Allwetterbad, ein überdachtes Freibad mit kombinierten Schwimmer- und Nichtschwimmerbecken, Beachvolleyballfeld, Tischtennisplatten, Kinderspielplatz und Kiosk. Für Sport- und Kulturveranstaltungen steht das 2011 eingeweihte Bürgerzentrum zur Verfügung. In der Nähe des Freibades ist die Einrichtung eines genossenschaftlich gegründeten Dorfladens geplant, der auf Initiative der Schlichtener Bürger die Grundversorgung sicherstellen soll. Schlichten wurde 1973 nach Schorndorf eingemeindet und hat ca. 850 Einwohner.

➦ **Der Rundweg** - Gegenüber dem Gasthaus Hirsch folgt man der Kaiserstraße mit der Markierung [Roter Strich] und dem Wegweiser [Oberberken, Adelberg]. Vorbei am Friedhof geht man aus dem Ort hinaus und durch Obstwiesen leicht abwärts zum großen Wander-P am Beginn der Kaiserstraße. Hier wandert man [ohne Markierung] scharf rechts am Waldrand entlang auf einem gesperrten Waldweg. Jetzt geht es in mehreren Kehren abwärts durch den Schurwald in das schöne Herrenbachtal, wo man dem [Blauen Strich] nach rechts folgt. Immer am Herrenbach entlang passiert man am Ende des Tals die Kohlplatte mit Resten von Kohlemeilern, die

im Nassachtal eine lange Tradition als bedeutender Wirtschaftsfaktor hatten. Kurz vor der Straße folgt man einem Fußweg [ohne Markierung] scharf rechts aufwärts und geht nach 50 m an einer Gabelung vor dem Waldrand scharf links und oberhalb der L 1152 durch das Nassachtal in das hübsche Dorf Baiereck mit seinem neu gestalteten, dörflichen Ortskern. Im Ort erreicht man geradeaus die Durchgangsstraße und geht dort halb rechts weiter. Nach Haus Nr. 280 nimmt man beim Dorfbrunnen die Abzweigung rechts aufwärts. Nachdem man die Kirche passiert hat, hält man sich an der Gabelung halb links und wandert steil aufwärts zum Waldrand. Die [Alte Baierecker Steige] führt weiter stramm aufwärts durch den Wald, den man oben verlässt. Mit weiter Rundumsicht geht es über Felder und Wiesen geradeaus zurück nach Schlichten. Im Ort geradeaus, kommt man vorbei an einem schönen Spielplatz und am Wasserturm. Die Baierecker Straße führt zur Durchgangsstraße (Schurwaldstraße), der man nach rechts folgt zur wohlverdienten Einkehr im

Gasthof Hirsch - Ob in den gemütlichen, rustikalen Gasträumen oder im großen Biergarten - überall ist die Atmosphäre herzlich-familiär. Die abwechslungsreiche, gutbürgerliche Speisekarte wird ergänzt durch Saisonspezialitäten, wechselnde Tagesessen und herzhafte Vesper. Aus eigener Schlachtung bzw. Herstellung stammen herzhafte Dosenwurst, Maultaschen, das selbst gebackene Holzofenbrot sowie feine Schnäpse und Brände. - ÖZ: Mittwoch bis Sonntag ganztägig geöffnet, durchgehend warme Küche. Ruhetage sind Montag und Dienstag (außer an Feiertagen).

Partyservice · Hallenbewirtung · Gartenwirtschaft · Eigene Schlachtung · Birnenmost & Fasswein · Schwäbische & internationale Küche · Separate Räume für bis zu 120 Personen

Harry Auwärter

Schurwaldstraße 54
73614 Schorndorf-
Schlichten

Öffnungszeiten:
Mittwoch bis Sonntag ganztägig geöffnet
Montag + Dienstag Ruhetag
Feiertags geöffnet

Tel.: 0 71 81/72 24 4 · Mobil: 0160/90 13 29 79
Harry.Auwaerter@t-online.de · www.hirsch-schlichten.de

TOUR 28

Oberberken - Adelberg - Kloster Adelberg - Herrenbachstausee - Oberberken

11 km

3 Stdn.

Charakteristik - Die gemütliche Wanderung durch den Schurwald bietet wunderschöne Ausblicke. Sehr sehenswert ist die Klosteranlage in Adelberg mit der Ulrichskapelle. Der schön gelegene Herrenbachstausee kann zusätzlich noch umwandert werden.
Anfahrt - B 10 Stuttgart - Göppingen, Ausfahrt Uhingen, auf der L 1225 nach Oberberken. - Von Schorndorf auf der L 1147 nach Oberberken. - Von Stuttgart S 2 oder Regionalexpress nach Schorndorf, dann mit der Buslinie 260 (Richtung Göppingen) nach Oberberken. - Von Göppingen ZOB (an der Bahnstrecke Stuttgart - Ulm) mit der Buslinie 260 (Richtung Schorndorf) nach Oberberken.
Parken - Beim Gasthaus Hirsch.

✪ **Oberberken** - Der erstmals 1110 urkundlich erwähnte und 1975 nach Schorndorf eingemeindete Ort liegt am höchsten Punkt des Schurwaldes (513 m). Von hier kann man eine herrliche Fernsicht auf die Schwäbische Alb, den Rosenstein und den Hohenzollern genießen. Sehenswert im Ort ist das 1879 erbaute Backhaus, an das einst eine Gemeindewaschküche angegliedert war und in dem heute bei Festen der örtlichen Vereine Salz- und Zwiebelkuchen sowie Holzofenbrot gebacken wird. Anfang der 1970er Jahre wurde der Herrenbachstausee als Hochwasserrückhaltebecken angelegt und ist heute ein beliebtes Naherholungsgebiet mit Wanderwegen, Ruhebänken und einem ca. 3 km langen Walderlebnispfad, der den großen und kleinen Besuchern den Lebensraum Wald spielerisch und mit allen Sinnen näher bringt. Überregional bekannt ist Oberberken auch als Sitz des 1960 gegründeten SOS-Kinderdorfes Württemberg.
🍴 **Gasthaus Hirsch** - Der Familienbetrieb in 4. Generation blickt auf eine lange Geschichte seit 1843 zurück und entwickelte sich vom klassischen landwirtschaftlichen Betrieb zum gutbürgerlichen Restaurant. Im gemütlichen Ambiente der liebevoll eingerichteten Räume und im ruhigen, sonnigen Gartenlokal werden die Gäste mit schwäbischen Spezialitäten, Feinschmeckergenüssen und den herzhaften »Hirsch-Extras« wie uriges Bauernbrot, Hausmacher Wurst, Maultaschen, frische Forellen sowie saisonal angebotenen Wildgerichten und im Sommer hausgemachten Tellersülzen verwöhnt. Ausgesuchte regionale Weine und der hauseigene Birnenmost runden das Angebot ab. Für kleine Gäste gibt es eine Kinderspeisekarte und eine Spielwiese. - ÖZ: Mittwoch bis Freitag 11.30-14 Uhr und ab 17.30 Uhr, Samstag, Sonntag und an Feiertagen ab 11.30 Uhr durchgehend (sonn- und feiertags Küchenschluss 21 Uhr). Ruhetage sind Montag und Dienstag.

➥ **Der Rundweg** - Vom Gasthaus Hirsch überquert man die Wangener Straße und folgt gegenüber den Markierungen [Roter Strich/HW 3] durch die Adelberger Straße. Beim Rathaus hält man sich links und biegt mit dem [Blauen Kreuz] in die Irisstraße ein. An deren Ende folgt man der Thujastraße, passiert den rechter Hand gelegenen Friedhof und geht auf der landwirtschaftlichen Straße bis zur Landstraße, die man überquert. Man wandert zum Waldrand und an diesem nach rechts ca. 150 m entlang. Linker Hand verläuft ein Trampelpfad parallel zur Landstraße in den Wald. Nach 20 m folgt man an der Gabelung halb rechts dem Wegweiser [Adelberg, Breech] und der Markierung [Rotes Kreuz]. Nach ca. 1 km nimmt man einen breiten Forstweg rechts bis zur befestigten Straße (Fahrradweg), deren Verlauf man nach links folgt. Nach ca. 700 m biegt man rechts ab in den gesperrten Waldweg mit der Markierung [Rotes Kreuz], dem man geradeaus bis zum Sägewerk folgt. Dann biegt man links ab und wandert geradeaus weiter. Nach dem Industriegebiet geht es rechts mit dem Wegweiser [Adelberg 1,5 km] und dem [Roten Strich]. Auf einem befestigten Weg folgt man geradeaus weiter dem [Roten Kreuz], ein kurzes Stück verläuft der Weg auch durch den Wald. Nach dem Waldaustritt hat man einen herrlichen Ausblick auf die Schwäbische Alb und die Drei-Kaiser-Berge Hohenstaufen, Rechberg und Stuifen und folgt dem [Roten Kreuz] bis Adelberg, das man in der Ziegelstraße erreicht. Dann biegt man rechts ab in die Hintere Hauptstraße, vor dem Wasserturm links in die Turmstraße und erneut links in die Schorndorfer Straße. Am Rathaus vorbei geht es rechts in die Kirchstraße, die zur Unterführung zum Kloster Adelberg führt.

Gasthaus Hirsch

—— seit 1843 in Familienbesitz ——

**Familie Dieter Schurr
73614 Schorndorf-Oberberken
Tel. 0 71 81/30 37 · Fax 0 71 81/93 17 01
Montag und Dienstag Ruhetag**

*Kreative Küche mit schwäbischen Spezialitäten
· Bauernbrot und Hausmacher Wurst · Ruhige Gartenwirtschaft
· Bratbirnenmost · Kinderspielwiese*

Wir sind stets bemüht, unseren Gästen das Beste zu bieten

✪ **Kloster Adelberg** - Das ehemalige Prämonstratenser-Kloster St. Ulrich wurde 1178 gegründet und 1188 im Beisein von Kaiser Friedrich I. Barbarossa geweiht. Im Bauernkrieg 1525 wurde die Anlage teilweise zerstört. Nach der Reformation war hier eine protestantische Klosterschule untergebracht, bevor das Kloster 1807 endgültig aufgehoben wurde. Sehenswert sind die spätgotische Ulrichskapelle mit bedeutender Ausstattung, u. a. kostbarer Flügelaltar (1511), zahlreiche Epitaphe, Bilderzyklus zur Entstehung des Klosters sowie die ehemaligen Klostergebäude. In der Klostervilla werden Kunstausstellungen gezeigt, davor liegt der Heilkräutergarten. Die ehemalige Klosterprälatur beherbergt heute Künstlerateliers sowie Veranstaltungsräume des Kultur- und Kunstvereins. Eine 1,1 km lange Klostermauer umgibt die Anlage, die barocke Doppeltoranlage stammt aus dem Jahr 1744. Im Sommer bildet das Kloster die stimmungsvolle Kulisse für die Freilichtspiele.

➡ **Fortsetzung Rundweg** - Weiter geht der Weg rechts um die Kirche, dann links abwärts zum Herrenbachstausee, Wegweiser [Stausee]. Am See bietet sich eine individuelle Seeumwanderung laut Infotafel an. Ansonsten geht man rechts am See weiter bis zur Seebrücke, überquert diese und folgt auf der gegenüberliegenden Seeseite dem [Blauen Punkt] nach rechts. Nach der Rechtskurve am Ende des Sees nimmt man den Weg mit dem [Roten Strich]. Jetzt geht es leicht ansteigend durch den Wald, später steil aufwärts nach Oberberken, das man in der Teckstraße erreicht. Dann folgt man links der Zollernstraße und biegt an deren Ende rechts ab, folgt der Unteren Straße nach links und kehrt durch die Adelberger Straße zurück zum Gasthaus Hirsch.

TOUR 29

Bärenbach - Geiststein - Eselshalden - Krähenberg - Bärenbachtal - Bärenbach

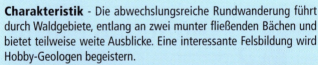

14 km

4 Stdn.

280 m

Charakteristik - Die abwechslungsreiche Rundwanderung führt durch Waldgebiete, entlang an zwei munter fließenden Bächen und bietet teilweise weite Ausblicke. Eine interessante Felsbildung wird Hobby-Geologen begeistern.

Anfahrt - B 14/B 29 Stuttgart - Schwäbisch Gmünd, Ausfahrt Urbach (aus Richtung Schwäbisch Gmünd kommend an der Ausfahrt sofort rechts und am Ende der Straße nach links), Ortsdurchfahrt Urbach in Richtung Plüderhausen, an zwei Kreiseln jeweils geradeaus, 50 m nach dem Ortsende zweigt links eine Fahrstraße ab. Dieser ca. 2 km folgen.

Parken - Wander-Ⓟ 500 m nach der Gaststätte Bärenhof. Ⓟ am Bärenhof nur für Gäste.

✪ **Urbach** - Die 8700-Einwohner-Gemeinde liegt zwischen den Schurwaldausläufern im Süden und dem Welzheimer Wald im Norden. Einst war der 1181 erstmals urkundlich erwähnte Ort geprägt vom Weinbau, der jedoch im 19./20. Jahrhundert eingestellt wurde. Aus den Weinbergen wurden Streuobstwiesen, auf denen Äpfel für Saftereien und Mostereien wachsen. Viel Wissenswertes darüber erfährt man auch auf dem Obstbau-Lehrpfad im Linsenberg. Durch den Bergrutsch im Kirchsteig im Jahr 2001, als auf einer Länge von 240 m das Gelände gut 15 m tief absackte, erhielt Urbach eine neue Sehenswürdigkeit. Regional bekannt und beliebt ist der Remstäler Töpfermarkt, der alljährlich am letzten Aprilwochenende rund um das Urbacher Schloss stattfindet. Östlich von Urbach liegt das Bärenbachtal, ein beliebtes Naherholungsgebiet. Herrliche Aussichten auf den Schurwald und das Remstal eröffnen sich vom Gänsberg und vom Altenberg. Bemerkenswert für eine Gemeinde in der Größe Urbachs ist die Tatsache, dass es zwei besondere Museen gibt. Das Museum am Widumhof zeigt drei kleine Sonderausstellungen, einen historischen Kaufladen, eine Spielzeug- und Puppenstubensammlung sowie die Burgensammlung, in der Funde aus der abgegangenen Burg auf dem Altenberg zu sehen sind (ÖZ: jeden zweiten Sonntag im Monat von 14 bis 17 Uhr). Das Museum Farrenstall widmet sich der Geschichte der Farrenhaltung (Vatertierhaltung) und besitzt außerdem eine historische Karren- und Wagensammlung, bäuerliches Gerät und eine Wagnerwerkstatt (ÖZ: Mai bis September an jedem zweiten Sonntag im Monat von 14 bis 17 Uhr).

➡ **Der Rundweg** - Von der Gaststätte Bärenhof geht man mit der Markierung [Blauer Strich] auf der asphaltierten Fahrstraße vorbei am Wander-[P] weiter nach Norden. Nach 800 m verlässt man die Fahrstraße nach rechts und geht auf dem Schotterweg ins Lützelbachtal. Auf dem Lützelbachweg, später Sandbuckelweg mit [Blauem Strich] bleibt man 2 ½ km. Es geht zunächst mäßig, später etwas steiler aufwärts bis zu einer Abzweigung mit Wegweiser [Geiststein 0,5 km]. Ab hier gilt die neue Markierung [Blauer Punkt], die zunächst auf teilweise schlechtem Weg (sandiger Erdboden) verläuft. Vom [Blauen Punkt] wird man nun bis zur Abzweigung zum Eibenhof begleitet. Der Wald wird dichter, am Wegrand wird die Gedenktafel zum Geiststein sichtbar. Ein Fußpfad führt zu einer Art Felskanzel, von der aus im 16. Jahrhundert Wiedertäufer nachts gepredigt haben. Diese wurden damals hart verfolgt (siehe Gedenktafel). Oben, neben der Felskanzel, befindet sich ein kleiner Rastplatz mit Sitzbänken. Auf einem schmalen Fußweg mit zusätzlichem Wegweiser [Welzheim] wird eine Klinge überquert. Der Wald wird lichter und der Weg breiter. Am Wegende nimmt man den Querweg nach links, an einem Baumstumpf erkennt man die bekannten Wegweiser. Der Weg verläuft steiler aufwärts und mündet in eine Schotterstraße. Hier wandert man nach links und nimmt nach 50 m den rechten Weg. Nach 150 m geht man an einer Wegkreuzung (links ein Wasserschutzgebiet) mit zusätzlichem Wegweiser [Breitenfürst] nach links in einen Forstweg, der teils geschottert, teils erdig ist. Am Waldrand erreicht man einen Wander-P und danach auf einem befestigten Weg freies Gelände. Nach 300 m lädt eine Sitzbank zur Rast mit schöner Aussicht auf die Schwäbische Alb ein. Nach kurzer Strecke weist der Wegweiser [Eibenhof] scharf nach links (!). Immer an der Hangkante entlang geht es [ohne Markierung] zum Weiler Eibenhof. Hinter dem Weiler wählt man die rechte (obere) Straße bis zur L 1150. An dieser geht man nach links, nach 200 m verlässt man sie nach rechts auf der Straße Richtung Langenberg, auf der man 500 m bis zur scharfen Rechtskurve bleibt. Dort wird die Straße nach links steil abwärts mit der neuen Markierung [Blaues Kreuz] und Wegweiser [Urbach 8 km] verlassen. Das [Blaue Kreuz] wird Begleiter für die nächsten Kilometer. Am Baderhof kann man die tolle Aussicht auf Schurwald, Schorndorf, Unteres Remstal, Wieslauftal und die Berglen genießen. Man geht vor den nächsten Häusern (Eselshalden) links am Waldrand entlang, über die L 1150 und dahinter auf einem schmalen Pfad steil abwärts. Nach 100 m wird eine Fahrstraße überquert und auf einem erdigen, gering ansteigenden Weg geht es über den Krähenberg und danach auf einem schlechten Weg wieder abwärts bis zu einer Straße. An einer großen Wegkreuzung führt das Zeichen auf einem guten Forstweg nach links und verlässt diesen nach einer weiteren Rechtskurve nach rechts. Steil abwärts gelangt man zum kleinen, idyllisch gelegenen Bärenbachsee. Nun geht es auf einem guten Forstweg rechts abwärts, kurz aufwärts und wieder abwärts an einer schönen Ruhebank mit Quelle vorbei. 50 m nach der Abzweigung Schlägesweg bleibt man weiter geradeaus (abwärts) auf dem Bärenbachweg, nunmehr [ohne Markierung], man geht nicht (!) auf dem Ködenweg mit [Blauem Kreuz] halb rechts aufwärts. Der Weg erreicht einen Bachdurchlass. Vor (!) diesem bleibt man auf einem guten Forstweg auf der rechten Seite des Baches. Nach knapp 1½ km führt der Weg zu einer

Furt, die im Sommer leicht barfuß durchquert werden kann. Daneben führt ein Fußgängersteg über den Bach. Die Asphaltstraße geht an einem kleinen P geradeaus weiter (!), nicht rechts ab auf den Steinschräulesweg. Dann erreicht man zwischen Wiesen kurz offenes Gelände, ehe es an der Abzweigung Lützelbachweg vorbei zum Ausgangspunkt zurückgeht.

Gaststätte Bärenhof - Der Familienbetrieb bietet gepflegte Gastlichkeit in angenehmer Atmosphäre bei schwäbischer Küche mit jahreszeitlich angepassten Speisen, wie auch Gerichte vom Wild aus der Region. - ÖZ: Mittwoch bis Sonntag ab 11 Uhr durchgehend geöffnet. Montag und Dienstag ist Ruhetag.

TOUR 30

Urbach - Bärenbachtal - Lützelbachtal - Heuberg - Bärenbach - Urbach

Charakteristik - Die beschauliche Wanderung führt meist durch Wald, aber auch durch Obstbaumwiesen und entlang an Bächen und bietet schöne Ausblicke auf die Höhen sowie den Bergrutsch am Kirchsteig.

13 km

3 ½ Stdn.

370 m

Anfahrt - B 14/B 29 Stuttgart - Schwäbisch Gmünd, Ausfahrt Urbach. Aus Richtung Schwäbisch Gmünd kommend an der Ausfahrt geradeaus aufwärts, nach knapp 1 km rechts auf der Vorfahrtsstraße bleiben. Aus Richtung Stuttgart nach Unterführung links abbiegen, am Ende der Straße vor Auffahrt Richtung Stuttgart ebenfalls rechts aufwärts. Der Gasthof befindet sich schräg gegenüber der Afrakirche. - Der Regionalexpress Stuttgart - Aalen hält in Urbach (vom Bahnhof ca. 20 Gehminuten bis zum Ausgangspunkt). Besser mit S 2 oder RE bis Schorndorf und von dort mit Buslinie 243 (Richtung Plüderhausen) bis Urbach, Haltestelle Feuerwehr, 50 m vom Ausgangspunkt der Wanderung. Aus Richtung Aalen mit RE bis Plüderhausen und mit Buslinie 243 (Richtung Schorndorf) bis Urbach, Haltestelle Feuerwehr.

Parken - P bei der Wittumhalle (ca. 300 m vom Gasthaus Rössle entfernt) oder Parkmöglichkeit in der Gartenstraße (erreichbar über Beckengasse, siehe Wanderung, Querstraße vor der Brücke über den Urbach rechts).

➡ **Der Rundweg** - Vom Gasthaus Rössle geht man [ohne Markierung] auf der Mühlstraße zwischen Afrakirche und Museum am Widumhof Richtung Haubersbronn. Nach knapp 100 m zweigt man nach rechts auf die Beckengasse ab. Direkt vor (!) der Brücke über den Urbach biegt man links ab in die Uferstraße. Nach 200 m geht man bei der nächsten Querstraße (Burgstraße) rechts aufwärts. Vor Hs. Nr. 35 in der Burgstraße, ei-

nem Haus mit schönem Fachwerkgiebel, wandert man nach links in die Untere Seehalde. Nach 100 m, bei Hs. Nr. 14, geht man halb rechts aufwärts. Der Asphaltweg führt am Hang zwischen Häusern und Obstbaumwiesen aus dem Ort hinaus und mündet in eine Fahrstraße. Hier wandert man mit [Rotem Strich = HW 10] rechts aufwärts. Etwa auf halber Strecke bis zum Erreichen der Höhe kommt man an einer Ruhebank mit Informationstafeln zum Bergrutsch am Kirchsteig vorbei. Von hier aus hat man auch eine gute Sicht auf den Bergrutsch. Man geht auf der Fahrstraße weiter und erreicht oben nach ca. ½ Std. einen Wander-P. Unmittelbar neben der Orientierungstafel wandert man auf dem geschotterten Geißbrünneleweg/Lehrpfad [ohne Markierung] abwärts. An einer Kreuzung bleibt man geradeaus. Nach zwei Kehren erreicht man das Bärenbachtal. Hier überquert man rechts auf einer Brücke den Bärenbach. Nach 200 m mündet der Schotterweg in eine Fahrstraße, der man nach rechts folgt. Man kommt aus dem Wald heraus. Nach einem Links-Rechts-Bogen kommt man an eine Abzweigung, die nach links mit [Blauem Strich] ins Lützelbachtal führt. Auf dem geschotterten Lützelbachweg, später Sandbuckelweg, geht man mit [Blauem Strich] ca. ¾ Std. stetig aufwärts (nach etwa ½ Std. kann man einen lohnenden Abstecher nach links zum Geiststein machen, Hin- und Rückweg jeweils 500 m, siehe Seite 107). Man wandert meist mäßig, später zwischendurch steiler aufwärts. Oben erreicht man einen breiten Querweg, den Heubergkopfweg, dem nach rechts mit [Blauem Strich] Richtung Plüderhausen folgt. Es geht am Hang des Heubergs wieder sehr steil aufwärts, dann abwärts. 100 m nach einem Linksbogen zweigt der Weiterweg, der Heidenbühlweg, nach rechts ab. Man geht [ohne Markierung] ca. 10 Min. auf dem breiten Forstweg bis zu einer 5-fachen Wegkreuzung (»Stern«). Hier wandert man nicht (!) geradeaus, sondern auf dem Sulzweg halb rechts. Nach ca. 20 Min., immer leicht abwärts, erreicht man bei der Vereinshütte des Musikvereins Urbach und beim Schild »NSG Vordere Hohbachwiesen« die Fahrstraße im Bärenbachtal. Hier geht man mit [Blauem Strich] links zum Weiler Bärenbach und nach dem letzten Haus auf einem Grasweg mit [Rotem Strich = HW 10] scharf rechts. Auf einem Steg überquert man den Bärenbach. Auf dem anschließenden Forstweg wandert man kurz nach links, dann nach rechts mit [Rotem Strich] auf einem Waldweg, später auf einem Wiesenweg. Nach ca. 20 Min. kommt man an eine 6-fache Wegkreuzung, die man quasi nach rechts versetzt überquert (3. Weg von links, Hinweis: Der Weg ist am Rand

Am Aussichtspunkt Gänsberg

asphaltiert und in der Mitte mit Gras bewachsen). [Ohne Markierung] geht man meist leicht abwärts zwischen Obstbaumwiesen an zwei Abzweigungen (die 1. nach links, die 2. nach rechts) jeweils geradeaus. Nach ca. 1 km erreicht man den Ortsanfang von Urbach auf dem Mönchsbergweg. Hier geht man abwärts (dabei nicht (!) nach links in die Krebenhalde), bis der Weg in die Hohenackerstraße mündet. Auf der Hohenackerstraße wandert man nach links abwärts, geradeaus auf der Brücke über den Urbach und in die Beckengasse, von wo man in wenigen Minuten zurück ist zur Einkehr in das

Gasthaus Rössle - Das traditionsreiche Haus wurde neu eröffnet und verbindet eine familiäre Atmosphäre mit modernen Elementen. Die »Genießerei« empfängt ihre Gäste in gemütlichen Galerieräumen wie dem »Weinstüble«, dem »Rösslezimmer« und dem Saal und komfortablen, individuell gestalteten Zimmern. Der Gaumen wird mit regionaler Frischeküche verwöhnt. - ÖZ: Mo. bis Sa. ab 17.30 Uhr, So. 11.30-14.30 Uhr und ab 17.30 Uhr.

Gasthaus Rössle
Die Genießerei

Familie Sommer
Mühlstraße 15
73660 Urbach

Tel.: 0 71 81/81 3 53

www.roessle-urbach.de

Unsere *Philosophie* macht Ihren Aufenthalt zu einem unvergesslichen Erlebnis! Genießen Sie unser traditionsreiches Haus und die familiäre Atmosphäre.

Die »Genießerei-Rössle« bietet

- Regionale Frischeküche
- Gehobene Landhausgastronomie mit Liebe zum Detail
- Komfortable, individuell gestaltete Zimmer
- Zentrale Lage mitten im Remstal
- Idealer Ausgangspunkt für Freizeitaktivitäten
- Zum Feiern laden das »Weinstüble« und »Rösslezimmer« ein

INFO

Plüderhausen

In der Mitte des Remstales, an der östlichen Grenze des Rems-Murr-Kreises, liegt die Gemeinde Plüderhausen. Umgeben von Obsthalden und Wiesen, eingebettet zwischen den erholsamen Höhen des Schurwaldes und des Welzheimer Waldes ist Plüderhausen eine der größten Landgemeinden des Kreises. Erstmals urkundlich erwähnt wird Plüderhausen 1142. Heute ist Plüderhausen eine attraktive Gemeinde mit hohem Wohnwert. Ein vielseitiges Veranstaltungsprogramm und über 60 Vereine vermitteln ein reiches kulturelles Leben. So finden seit 1963 am Wochenende vor den Sommerferien die »Plüderhäuser Festtage« - das Volksfest des Remstales statt. Kultureller Mittelpunkt und gesellschaftliches Herz der Gemeinde ist die Staufenhalle mit Ratsstube, sie bietet vielseitige Möglichkeiten für gesellschaftliche und kulturelle Veranstaltungen. Beliebt im ganzen Ländle ist auch das »Plüderhäuser Theaterbrettle«, das im eigenen Haus schwäbisches Mundart-Theater präsentiert. Auch das »Theater hinterm Scheuerntor« und das »Walkersbacher Bauerntheater« haben sich großartig etabliert. Weit über das Remstal hinaus bekannt und beliebt sind der Floh- und Trödelmarkt mit verkaufsoffenem Sonntag sowie der Plüderhäuser Badesee, der Jung und Alt an heißen Tagen anlockt. Zu den Sehenswürdigkeiten der Gemeinde zählen die evangelische St. Margareten-Kirche, deren Ursprung bis ins 12. Jh. zurückgeht, sowie die 1960 erbaute katholische Herz-Jesu-Kirche. Das 1569 erbaute und 1997 restaurierte Alte Rathaus ist wertvollstes Kulturdenkmal der Gemeinde und beherbergt heute ein Restaurant mit Biergarten. Sehenswert sind auch das 1742 erbaute ehemalige Gasthaus zum Löwen, die Schlossgartenschule wie auch die Hohbergschule und das Rathaus. Spielplätze, Wasserspielplatz und Fischlehrpfad an der Remspromenade, Sport- und weitere Freizeiteinrichtungen laden die interessierten Wanderer und Gäste zum Kennenlernen der attraktiven Gemeinde ein.

Die Staufenhalle in Plüderhausen

REMS-MURR-KREIS

Attraktive Gemeinde zwischen Schurwald und Welzheimer Wald

- 9 300 Einwohner
- gute Einkaufsmöglichkeiten und vielseitiges Dienstleistungsangebot in einer attraktiven Ortsmitte
- verkehrsgünstige Lage an der Bahnlinie Stuttgart-Aalen und an der B 29
- kultureller und gesellschaftlicher Mittelpunkt ist die Staufenhalle mit Ratsstube am Marktplatz
- modernes Schul- und Sportzentrum
- über 60 Vereine mit vielseitigen Aktivitäten
- zahlreiche Freizeiteinrichtungen
- markierte Rad- und Wanderwege in herrlicher, waldreicher Umgebung

Gemeinde Plüderhausen
Am Marktplatz 11 • 73655 Plüderhausen

Tel.: 0 71 81/80 09 0 • Fax: 0 71 81/80 09 55
info@pluederhausen.de

www.pluederhausen.de

TOUR 31

Plüderhausen - Breech - Adelberg - Kloster Adelberg - Plüderhausen

14 km

4 Stdn.

420 m

Charakteristik - Diese Tour ist ein Leckerbissen für Fitness- und Steilwegwanderer. Bewunderer von Sakralbauten werden vom Kloster Adelberg begeistert sein.

Anfahrt - B 14/B 29 Stuttgart - Schwäbisch Gmünd, Ausfahrt Plüderhausen, der Beschilderung Richtung Ortsmitte (Marktplatz) folgen. - Regionalexpress Stuttgart - Aalen, vom Bahnhof Plüderhausen ca. 1 km bis zum Marktplatz.

Parken - P am Marktplatz (Zufahrt von der Hauptstraße/alte B 29) sowie P unterhalb des Marktplatzes. Weiterer P unterhalb des Marktplatzes in der Schulstraße.

➡ **Der Rundweg** - Vom Plüderhäuser Marktplatz geht es rechts abwärts über die Bahnlinie bis vor die Remsbrücke. Bevor man links in den Schlossweg einbiegt, sollte man einen Blick nach rechts werfen: 30 m entfernt steht das 1569 erbaute Alte Rathaus, das als ältestes und wertvollstes Kulturdenkmal der Gemeinde gilt. Der Schlossweg verläuft an der Rems entlang aufwärts mit der Markierung [Blauer Strich]. An der nächsten Brücke überquert man die Rems nach rechts, folgt an der Kreuzung nach der Brücke der Wilhelm-Bahmüller-Straße wenige Meter nach links und geht dann nach rechts in die Straße Söndle. Am Ende der Straße folgt man der Rehhaldenstraße nach rechts, überquert die viel befahrene B 29 auf einer Brücke und wandert geradeaus mit dem zusätzlichen Wegweiser [Rehhaldenhütte 2 km] leicht aufwärts in den Wald zum Wander-P. Auf einem breiten Forstweg (Dickeichenstraße) geht man am Abzweig eines Waldpfades (»Rehhalde steiler Weg«) vorbei (geradeaus) und an der nächsten Gabelung links. Man folgt immer aufwärts auf einem breiten Weg dem [Blauen Strich] bis zur Rehhaldenhütte (Wanderheim des Schwäbischen Albvereins/Ortsgruppe Plüderhausen), die nach 45 Min. (seit Beginn) erreicht wird. Der breite Forstweg mündet vor einer Rechtskurve, wenige Meter bevor man die Hütte erreicht, in den Remswanderweg. Man folgt diesem am Beginn der Rechtskurve mit der Markierung [Blauer Balken] und dem zusätzlichen Wegweiser [Waldhausen 3 km]. Nach 1 km auf dem fast ebenen Remswanderweg zweigt **(!)** unmittelbar vor einem kurzen Anstieg des Remswanderweges rechts ein schmaler Trampelpfad steil aufwärts ab. Der Weg ist hier schlecht erkennbar. Am Abzweig befindet sich auf der rechten Seite des Remswanderwegs die Markierung [Blauer Punkt] und ein Wegweiser [Waldhausen 2 km]. Man biegt nun, wie bereits ausgeführt, rechts ab und geht ca. 15 Min. auf dem steilen Trampelpfad aufwärts. Weiter oben taucht nun auch erstmals die neue Markierung

[Blauer Punkt] auf, zuvor war das Zeichen nur an einzelnen Bäumen mit blauer Farbe aufgemalt. Kurz vor dem Waldaustritt hält man sich links, geht kurz auf einem Wiesenweg und kommt am Vereinsheim des Heimatvereins Breech auf den Main-Neckar-Rhein-Weg (HW 3) mit [Rotem Strich] und den Angaben [Breech 0,5 km] und [Adelberg 3,5 km]. Dem [Roten Strich] folgt man nun bis Adelberg. Zunächst geht es nach Breech, einen ländlich geprägten Ortsteil der Gemeinde Börtlingen. Dabei kann man die Aussicht auf den Schwäbischen Wald und im Vordergrund den bewaldeten Hohberg genießen. Nach den ersten Häusern von Breech geht man links bis zur Hauptstraße, dort kurz nach rechts und biegt dann nach rechts in die Hohlgasse ein. Nach ca. 100 m weist die Markierung nach links in den Adelberger Weg. Auf einem Feldweg geht man geradeaus aus dem Ort. Hier hat man eine schöne Aussicht auf die Schwäbische Alb. Am Ende des Weges hält man sich rechts und es geht abwärts an den Waldrand. Kurz vor einem Hochsitz am Waldrand führt der Weg in den Wald. Der breite Weg, der sich in schlechtem Zustand befindet, führt abwärts bis zum Talgrund. Dort geht man kurz nach rechts und verlässt den Talgrund nach links steil aufwärts. Nach 50 m weist der [Rote Strich] rechts in den Wald. Nach steilem Aufstieg erreicht man den Ortsanfang des staatlich anerkannten Erholungsortes Adelberg, der reizvoll auf den Höhen des Schurwaldes liegt. Man geht zunächst noch geradeaus. An einem renovierten Fachwerkhaus und an einem Brunnen auf der gegenüberliegenden Straßenseite biegt man links ab, verlässt damit den [Roten Strich] und geht [ohne Markierung] nach wenigen Metern sofort wieder nach rechts in die Hintere Hauptstraße. Man hält sich jeweils links in die Karlstraße, dann Rankstraße und erreicht den schönen Dorfplatz mit einladenden Ruhebänken. Ein Kalkstein aus dem Säntisgebiet erinnert an die enge Verbindung und die Partnerschaft mit Lichtensteig in der Schweiz. Ein Adeliger aus der dortigen Gegend hatte 1178 das Kloster Adelberg gestiftet. Vom Dorfplatz geht man mit dem [Roten Kreuz] die Kirchstraße abwärts, vorbei an der Kirche mit mächtigem Turm, und schließlich durch die Unterführung zum Kloster Adelberg (siehe Seite 106). Nach einem Rundgang durch die sehenswerte Klosteranlage kehrt man durch die Unterführung und die Kirchstraße wieder zurück zum Dorfplatz. Hier geht man mit [Rotem Kreuz] links in die Schorndorfer Straße und dort bis zur Turmstraße, in die man rechts einbiegt. Der Hinteren Hauptstraße folgt man kurz nach rechts und geht dann wieder links auf der Ziegelstraße aus dem Ort hinaus.

An einer Gabelung nach 5 Min. nimmt man den Weg halb rechts und macht vor einem Industriegebiet einen Linksbogen. An der nächsten Kreuzung gibt es einen Markierungswechsel und man folgt dem [Blauen Kreuz] geradeaus in den Wald. Nach Überqueren des Kaisersträßle kommt man nach 50 m an eine Gabelung, an der man rechts auf einer breiten Forststraße steil abwärts geht. Der markierte Weg verlässt kurz den Forstweg. Insbesondere nach Regen empfiehlt es sich, auf dem breiten Forstweg zu bleiben, der nach 100 m in den Remswanderweg mündet. Hier geht man 150 m nach rechts und verlässt dort, nunmehr wieder mit [Blauem Kreuz], den Remswanderweg nach links steil abwärts (Verkehrsschild 17 % Gefälle) auf dem Adelberger Weg. Der breite Forstweg wird noch einmal vom [Blauen Kreuz] kurz nach rechts verlassen, um eine Kurve abzukürzen. Insbesondere nach feuchter Witterung sollte man diese Abkürzung meiden und auf dem Forstweg bleiben. Kurz vor Verlassen des Waldes mündet der Adelberger Weg in einen Querweg. Das [Blaue Kreuz] mit zusätzlicher Angabe [Plüderhausen Bahnhof 1,5 km] weist nach links. Man nimmt den Weg nach rechts abwärts und kommt am umzäunten Sportgelände des Schützenvereins und am Schützenhaus vorbei. Im Talgrund wird auf einer Fußgängerbrücke die B 29 überquert. Nach der Brücke folgt man geradeaus der Margaretenstraße, die in die Adelberger Straße mündet. Dort geht man rechts, über die Kreuzung, die vom Hinweg bereits bekannt ist ebenso wie der restliche Rückweg: Man überquert die Rems, biegt vor dem Bahngleis nach links in den Schlossweg ein und geht, wo der Weg an einer Fahrstraße endet, über das Bahngleis zurück zum Marktplatz und zur wohlverdienten Einkehr in die

Ratsstube - Das Restaurant ist integriert in die Staufenhalle und empfängt seine Gäste in hellen, freundlichen Räumen. Die reichhaltige Speisekarte bietet schwäbisch-traditionelle Spezialitäten von Rind und Schwein, hausgemachte Maultaschen, Suppen und Salate sowie süße Köstlichkeiten zum Abschluss. Highlights im Veranstaltungskalender sind die »Schnitzeljagd« mit 12 verschiedenen Schnitzelvariationen (Mi. ab 18 Uhr), der alljährliche »Abend der offenen Küche« (Februar) und der Sonntagsbrunch (auf Anfrage). - ÖZ: Montag bis Freitag 11.30-14 Uhr, Dienstag bis Freitag 17.30-22 Uhr, Sonntag 11.30-14 Uhr. Montag- und Sonntagabend sowie Samstag nach Vereinbarung.

Der Schwäbische Wald/Naturpark Schwäbisch-Fränkischer Wald

Der Schwäbische Wald, vor den Toren der Landeshauptstadt gelegen, ist ein Naturrefugium und wird als das größte Waldgebiet Württembergs zu Recht als »grüne Lunge« der Region Stuttgart bezeichnet. Er liegt in der naturräumlichen Haupteinheit »Schwäbisches Keuper-Lias-Land« und umfasst Teile der Naturräume »Schwäbisch-Fränkische Waldberge« und »Schurwald und Welzheimer Wald«. Die Erdgeschichte hat diese Region reich beschenkt und die geologischen Voraussetzungen geschaffen für ein ausgesprochen vielfältiges Landschaftsbild - weiche Täler, sanfte Hügel und weite Flächen liegen im Wechsel mit schroffen Klingen und sagenumwobenen Grotten und Felsen. Der Schwäbische Wald hat mit der Ausweisung zum Naturpark Schwäbisch-Fränkischer Wald im Jahr 1979 auch das offizielle Prädikat erhalten, eine landschaftlich besonders wertvolle und für die naturnahe Erholung prädestinierte Landschaft zu sein. Der Naturpark ist ein Großschutzgebiet von 1270 km² Fläche, in dem ca. 170000 Menschen leben. Gleichzeitig sind etwa 40 % der Naturparkfläche durch Naturschutz-, Landschaftsschutz- oder spezielle EU-Schutzgebiete geschützt. Er ist einer von insgesamt sieben Naturparken in Baden-Württemberg und hat sich zum Ziel gesetzt, die Natur- und Kulturlandschaft zur Erholung des Menschen zu bewahren. Seine Aufgaben bestehen darin, die Freizeit- und Erholungseinrichtungen zu unterhalten, landschaftspflegerische Maßnahmen zum Schutz wertvoller Biotope vorzunehmen und die kulturellen Denkmäler zu erhalten. Der Schwäbische Wald gilt als abwechslungsreiches Naturparadies mit vielfältigen Ausflugsmöglichkeiten und bei vielen Besuchern als echter Geheimtipp. Er verfügt über ein gut ausgebautes Rad- und Wanderwegenetz, dessen Routen durch die herrliche und oftmals unberührte Landschaft führen. Als Wegbegleiter oder lohnenswerte Abstecher tauchen idyllische alte Mühlen auf, antike Spuren des Weltkulturerbes Limes, heimatkundliche Sehenswürdigkeiten und mittelalterliche Burgen wie die in Oppenweiler, Rudersberg oder Wüstenrot. Hier zieht sich die Idyllische Straße

Die Burg Reichenberg thront über Oppenweiler

Limes-Wachturm Heidenbuckel

durch Orte wie Spiegelberg, Großerlach, Wüstenrot, Mainhardt, Althütte, Gschwend oder Gaildorf, wo der Name »idyllisch« erlebbar wird. Die Städte Murrhardt und Welzheim blicken auf antike Geschichte und bergen in ihren malerischen historischen Stadtkernen Kleinode wie die staufische Walterichskapelle in Murrhardt. Sogar Wein gibt es in diesem größten zusammenhängenden Waldgebiet Württembergs. In Aspach steht die älteste Kelter des Landes und ab Rudersberg beginnt die steilste - und sicherlich auch die schönste - Bergstrecke des Ländles, auf der die historischen Züge der »Schwäbischen Waldbahn« (siehe S. 120-122) sonntäglich nach Welzheim hinaufschnaufen. Auf dem Limeswanderweg können antike Zeugnisse des Weltkulturerbes entdeckt werden. Rekonstruktionen, Wachturmreste und Museen reihen sich am Weg entlang wie auf einer Perlenschnur. Der Baden-Württemberg weit bedeutsame Mühlenwanderweg verbindet auf größtenteils naturbelassenen Pfaden die schönsten Mühlen des Schwäbischen Waldes, wovon die meisten auf Alfdorfer Gemarkung liegen. Die historischen Kleinode können auf dem 37 km langen Hauptwanderweg oder auf kleineren, 10 bis 15 km langen Rundtouren erwandert werden. Für einen längeren Aufenthalt im Schwäbischen Wald, der sich mit den zahlreichen Freizeitmöglichkeiten abwechslungsreich gestalten lässt, stehen dem Gast vielfältige Übernachtungs- und Einkehrmöglichkeiten zur Verfügung. Vom gehobenen Hotel über Ferienhäuser und -wohnungen bis hin zu Zelt- und Campingplätzen - im Schwäbischen Wald findet jeder die passende Unterkunft für einen mehrtägigen Ausflug.

✪ **Weitere Informationen** - Fremdenverkehrsgemeinschaft Schwäbischer Wald e. V., Landratsamt Rems-Murr-Kreis, Alter Postplatz 10, 71332 Waiblingen, Tel. 07151/501-1376, Fax: 07151/501-1188, E-Mail: internet@schwaebischerwald.com, www.schwaebischerwald.com

Die Hagmühle liegt malerisch an der Lein

Landschaftsidylle soweit das Auge reicht

INFO

Die Schwäbische Waldbahn

Seit 2010 »schnauft« sie wieder, die Schwäbische Waldbahn. Von Schorndorf über Rudersberg nach Welzheim verläuft eine der steilsten Bahnstrecken Baden-Württembergs. Auf der 22,9 km langen Strecke überbrücken drei eindrucksvolle Viadukte die topographischen Unterschiede. Von Anfang Mai bis Ende Oktober sind die historischen Dampf- und Dieselzüge an jedem Sonn- und Feiertag unterwegs, zusätzliche Sonderfahrten werden an Ostern und im Advent angeboten. Nicht nur die Bahnstrecke an sich ist faszinierend, auch an den Haltepunkten gibt es viele Sehenswürdigkeiten und Aktivitäten für die ganze Familie. Geführte Touren zu unterschiedlichen Themen werden mit Gäste- oder Naturparkführern und Limes-Cicerones zu einem unvergesslichen Erlebnis. Neu ist der Bahnerlebnispfad zwischen Rudersberg und Welzheim. Bei einer Wanderung durch die charakteristischen Landschaften des Naturparks vermitteln Infotafeln entlang der Strecke viel Wissenswertes über die Geschichte der Bahn. Die dazugehörige Broschüre bzw. Wanderkarte »Bahnerlebnispfad« ist bei allen Info- bzw. Vorverkaufsstellen der Schwäbischen Waldbahn erhältlich. Wer die Fahrt mit der Schwäbischen Waldbahn mit einer Wanderung oder Radtour in der Umgebung der Bahnstrecke verbinden möchte, kann - ebenfalls von Mai bis Oktober - als Ergänzung den Waldbus und den Limesbus nutzen. Von Schorndorf (s. S. 80) geht es auf einer 35 m langen Eisenfachwerkbrücke über die Rems nach Haubersbronn. Über die Bahnhöfe Miedelsbach-Steinenberg, Michelau mit seiner sehenswerten Ölmühle und Schlechtbach (Streuobstlehrpfad, Johanneskirche) erreicht die Schwäbische Waldbahn Rudersberg (s. S. 168). Von hier kann man eine Wanderung zur Burg Waldenstein unternehmen. Kurz hinter Oberndorf beginnt die Steilstrecke, eine technische Herausforderung für die Erbauer. Eine sechs Meter hohe, eiserne Kastenbrücke überspannt die ebenfalls nach Welzheim führende L 1080, bevor Klaffenbach schon in einer Höhe von 30 Metern umfahren wird. Über den 51 m langen Igelsbachviadukt wird der Bahnhof

Die Waldbahn »schnauft« über den Laufenmühleviadukt

Klaffenbach-Althütte erreicht. Im enger werdenden und steiler ansteigenden Wieslauftal fühlt man sich nun wirklich ins Gebirge versetzt. Eines der beliebtesten Fotomotive an der Strecke ist der nun folgende, sechsbogige Strümpfelbachviadukt, der 121 m lang und 25 m hoch ist. 120 m über der Talsohle eröffnen sich hier herrliche Ausblicke. Dann verläuft die Bahnstrecke an der nördlichen Talseite durch dichten Wald zum Bahnhof Laufenmühle, der einst als wichtiger Holzverladeplatz diente, aber auch schon früh von großer touristischer Bedeutung war - durch das idyllische Wieslauftal führt ein Forstweg in ungefähr einer Stunde Gehzeit zum Ebnisee. Außerdem ist die Laufenmühle, ebenso wie der folgende Haltepunkt Breitenfürst, ein idealer Ausgangspunkt für eine Tour auf den Mühlenwanderwegen (s. S. 134). Und sogar 4,5 Mrd. Kilometer kann man hier zu Fuß zurücklegen: Von der Laufenmühle führt der 2 km lange Planetenweg zur Welzheimer Sternwarte. Maßstabsgetreu werden die Abstände der Planeten von der Sonne dargestellt. In der Laufenmühle lädt das Erfahrungsfeld der Sinne »Eins + Alles« zum Experimentieren, Spielen und Staunen ein. Direkt nach dem Bahnhof Laufenmühle zweigt die Bahnstrecke in ein Seitental der Wieslauf ab und erreicht ihr Highlight, den 25 m hohen, 168 m langen Laufenmühleviadukt. Zwar sind es von hier nur ca. zwei Kilometer Luftlinie bis zur Endhaltestelle Welzheim, doch es sind 90 Höhenmeter zu überwinden, so dass sich die restliche Strecke auf 5,5 km erstreckt. Entlang der Edenbach- und Weidenbachschlucht fährt die Bahn weiter nach Breitenfürst. In einer weiten, ca. 1 Kilometer langen Linkskurve verläuft die Strecke nun durch den Tannwald. Am Waldrand windet sich die Strecke um 180 Grad und erreicht ihren höchsten Punkt (507 m). Am Welzheimer

Mit Volldampf unterwegs

Stadtpark liegt der Haltepunkt Tannwald (s. u.). Weitere 800 m bergab sind es nun zum Endbahnhof Welzheim. Ab Breitenfürst, Tannwald oder Welzheim kann man zu einer Tour auf dem Limeswanderweg aufbrechen. Auch im Archäologischen Park Ostkastell in Welzheim wandelt man auf den Spuren der Römer. Von Welzheim ist es nicht weit in den Schwabenpark (s. S. 230), der Spaß und Action für Jung und Alt verspricht.

🍽 **Biergarten am Tannwald** - Ein echter bayerischer Biergarten lockt auch in Württemberg, und zwar direkt am Haltepunkt Welzheim-Tannwald der historischen Schwäbischen Waldbahn. Angelehnt am weitläufigen Stadtpark mit dem literarischen Poeten-Pfad sitzt man unter Schatten spendenden alten Kastanien gemütlich an Tischen mit Gartenstühlen. Süffiges Münchner Bier, frisch vom Fass, und zünftige Brotzeiten sind beste Grundlagen für eine gesellige Einkehr. Auch die Kinder haben ihren Spaß und können sich auf dem großen Abenteuerspielplatz in Sichtweite der Eltern austoben. - ÖZ: Bei Biergartenwetter Dienstag bis Samstag 17-22 Uhr, sonn- und feiertags 10-22 Uhr. Montag ist Ruhetag.

TOUR 32

Lorch - Schelmenklinge - Bruck - Schillergrotte - Hohler Stein - Alfdorf - Haselbach - Lorch

Charakteristik - Ein sehr anspruchsvoller, fantastischer Rundweg mit vielen Höhepunkten. Besonders hervorzuheben sind drei Naturdenkmäler (Schelmenklinge, Schillergrotte, Hohler Stein), das Kloster Lorch und der römische Wachtturm, aber auch die reizvollen Täler des Mühlbachs und des Haselbachs sowie die schöne Aussicht auf die Höhen der Ostalb machen die Wanderung zu einem absoluten Highlight.

Anfahrt - B 14/B 29 Stuttgart - Schwäbisch Gmünd, Ausfahrt Lorch. - Von Stuttgart mit Regionalexpress Richtung Aalen, Bahnhof Lorch.

Parken - Großer P am Bahnhof (beidseits der Gleise), P am Kloster oder Parkmöglichkeit in der Götzentalstraße.

19 km

5 Stdn.

450 m

✪ **Lorch** - Hauptattraktion der Stadt mit ca. 10000 Einwohnern ist das auf dem Klosterberg gelegene Kloster Lorch. Die ehem. Benediktinerklosterkirche St. Peter und Paul wurde 1102 von Stauferherzog Friedrich von Schwaben als Grablege der Staufer gegründet. Pfeilerbasilika, Vierung und Ostteile stammen aus dem 13. Jh. Besondere Beachtung verdient der schöne gotische Kreuzgang, von dem man in den Klostergarten blickt. Im Kapitelsaal zeigt ein 100 m² großes Rundbild, nach fast fünfjähriger Arbeitszeit 2002 zur 900-Jahr-Feier der Klostergründung fertiggestellt vom Lorcher Künstler Hans Kloss, die Geschichte des Staufergeschlechts. Einen Besuch lohnt auch die im Kloster untergebrachte Stauferfalknerei mit ihrer beeindruckenden Greifvogelschau. Die übrigen Klostergebäude beherbergen heute ein Alten- und Pflegeheim. In der Nähe der Klosteranlage steht die Nachbildung eines hölzernen, römischen Wachturms. Die Römer unterhielten in Lorch (ungefähr am heutigen Standort der Stadtkirche) ein Kastell, in dessen Bereich der obergermanische und der rätische Limes zusammentrafen. Seit 2005 ist der Obergermanisch-Rätische Limes Weltkulturerbe.

➡ **Lorch - Schelmenklinge - Schillergrotte - Hohler Stein - Alfdorf** - 3 Stdn. - Vom P am Bahnhof geht man rechts der Gleise Richtung Stuttgart. Nach 200 m biegt man rechts ab in die Götzentalstraße und verlässt auf ihr die Stadt. Nach der Götzenmühle mit ihren beiden Stauseen geht es noch einige Minuten auf dem breiten Weg geradeaus, bis der [Rote Strich] und der Wegweiser [Schelmenklinge] nach rechts weisen. Der Weg führt nun waldaufwärts durch die Schelmenklinge. Betreut von der Ortsgruppe Lorch des Schwäbischen Albvereins sind hier von Anfang Mai bis Ende Oktober Wasserspiele aufgebaut, die mit Hilfe der Wasserkraft angetrieben werden. Nach der reizvollen Felsszenerie beim Talschluss, wo der steile Aufstieg am Ende der Klinge über eine Leiter zurück-

gelegt wird, kommt man aus dem Wald, geht weiter bergauf zur Straße, die man überquert, und wandert mit dem [Roten Strich] nach links in und durch den nahen Ort Bruck. Entlang der Straße erreicht man bald einen Wander-P. Hier geht man der Markierung folgend rechts ab und auf einem steinigen, breiten Weg zwischen Wiesen abwärts zum Wald. Ein schmaler Pfad führt steil rechts abwärts zum Abzweig zur nahen Schillergrotte. Der Höhlensandstein bildet hier reizvolle, grottenartige Überhänge. Von der Schillergrotte geht man einige Meter auf gleichem Weg wieder zurück und mit [Rotem Strich] und zusätzlich [Blauem Punkt] weiter abwärts bis zu einem Rastplatz. Hier trennen sich die Wege: Der [Blaue Punkt] führt direkt nach Alfdorf, der [Rote Strich], auf dem man weiterhin bleibt, führt nach rechts auf einem schmalen Pfad abwärts. Weiter unten geht man auf einem breiten Schotterweg kurz nach links und 50 m weiter an einer Gabelung nach rechts. Vorbei am Moltenwaldbrunnen kommt man ins Tal des Mühlbachs, immer begleitet vom [Roten Strich]. 100 m nach einer Brücke über den Mühlbach verlässt der Weiterweg das Tal nach links und nach weiteren 100 m nimmt man den schmalen Pfad nach rechts. Der Weg steigt steil aufwärts zum Hohlen Stein, einer grottenähnlichen Verwitterung im unteren Stubensandstein mit kleinem Wasserfall. Nach dem Naturdenkmal geht es steil aufwärts weiter. Man überquert einen breiten Querweg und erreicht die freie Hochfläche. Der Weg mündet in eine Asphaltstraße, der man nach links Richtung Alfdorf folgt, weiterhin mit [Rotem Strich]. Hier hat man eine schöne Aussicht auf die Berge der Ostalb (u. a. auch auf die Drei-Kaiser-Berge Stuifen, Rechberg und Hohenstaufen, insbesondere an zwei Rastbänken). Nach knapp 2 km mündet die Asphaltstraße in die Fahrstraße von Alfdorf nach Haselbach. Hier wandert man nicht (!) nach rechts Richtung Haselbach, sondern - unter Beibehaltung der bisherigen Richtung - nach links Richtung Alfdorf bis zum Grundstück und erhöht liegenden Wohnhaus Maierhofweg 41. Hier, ungefähr 200 m vor dem Ortsschild, weist das [Rote Kreuz] nach rechts. Lohnenswert ist ein kurzer Abstecher mit einem Umweg von ca. 1 km in die Ortsmitte von

⭐ **Alfdorf** - Das landschaftlich abwechslungsreiche Gemeindegebiet im Naturpark Schwäbisch-Fränkischer Wald liegt in einer Höhenlage zwischen 308 und 560 m über NN. In Alfdorf, das ca. 7000 Einwohner hat, gibt es zwei Schlösser: Das Obere Schloss dient jetzt als Rathaus. Das Untere Schloss aus der Zeit um 1550 befindet sich in Privatbesitz. Eine weitere

URBACHER.
Natürlich lebendig.

URBACHER Mineralwasser ist reinstes Tiefenwasser aus dem Remstal, das voller Mineralien und Spurenelemente steckt. Ein Naturprodukt, regelmäßig auf Reinheit und Qualität kontrolliert.

Hinter diesem erstklassigen Premium-Mineralwasser steckt das Unternehmen Urbacher Mineralquellen. Durch Nachhaltigkeitszertifikate ausgezeichnet und für seinen Einsatz in der Region bekannt, ist es ein zuverlässiger Partner für besten Genuss.

Sehenswürdigkeit ist die Stephanuskirche aus dem Jahr 1776, die Stilelemente des Spätbarock und des Rokoko aufweist. Auf dem Gemeindegebiet liegen etliche historische Mühlen, einige mit schönem Mühlrad.

➥ **Alfdorf - Haselbach** - ½ Std. - Wie oben bereits beschrieben, biegt man beim Maierhofweg 41 mit der Markierung [Rotes Kreuz] von der Fahrstraße Alfdorf - Haselbach ab und geht auf dem Asphaltsträßchen kurz leicht aufwärts Richtung Wald und dort steil links abwärts auf einem für Kraftfahrzeuge gesperrten Forstweg, der nunmehr geschottert ist. An einer Kreuzung nimmt man markierungsgemäß den mittleren Weg. Dieser Weg folgt dem Verlauf des Haselbachs. Weiter unten wird es weniger steil und man kommt aus dem Wald und geht zwischen Wiesen, ehe die ersten Häuser von Haselbach erreicht werden - ebenso wie die wohlverdiente Einkehr im

🍴 **Waldrestaurant Mecki** - Das familienfreundliche Haus liegt idyllisch mitten im Wald. Der Hausherr Heinz Hörsch, Metzger und Koch, verwöhnt seine Gäste mit schwäbischen Spezialitäten und regionaler Küche. Auf Anfrage werden Kutschfahrten und der Transfer vom/zum Bahnhof angeboten. - ÖZ: Mittwoch bis Sonntag ab 10 Uhr. Montag und Dienstag ist Ruhetag (Ausnahmen nach telefonischer Absprache).

➥ **Haselbach - Lorch** - 1½ Stdn. - Nach der Einkehr folgt man dem [Roten Kreuz] nach rechts weiter durch den Ort, vorbei am Gäste-P. Am Ortsende geht man an der Fahrstraße kurz nach rechts mit dem Wegweiser [Alfdorf] und nach 30 m mit Wegweiser [Lorch] sofort wieder nach links in das schmale Asphaltsträßchen. Auf der wenig befahrenen Straße wandert man bei hübscher Szenerie [ohne Markierung] am Waldauer Bach entlang, vorbei an der Maierhofer Sägmühle und der Brucker Sägmühle, leicht abwärts. Etwa 500 m nach der Brucker Sägmühle verlässt man das Tal nach rechts mit den Wegweisern [Lorch], [Limeswanderweg] und [HW 6]. Auf dem breiten Waldweg wandert man in zahlreichen Windungen zunächst leicht bergan und erreicht schließlich die Höhe beim Wander-P an der Klosterhalde neben der Straße von Lorch nach Bruck und Alfdorf. An der Straße geht man links abwärts zum bereits in Sichtweite liegenden Kloster Lorch und Limes-Wachtturm. Am Kloster rechts vorbei (möglich ist auch links) geht es talwärts zurück zum Ausgangspunkt in Lorch.

Herzlich willkommen im Waldrestaurant Mecki

Genießen Sie echt schwäbische Spezialitäten, wie beispielsweise unsere weitgerühmten Maultaschen. Auf unserer Gartenterrasse hat man eine herrliche und erholsame Ruhe. Der Chef Heinz Hörsch sorgt als Koch und Metzger selbst für das leibliche Wohl.

Waldrestaurant
M cki
73553 Alfdorf-Haselbach
Tel.: 0 71 71/759 50
Fax: 0 71 71/759 70

Mo. und Di. Ruhetag

Welzheim - Historischer Stadtrundgang

TOUR 33

1 Std.

Anfahrt - L 1080 aus Richtung Rudersberg bzw. Gschwend. - L 1150 aus Richtung Murrhardt bzw. Schorndorf. - Vom Bahnhof Schorndorf mit der Buslinie 263. - Von Mai bis Oktober verkehrt an Sonn- und Feiertagen die Schwäbische Waldbahn mit nostalgischen Diesel- und Dampflokomotiven zwischen Schorndorf und Welzheim. Im selben Zeitraum sind im Schwäbischen Wald der Limes- und der Waldbus unterwegs, die auch Welzheim anfahren.
Parken - Mehrere P und P, u. a. am Bahnhof, Schorndorfer Straße, Brunnenstraße und Gottlob-Bauknecht-Platz. - Gäste-P Gasthof Lamm. - P am und in der Nähe des Café Westkastell.

✪ **Aus der Geschichte** - In der Römerzeit, ca. 150 n. Chr., bestehen auf Welzheimer Gebiet das West- und das Ostkastell sowie das Kleinkastell Rötelsee entlang des Limes sowie eine Zivilsiedlung. 1181 wird »Wallenzin« erstmals urkundlich erwähnt und noch vor 1266 zur Stadt erhoben. 1556 zerstört ein Stadtbrand über 100 Häuser und das Schloss. Im Jahr 1600 erscheint erstmals die Bezeichnung »Welzheim« in Urkunden. 1718 schenkt Herzog Eberhard Ludwig Welzheim seiner Geliebten, Christina Wilhelmina von Würben, geb. Grävenitz, die für fast 20 Jahre als Wohltäterin der Stadt gilt. 1726 zerstört eine weitere Brandkatastrophe weite Teile der Stadt und die bereits eingebrachte Ernte, es droht eine Hungersnot. Ab 1807 ist Welzheim erstmals Sitz eines eigenen württembergischen Oberamts. Von 1812 bis 1815 lebt und wirkt der Arzt und Dichter Justinus Kerner in Welzheim. 1911 erhält Welzheim einen Eisenbahnanschluss. Zwischen 1935 und 1945 befindet sich im ehemaligen Amtsgerichtsgefängnis Welz-

Limes-Cicerones am Ostkastell

heim ein Polizeigefängnis als Außenlager der Gestapo-Leitstelle Stuttgart. 1938 werden die Oberämter aufgelöst und Welzheim in den Landkreis Waiblingen eingegliedert. 1991 bekommt Welzheim wieder offiziell das Prädikat »Luftkurort« verliehen. 1993 wird der Archäologische Park Ostkastell eingeweiht. Mit der Wiedereröffnung der 1980 stillgelegten Bergstrecke und Inbetriebnahme der Schwäbischen Waldbahn im Jahr 2010 erhält die Limesstadt eine weitere touristische Attraktion.

➥ **Historischer Stadtrundgang** - Ausgangspunkt des Rundgangs ist der 1911 erbaute 1) Bahnhof. Die Bergstrecke zwischen Schorndorf und Welzheim, die heute an Sonn- und Feiertagen im Sommerhalbjahr von der Schwäbischen Waldbahn befahren wird, gilt bis heute als eine der steilsten und landschaftlich schönsten in Baden-Württemberg. - Das 2) Dekanatsgebäude wurde 1823 errichtet und lag damals am Stadtrand. Nach der Auflösung des Dekanats 1977 kam das Gebäude in den Besitz der Stadt und beherbergt seit 1981 das Städtische Museum. Die Römerabteilung, die 2013 neu gestaltet wurde und nun den zentralen Vermittlungsschwerpunkt für das UNESCO-Welterbe Limes für die Region Stuttgart bildet, präsentiert über 300 Funde, fast alle aus Welzheim, die die Themen Limes, Militärlager, Zivilsiedlung und »Mensch-Alltag-Umwelt« dokumentieren. Neben den Exponaten, u. a. einer der größten Schuhfunde nördlich der Alpen, laden die »Virtuellen Limeswelten«, das Animationsmodell eines Militärlagers und ein Mitmachmodell

Städtisches Museum

In der volkskundlichen Abteilung des Städtischen Museums

über die Methoden moderner Archäologie zu einer Entdeckungsreise in die Welt der Römer ein. Die volkskundliche Abteilung zeigt die Wohnstube einer wohlhabenden Bauernfamilie im Welzheimer Wald, Geräte aus der Landwirtschaft und zur Flachsverarbeitung und einen Webstuhl. In der Munz-Stube ist historisches Spielzeug aus dem Nachlass der Ende des 19./Anfang des 20. Jh. in Welzheim ansässigen Spielwarenfabrik Munz ausgestellt. In den Nebengebäuden erhalten die Besucher im Waschhaus sowie in historischen, komplett eingerichteten Werkstätten (z. B. Schreiner, Wagner, Küfer, Zimmermann, Deichelbohrer, Schuster, Schmied) Einblicke in den harten Arbeitsalltag früherer Zeiten. Im Museumshof steht ein Brunnen aus dem 17. Jh. mit original erhaltener Brunnenstube. - ÖZ des Museums: So. 11-17 Uhr, Gruppen und Führungen nach Voranmeldung unter Tel. 07182/800815. - Teile des Städtischen Museums sind auch in der 3) Pfarrscheuer untergebracht, die als eines von wenigen Gebäude den Stadtbrand 1726 überstand. - Ebenfalls zum Städtischen Museum gehört das 4) Breitenfürster Hirtenhäusle, das 1810 als öffentliches Wasch- und Backhaus in Breitenfürst erbaut wurde. 1825 wurde es aufgestockt und diente zunächst als Schulhaus, dann als Feuerwehr-Spritzenhaus, Magazin, Gefängnis und Armenhaus. Ursprünglich sollte es einer Straßenerweiterung weichen, wurde dann jedoch Stein für Stein abgetragen und 1983/84 im Museumshof wieder aufgebaut. - Das 5) Alte Volksschulgebäude wurde 1805 als Ersatz für das einsturzgefährdete alte Schulhäuschen errichtet und beherbergt seit Frühjahr 2014 die Tourist-Information. - Im Gegensatz zu einer reinen Schankwirtschaft bot die 6) Ehem. Schildwirtschaft »Adler« auch Unterkunft an. Unter der Herrschaft der Schenken von Limpurg (1335-1713) war hier auch das Rathaus untergebracht. - Die 7) Schildwirtschaft zum »Grünen Baum« hatte sogar ein Brauhaus - die Konzession erteilte »die Grävenitz« (siehe »Aus der Geschichte«), die Welzheim nach dem Stadtbrand bald wieder zu Wohlstand verhelfen wollte. - Das 1814 erbaute 8) Bedeutende Bürgerhaus ersetzte das 1810 abgebrannte Haus des Försters Schumm. - In der 9) Ehem. Werkstatt von Christian Bauer bot der Goldschmied und Kaufmann seit 1896 seinen Schmuck an. Die Werkstatt war im Schuppen untergebracht, im Garten befand sich ein Badhaus. - Anstelle eines 1144 erwähnten Vorgängerbaus wurde die 10) St.-Gallus-Kirche 1499 neu errichtet. Ihr Patron ist der heilige Gallus, ein iroschottischer Wandermönch, der im 7. Jh. in der Nordschweiz und in Süddeutschland predigte und sehr verehrt wurde. Die Steinfiguren von 1510 am Westportal entgingen dem Stadtbrand von 1726, während das Gotteshaus selbst stark beschädigt wurde und zwischen 1727 und 1729 mit einem neuen Turm wiedererrichtet wurde. Der Wiederaufbau wurde von Christina Wilhelmina von Grävenitz gefördert, wie eine Inschrift auf den beiden Glocken dokumentiert. 1815 wurden Chor und Chorseitenturm abgebrochen, das Schiff nach Osten verlängert und dort ein neuer Turm angesetzt, was der Grundidee des altwürttembergischen Gottesdienstes entsprach. Der Schlüssel zur Kirche ist bei der Tourist-Information erhältlich. - Am Standort der heutigen 11) Kreissparkasse befand sich einst die Vogtei bzw. Oberamtei, der Amts- und Wohnsitz des Vogtes bzw. Oberamtmannes (ab 1759), eines herzoglichen Verwaltungsbeamten. Nach der Einrichtung der Landkreise 1938 wurden die Oberämter aufgelöst. 1975 wich das Gebäude dem Neubau der Kreissparkasse. - Nach dem Stadtbrand von 1726 errichtete man 1731 das neue 12) Rathaus. Das imposante, dreistöckige Fachwerkhaus entstand unter der Leitung von Baumeister Johann Michael Hengel. Für barocke Amtsgebäude charakteristisch ist das Zierfachwerk mit Andreaskreuzen und zwei Fünferkreuzen, geschosshohen durchkreuzten Rauten. - In der 13) Ehemaligen Schildwirtschaft zur »Krone« befand sich während der Limpurgischen Herrschaft 1335 bis 1713 das sog. altwürttembergische Rathaus. Anstelle des 1978 abgerissenen Gebäudes steht heute ein Rathauserweiterungsbau. - Auf eine wechselvolle Geschichte blickt

Rathaus

das Gebäude der 14) Mediathek zurück. 1738 errichtet, erfolgte 1768 eine Vergrößerung und 1820 eine Aufstockung um ein drittes Stockwerk mit sechs Arrestzellen. Das Gebäude diente als Wacht- und Schlachthaus, Magazin, Gefängnis und im 20. Jh. als Jugendherberge und beherbergt heute die Stadtbücherei. - Ab 1727 existierte die 15) Erste Welzheimer Apotheke, nachdem sich wenige Jahre zuvor der erste Wundarzt am Ort niedergelassen hatte. - Einst befand sich an dieser Stelle der 16) Älteste Kaufladen der Stadt. Um die Existenz der Krämerfamilie zu sichern, wurden parallel eine Schmiede und eine Landwirtschaft betrieben. Bis heute ist hier eine Eisenwarenhandlung ansässig. - Das letzte Haus vor dem nördlichen Stadttor am Torsee ist der 17) »Kohnlesbeck«, die älteste Welzheimer Bäckerei und seit 1683 in Familienbesitz. - Die nächste Station des Stadtrundgangs ist die 18) Schildwirtschaft zum »Lamm«, das älteste durchgängig bestehende Gasthaus der Stadt. Als Marktort konnte Welzheim im Jahre 1845 bis zu 25 Wirtshäuser vorweisen. Das Gebäude ist seit 1762 in Familienbesitz und lädt bis heute ein zur Einkehr im Gasthof Zum Lamm.

🎵🍴 **Gasthof zum Lamm** - Der zentral gelegene Gasthof verfügt über ruhig gelegene, behagliche Zimmer und gemütliche, modern eingerichtete Galerieume, die sich mit Nebenzimmer und Saal auch für Feierlichkeiten, Tagungen und Reisegruppen bestens eignen. Die Speisekarte bietet schwäbische, regionale und internationale Spezialitäten sowie Diät- und vegetarische Kost - bei schönem Wetter auch auf der Terrasse zu genießen. P sind direkt am Haus vorhanden. - Montag ist Ruhetag.

➡ **Fortsetzung Stadtrundgang** - Im Gasthaus zum Schwarzen Ochsen befand sich ab 1813 die 19) Wohnung von Justinus Kerner und seiner frisch angetrauten Ehefrau. Bedingung war, dass das Schlafzimmer an Festtagen ausgeräumt werden musste und dann als Tanzsaal diente. Ein Jahr später zog die inzwischen dreiköpfige Familie in eine Wohnung in der Oberstadt. Der Arzt und Poet arbeitete von 1812 bis 1815 in Welzheim und soll an der malerisch in einer Waldschlucht gelegenen Klingenmühle eines seiner bekanntesten Gedichte »Dort unten in der Mühle« verfasst haben. Mit seiner Versetzung nach Gaildorf 1815 stieg Kerner zum Oberamtsarzt auf. - Im 20) Forstamtsgebäude war Oberförster Paul Schultz tätig, der 1895 das Westkastell entdeckte. Die Waldwirtschaft war von großer Bedeutung in Welzheim - Holz aus dem Welzheimer Wald diente schon bei der Errichtung des Ludwigsburger Barockschlosses als Baumaterial. Heute ist im ehem. Forstamt der Polizeiposten untergebracht. - Das 21) Ehem. Oberamtsgericht wurde 1820 erbaut. Im inzwischen abgerissenen Hinterhaus befand sich während des Dritten Reiches das als »KZ Welzheim« bezeichnete Amtsgerichtsgefängnis, das Außenlager der Gestapozentrale »Hotel Silber« in Stuttgart. An die Hinrichtungen im sog. »Henkerssteinbruch« an der Straße nach Rudersberg, ca. 500 m unter der Bockseiche, erinnert dort ein Gedenkstein mit Tafel. Das 22) Alte Fachwerkhaus an den Toräckern bewohnten seit 1770 Schuster, Schneider, Bäcker und Hafner (=Ofensetzer) und ihre Familien. - Am Stadtrand von Welzheim liegt der 23) Archäologische Park Ostkastell. Im 2. und 3. Jh. waren hier ca. 400 Soldaten stationiert. Die An-

Archäologischer Park Ostkastell

GASTHOF zum LAMM

- Moderne Zimmer mit Dusche und WC (30 Betten)
- Gemütlicher Gastraum, Nebenzimmer (bis 40 Pers.)
- Großer Saal für Festlichkeiten, Ausflüge, Konferenzen (bis 150 Pers.)
- Empfehlenswerte Küche, Spezialitäten nach Jahreszeit, gepflegte Weine
- Wanderer und Radfahrer sind herzlich willkommen

Familie Eisenmann · Gschwender Straße 7 · 73642 Welzheim
Telefon 0 71 82 / 88 03 · Fax 0 71 82 / 44 92

MONTAG RUHETAG

lage besteht aus dem 1982 rekonstruierten Westtor, einem Informationspavillon mit gusseisernen Modellen des antiken und römischen Welzheim, dem Lapidarium (Steinpark), in dem zahlreiche Kopien von Originalfunden (z. B. Kultbilder) ausgestellt sind, und einer Brunnenrekonstruktion. Der Archäologische Park ist ganzjährig und ganztags bei freiem Eintritt geöffnet. Von Mai bis Oktober sind außerdem an Sonn- und Feiertagen die Tortürme geöffnet und mit einem Limes-Cicerone als Kastellwache besetzt, der für Fragen und spontane Kurzführungen zur Verfügung steht. Alle drei Jahre versetzen die Welzheimer Römertage die Besucher mit Zelten, Händlerständen und römischen Soldaten in die Römerzeit zurück. - Auf dem Rückweg zum Bahnhof kann man nochmals auf römischen Spuren wandeln. 530 m östlich des Ostkastells befand sich einst das Westkastell, in dem eine 500 Mann starke, aus Cannstatt abgezogene Reitereinheit namens »Ala Prima Scubulorum« unter dem Kommando eines aus dem ritterlichen Adel stammenden Präfekten stationiert war. Das Westkastell wurde 1895/96 entdeckt und untersucht, 2005/06 fand eine weitere große Grabung statt. Heute ist das Westkastell unter der Stadtbebauung verborgen, aber man kann sich nach dem Stadtrundgang stärken im

Café Westkastell - Stilvolle, freundlich eingerichtete Räumlichkeiten und eine Terrasse laden ganztägig zum Genießen ein: Morgens gibt es eine vielseitige Frühstücksauswahl, mittags sorgen Snacks, Suppen und Salate für das leibliche Wohl, und zum Nachmittagskaffee kann man selbst gebackene Kuchen und Torten schlemmen, die auch auf Deutschlands erster und einziger Kuchen-Livecam zu bewundern sind. Alle Speisen werden aus regionalen Zutaten frisch zubereitet. - ÖZ: Mo. und Mi. bis Fr. 7.30-18 Uhr, Sa. und So. 9-18 Uhr. Dienstag ist Ruhetag.

Wanderwege rund um Welzheim - Ausgesprochen großer Beliebtheit erfreut sich der Mühlenwanderweg mit seinen drei Rundwegen, die auf den folgenden Seiten ausführlich vorgestellt werden. - Auf historischen Spuren wandelt man auf dem Limeswanderweg, vorbei an freigelegten Mauerresten, rekonstruierten Wachtürmen sowie Resten oder Kopien von Kastellen und Meilensteinen und begleitet von anschaulich gestalteten Informationstafeln. - Weitere reizvolle Touren führen von Welzheim zum Ebnisee, zum Aichstrutsee und ins Leintal. - Der 12 km lange Geologische Pfad, der am Bahnhof Laufenmühle beginnt und endet, vermittelt

CAFÉ WESTKASTELL

Unser Café bietet Ihnen und Ihrer Familie:
- Selbstgebackene Kuchen und Torten
- Kaffee- und Teespezialitäten
- Kleine Snacks, kühle Getränke

Zum Entspannen und sich stärken einfach perfekt...
Nur 200 Meter vom Endbahnhof »Schwäbische Waldbahn« entfernt (im Zentrum). Barrierefrei gebaut.

Öffnungszeiten:
Mo.-Fr.:
7.30 Uhr -18.00 Uhr
Sa., So. und Fei.:
9.00 Uhr-18.00 Uhr
Dienstag Ruhetag

CAFÉ WESTKASTELL
Schorndorfer Straße 18
73642 Welzheim
Telefon: 07182-5092522

www.kuchencam.de

an 14 Stationen viel Wissenswertes zu den für den Schwäbischen Wald typischen Schluchten, Wasserfällen, Grotten und beeindruckenden Sandsteinformationen. - Ebenfalls am Bahnhof Laufenmühle beginnt der Planetenweg, auf dem die Planetentafeln maßstabsgetreu in ihrem Abstand zur Sonne platziert sind. Der Planetenweg ist 5½ km lang. Vom Ziel an der Sternwarte geht es durch das Edenbachtal zurück zur Laufenmühle. Hier sollte man sich auch einen Besuch des Erfahrungsfeldes Eins+Alles nicht entgehen lassen. Auf dem weitläufigen Areal laden verschiedene Sinnesstationen und Installationen zum Tasten, Sehen, Riechen, Hören, Schmecken und Bewegen ein. - Eisenbahnfans werden sich für den Bahnerlebnispfad begeistern, der von Welzheim über Tannwald, Breitenfürst, die Edenbachschlucht zur Laufenmühle und weiter durch die Wieslaufschlucht, über Steinbach, Klaffenbach und Oberndorf nach Rudersberg führt und auf Infotafeln interessante Fakten und Hintergründe bereithält. Und an Betriebstagen kann man vom Weg aus die vorbeischnaufenden Dampf- und Dieselloks bewundern! - Gemütlich lustwandeln und dabei Lyrik von Justinus Kerner sowie zeitgenössische Gedichte lesen kann man auf dem 200 m langen Poetenpfad im Stadtpark.

Poetenpfad

Welzheim
Champagnerluft seit Römerzeiten

Erlebnisreich!
Eine Fahrt mit den historischen Zügen der Schwäbischen Waldbahn

Sehenswert!
UNESCO-Welterbe Limes, Städtisches Museum mit neuer Römerabteilung, Sternwarte, Poetenpfad

Sportlich!
Herrliches Rad- und Wanderwegenetz, ausgewiesene Mountainbiketrails, Mühlen- und Limeswanderweg, 80 km Loipennetz

Freizeit-Tipps!
Aichstruter Stausee mit Sandstrand, Eins + Alles Erfahrungsfeld der Sinne, Schwabenpark

Tourist-Information
Pfarrstraße 6
73642 Welzheim

Tel.: 0 71 82 / 80 08-15
tourist@info-welzheim.de

Fordern Sie unser kostenloses Informationsmaterial an!

TOUR 34

Großer Mühlenwanderweg

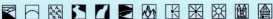

37 km

2-3 Tage

Charakteristik - Auf dem Weg zu den malerisch gelegenen Mühlen erlebt man die ursprüngliche, abwechslungsreiche Landschaft auf Naturwegen, für die festes Schuhwerk und Trittsicherheit erforderlich sind. Je nach Witterung können Teilstrecken matschig, rutschig und uneben sein. Der Rundweg ist durchgängig beschildert mit den roten Wegweisern [Mühlenwanderweg H]. Die Nummerierung der Mühlen im Text markiert in der Karte die Lage der Mühlen und entspricht auch der Nummerierung in der offiziellen Wanderkarte zum Mühlenwanderweg, die bei der Fremdenverkehrsgemeinschaft Schwäbischer Wald erhältlich ist. Neben dem Hauptwanderweg gibt es drei kürzere Rundwege mit einer Länge von 12 bis 16½ km Länge, die auf den folgenden Seiten vorgestellt werden.

Anfahrt - B 14/B 29 Stuttgart - Schwäbisch Gmünd, Ausfahrt Schorndorf/Welzheim, L 1150 bis Welzheim, dann L 1080 Richtung Rudersberg bis zur Laufenmühle. - Von Backnang (B 14 Stuttgart - Schwäbisch Hall) L 1080 über Allmersbach im Tal und Rudersberg. - Vom Bahnhof Schorndorf mit der Regionalbahn R 21 (Wieslauftalbahn) Richtung Oberndorf bis Rudersberg Nord, von dort mit Buslinie 228 Richtung Welzheim Busbahnhof bis Haltestelle Laufenmühle oder vom Bahnhof Schorndorf mit Buslinie 263 nach Welzheim Busbahnhof, von dort mit Buslinie 228 Richtung Rudersberg Bahnhof. - Von Mai bis Oktober verkehrt an Sonn- und Feiertagen die Schwäbische Waldbahn mit nostalgischen Dampf- und Diesellokomotiven zwischen Schorndorf und Welzheim mit Halt an der Laufenmühle.

Parken - P 3 an der Laufenmühle.

✪ **Aus der Mühlengeschichte** - Das Müllerhandwerk blickt auf eine bewegte Geschichte zurück. Im frühen Mittelalter noch für ihr technisches Verständnis, die Beherrschung der Naturgewalt Wasser und für ihren Beitrag zur Nahrungsmittelversorgung bewundert, wurde Müllern im 18. Jahrhundert Betrug und Unterschlagung unterstellt. Dass die Mühlen - womöglich zwielichtigen Gestalten - Asyl gewähren durften und einsam außerhalb der Dörfer lagen, schürte zusätzliches Misstrauen. Tatsächlich waren die Mühlen bis zum Ende des 19. Jahrhunderts ein bedeutender Wirtschaftsfaktor, im Schwäbischen Wald vor allem durch ihre häufige Doppelfunktion als Mahl- und Sägmühle. Rund um Welzheim gab es einst 26 Mühlen. Die Mahlmühlen bestanden meist aus einem gemauerten Erdgeschoss und einem Fachwerkobergeschoss, in dem sich häufig die Wohnung des Müllers befand. Die Sägmühlen waren meist einfache, einstöckige

»Dort unten in der Mühle...« - die Klingenmühle

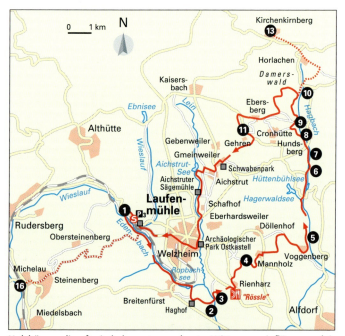

Holzhäuser, die oft niederbrannten und unter Witterungseinflüssen zu leiden hatten und daher im Schwäbischen Wald überwiegend verschwunden sind. Bei kombinierten Mahl- und Sägemühlen waren die beiden Gebäude häufig durch einen überdachten Steg verbunden. Einige Mühlen hatten bis zu vier Mühlräder (siehe Menzlesmühle), die Heinlesmühle besitzt noch heute zwei Mühlräder.

✪ **Der Mühlenwanderweg** - Der Mühlenwanderweg wurde 1978 ins Leben gerufen und verbindet auf 37 Kilometern elf der schönsten noch erhaltenen Mühlen im Schwäbischen Wald. Landesweit zeigt sich hier die größte Vielfalt an Mühlentechniken. Ein besonderes Erlebnis sind die geführten Touren mit den Naturparkführern unter so verlockenden Titeln wie »Mühlen, Mythen, Maultaschen«.

➥ **Der Rundweg** - Der Wanderparkplatz P 3 befindet sich am Fuße des Viadukts an der Laufenmühle. Unterhalb des Viadukts rauschen zwei Wasserfälle, die vom Edenbach und der Wieslauf gespeist werden. Auf einem Stichweg abwärts erreicht man die idyllisch an der Wieslauf gelegene 1) Klingenmühle, die bereits 1668 bestand und nach der tiefen Schlucht (»Klinge«) an der oberen Wieslauf benannt ist. Erhalten blieben noch das Mahlgebäude und das Wasserrad (ohne Zulaufrinne), das in den kommenden Jahren restauriert werden soll. Die Sägemühle besteht nicht mehr. Die Klingenmühle soll den Arzt und Dichter Justinus Kerner zu seinem Gedicht »Dort unten in der Mühle« inspiriert haben. Von April bis Oktober an Wochenenden und in den Schulferien ab 10 Uhr ist das Café in der Klingenmühle geöffnet. - Am gegenüberliegenden Ufer der Wieslauf geht es die Klinge wieder hinauf und erneut vorbei am Wander-P. - Nach rechts zweigt die Markierung [G/Blauer Strich], später ersetzt durch [Blauer Punkt], ab und führt zur 16) Ölmühle Michelau, die 1754 erbaut wurde und damit die älteste Ölmühle Baden-Württembergs ist. Bis zu ihrer Stilllegung Mitte der 1950er Jahre wurden hier Bucheckern, Mohn, Kürbiskerne, Walnüsse und Raps gepresst. Neben der weitgehend erhaltenen Mühleneinrichtung ist im Obergeschoss ein interessantes Flachsmuseum mit Arbeitsgeräten, Spinnrädern und zwei Webstühlen zu besichtigen (ÖZ: Mai bis Oktober an allen Sonn- und Feiertagen von 13-18 Uhr, für Schulklassen und andere Gruppen nach Vereinbarung unter Tel. 07183/3005-15). - Die Hauptroute führt vom Wanderparkplatz leicht aufwärts in die wildromantische Edenbachschlucht, durch die ca. 1 Std. lang ein abwechslungsreicher Pfad über kleine Brücken verläuft. Vor dem Ortseingang von Breitenfürst sorgt ein Kneippbecken für Erfrischung. Vorbei am Ropbachsee wandert man aufwärts zum Birkachhof und von dort zur 2) Haghofer Ölmühle, die 1833 als Öl- und Sägemühle erbaut wurde und damit die jüngste Mühle am Mühlenwanderweg ist. Im Walz- und Pressverfahren wurde hier hauptsächlich Speiseöl aus Raps und Leinsamen produziert. Die Haghofer Ölmühle ist heute ein landwirtschaftliches Anwesen. Das Mühlengebäude und der inzwischen trockengefallene Mühlkanal sind noch erhalten. - Nachdem der Mühlenwanderweg den Limeswanderweg gekreuzt hat, geht es weiter zur 3) Hagmühle, welche 1417 erstmals genannt und als Mahl- und Sägemühle betrieben wurde. Der Name weist auf den in der Nähe verlaufenden Limes zurück, der im Volksmund als »Hag« (= Zaun, Hecke) bezeichnet wurde. Bis 1975 war die Getreidemühle in Betrieb, im Mahlraum ist noch die originale Einrichtung zu sehen. Man überquert die Brücke bei der Mühle und erreicht den Alfdorfer Teilort Rienharz, wo man gemütlich einkehren kann im

Gasthof Rössle - Seit über 100 Jahren wird in diesem etablierten Familienbetrieb mit Tradition und hausgemachten schwäbischen Spezialitäten aus regionalen Produkten für das leibliche Wohl der Gäste gesorgt. Je nach Saison wird die Speisekarte ergänzt durch Wildspezialitäten sowie Leckerbissen für Spargelliebhaber. Im Ausschank sind regionale Weine und Bier vom Fass. Die Galasträume sind gemütlich eingerichtet, bei schönem Wetter ist die Gartenwirtschaft der ideale Platz. - Montag ist Ruhetag.

GASTHOF »RÖSSLE«

**Weilerstraße 44
73553 Alfdorf-Rienharz
Familie Klein-Sieber
Telefon (07182) 8208**

Montag Ruhetag

- **Gute schwäbische Küche**
- **Hausmacher Spezialitäten**
- **Biere vom Fass**
- **Regionale Weine**
- **Nebenzimmer für ca. 40 Personen**
- **Gartenwirtschaft**

www.roessle-rienharz.de

➡️**Fortsetzung Rundweg** - Von Rienharz führt der Weg weiter zur 4) Meuschenmühle im Tal des Eisenbachs. Als »Nibelgau-Mühle« 1553 erstmals urkundlich erwähnt, bestand sie wohl aber schon im 13. Jahrhundert und ist somit eine der ältesten Mühlen am Mühlenwanderweg. Ihr 7 m großes Wasserrad ist das größte der Mühlen im Schwäbischen Wald. Die Getreidemühle wurde zwar 1970 stillgelegt, die Mühleneinrichtung aus der Zeit um 1900 ist jedoch noch voll funktionstüchtig. - Nachdem man ein Stück dem Radweg gefolgt ist, wandert man durch Mannholz in den Wald, passiert den Wanderparkplatz P 4 an der Kreisstraße 1890 und erreicht die 5) Voggenbergmühle, die bis heute als Getreidemühle betrieben wird - statt des einstigen Mühlrades sorgt jedoch eine moderne Turbine für Energie. Der Mühlenladen (ÖZ: Mo. bis Fr. 9-12.30 Uhr und 14-18 Uhr, Sa. 9-14 Uhr) bietet Qualitätsprodukte direkt von der Mühle, z. B. verschiedenste Mehle, Trockenfrüchte, Nüsse, Sämereien, Nudeln, Gewürze, Müslimischungen und glutenfreie Produkte. - Von der Voggenbergmühle geht es auf dem Rottalweg entlang der Rot vorbei an der Grillstelle Klarahütte zum P Hagerwaldsee (P 5). Hier lohnt sich ein Abstecher zum malerischen See. Auch der nächste See lässt nicht lange auf sich warten: Vorbei am Hüttenbühlsee erreicht man die 6) Hummelgautsche, wie die bereits im 14. Jahrhundert erwähnte Vaihinghofer Sägmühle im Volksmund genannt wird. Der Name hat seinen Ursprung im angrenzenden Gewann »Hummelwiesen«, auf denen die gemeindeeigenen Bullen, schwäbisch »Hommel«, weideten und im auf und ab gautschenden Sägegatter. 1973 erwarb die Gemeinde Alfdorf die Sägeanlage und renovierte sie umfassend. Bei der Mühle lädt ein Rastplatz mit Schutzhütte und Grillplatz zu einer Verschnaufpause ein. - Von der Hummelgautsche folgt man dem Weg durch das Tal der Schwarzen Rot, zunächst über eine Wiese, dann auf einem geteerten Sträßchen und kommt zum imposanten Fachwerkgebäude der 7) Heinlesmühle. Die kombinierte Mahl- und Sägemühle, verbunden durch einen überdachten Steg, besteht spätestens seit dem 16. Jahrhundert und verfügt als einzige der Mühlen im Schwäbischen Wald über zwei Wasserräder, die jeweils die Getreide- und die Sägmühle antreiben. In beiden Gebäuden ist die technische Einrichtung erhalten. Ein langer Mühlkanal führt das erforderliche Wasser von der Schwarzen Rot zur Mühle. Für Gruppen sowie bei Festen wird eine Bewirtung mit Salzkuchen aus dem eigenen Backhaus angeboten. - Weiter dem Lauf der Schwarzen Rot folgend, geht man vorbei am Wander-P Heinlesmühle (P 1) zur 8) Hundsberger Sägmühle, die zwischen 1500 und 1600 ursprünglich als Stampfmühle für Getreide erbaut und bis ca. 1935 mit Wasserkraft betrieben wurde. In den 1960er Jahren verfiel das Mühlrad, wurde jedoch 1980 und erneut 2005 ersetzt. Obwohl die Mühle schrittweise modernisiert wurde, sind

Meuschenmühle

noch Teile der Transmission aus dem frühen 20. Jahrhundert erhalten. Heute wird die Sägemühle elektrisch angetrieben. - Bald erreicht man die 1305 erstmals urkundlich erwähnte 9) Menzlesmühle. Bis in das 17. Jahrhundert wurde die Menzlesmühle nach dem nahe gelegenen Ort Cronhütte auch als »Cronmühle« bezeichnet. Nach einem Brand 1721 wurde sie in ihrer heutigen Gestalt wieder aufgebaut und später umfassend renoviert. Ursprünglich besaß die Menzlesmühle zwei vom Gauchhauser- und vom Hagbach abgeleitete Mühlkanäle, die für den Antrieb der insgesamt vier Wasserräder - drei für die Mahlmühle, eines für die bis in das 20. Jahrhundert hinein existierende Sägemühle - sorgten. Heute ist noch ein oberschlächtiges Wasserrad vorhanden, das im Jahr 2004 in ehrenamtlicher Arbeit erneuert wurde. Dabei wurde auch ein neues Wehr gebaut und der Kanal saniert. - Durch die Ortschaft Menzles wandert man weiter zur 10) Brandhofer Öl- und Sägemühle, die mit ihrer Haferstampfe die einzige dieser Art im Schwäbischen Wald ist. 1830 wurden in die Sägemühle eine Haferstampfe und eine Ölmühle eingebaut. Ein wasserradgetriebener Wellbaum bewegte die acht Hebearme, die in vier Eisentrögen Mohn, Bucheckern, Leinsamen und Walnüsse zerkleinerten. Auf einem Herd mit Pfanne und Rührwerk wurde das zerstampfte Mahlgut erwärmt und in den Ölstock gepackt. Ein von einem zweiten Wellbaum angetriebener Hammer, der sogenannten Ölschlägel, schlug den Keil in den Ölstock, wodurch das Öl aus dem Mahlgut gepresst wurde. Mit viel ehrenamtlichem Engagement wurde die Mühle wieder funktionstüchtig gemacht. - Von der Brandhofer Öl- und Sägemühle führt eine lohnende Wegerweiterung mit der Markierung des [Main-Neckar-Rhein-Weges HW 3] = [Grüner Baum/Roter Strich] zur 13) Kirchenkirnberger Mühle, die etwas verborgen und romantisch in der Klinge des Glattenzainbaches liegt. In ihrem Inneren birgt sie die historische, fast vollständige Mühleneinrichtung. Bis 1965 drehte sich hier das mit 8 m Durchmesser größte Mühlrad des Schwäbischen Waldes. - Zurück auf der Hauptroute bei der Brandhofer Öl- und Sägemühle folgt man dem Weg ein kurzes Stück entlang des Hagbachs zurück und biegt dann rechts ab. Durch den Damerswald und das NSG Gauchhauser Tal gelangt man zum Freizeithaus »Forsthaus Ebersberg«. Der Weg führt durch die wildromantische Brunnen- und Hägelesklinge hinunter ins Tal. Vorbei an der Gebenweiler Sägmühle erreicht man die 11) Ebersberger Mühle im Tal der Blinden Rot, die 1604 - damals als Sägemühle - erbaut wurde. Die heutige Mahlmühle wird von einer Turbine angetrieben. Erhalten sind noch das Sägemühlengebäude und die »Wasserstube«, in der sich einst das Mühlrad drehte. Ein in der Eingangstür eingemauerter Ofenstein mit der Jahreszahl 1604 verdient besondere Beachtung. - Ein weiteres Stück folgt man nun dem Lauf der Blinden Rot nach Aichstrut. In der Nähe des Mühlenwanderweges befindet sich in Gmeinweiler der Schwabenpark (siehe auch S. 230), ein Erlebnispark für die ganze Familie. An der Lein entlang erreicht man die Aichstruter Sägmühle und schließlich den Wander-P Obermühle (P 2). Von hier geht man, vorbei am Archäologischen Park Ostkastell, durch das Stadtzentrum von Welzheim und dann auf schmalen Pfaden abwärts durch den Wald zurück zum Ausgangspunkt P Laufenmühle.

➡ **Weitere Mühlen im Schwäbischen Wald, die nicht am Mühlenweg liegen** - Kirchenkirnberger Mühle (siehe Seite 139). - Ölmühle Michelau (siehe Seite 137). - Die 14) Stegmühle Aspach stammt aus dem Jahr 1799 und wurde bis 1998 als Mahlmühle betrieben. Heute besteht noch ein Mühlenladen, in dem man Mehl, Müsli, Eier, Nudeln und Dosenwurst kaufen kann. - Die 12) Rümelinsmühle Murrhardt, ein stattliches Fachwerkgebäude von 1799 mit Scheunen, Ställen, Backhaus, Bauerngarten und einem Wasserrad, ist bis heute in Betrieb und die einzige produzierende Mühle im Schwäbischen Wald, die noch teilweise mit Wasserkraft angetrieben wird. Das verwendete Mühlkanalsystem war bereits im Klosterlagerbuch von 1576 dokumentiert. Ein Besuch lohnt sich zudem im Mühlenladen mit Mühlenbäckerei (ÖZ: Montag bis Mittwoch 8.30-13 Uhr und 14-18 Uhr, Donnerstag und Freitag 8-18 Uhr, Sa. 8-13 Uhr). - Die Ursprünge der 15) Seemühle Weissach im Tal reichen zurück in die Zeit zwischen 1230 und 1245. Der namensgebende See wurde im 16. Jh. für die herzogliche Fischzucht angelegt, ist inzwischen jedoch verschwunden. Heute kann man sich im Mühlenladen mit frisch gebackenem Brot, hochwertigen Weizenmehlen, Honig, Nüssen etc. eindecken (ÖZ: Montag bis Freitag 8-18 Uhr, Samstag 8-13 Uhr). Besonders verlockend duftet es an den Backtagen (Dienstag, Donnerstag, Freitag).

TOUR 35

Mühlenwanderweg 1 - erweitert um Hagerwaldsee und Hüttenbühlsee

16 km

4½ Stdn.

350 m

Charakteristik - Der ideal für trockene Tage geeignete Weg führt durch liebliche und romantische Bachtäler, vorbei an zwei beeindruckenden Klingen, stimmungsvollen Seen und einigen prächtigen Mühlen. Im Sommer bietet sich ein Bad im idyllisch gelegenen Hagerwaldsee an. Der Weg ist markiert mit einem blauen Schild mit [Mühlensymbol und der Zahl 1]. Die Nummerierung der Mühlen im Text markiert in der Karte die Lage der Mühlen und entspricht auch der Nummerierung in der offiziellen Wanderkarte zum Mühlenwanderweg, die bei der Fremdenverkehrsgemeinschaft Schwäbischer Wald erhältlich ist.

Anfahrt - Von Schorndorf über Welzheim, Richtung Gschwend. Hinter Schadberg zweigt die K 1892 rechts zum Hagerwaldsee ab. - Von Lorch nach Alfdorf, in Alfdorf Richtung Gschwend, 2 km hinter Alfdorf Linksabzweig zum Hagerwaldsee.

Parken - P an der Gaststätte Hagerwaldsee oder am P 5 an der K 1892 (Zufahrt zur Gaststätte).

➥ **Der Rundweg** - Von der Gaststätte geht man [ohne Markierung] rechts am Damm über Stufen aufwärts zur Dammkrone des 3,1 ha großen Hagerwaldsees und anschließend rechts am Uferweg weiter bis zum Ende des Sees. Hier führt eine Brücke über die Finstere Rot. Kurz dahinter biegt ein befestigter Weg rechts ab. Auf diesem Forstweg folgt man nun dem gewundenen Lauf der Finsteren Rot. Nach ca. 10 Min. trifft man auf das Wanderzeichen für den Mühlenwanderweg 1, [Gelbe Tafel mit blauem Aufkleber und der Zahl 1], im Folgenden mit [M 1] bezeichnet, dem man nunmehr fast bis zum Ende der Wanderung folgt. Nach 5 Min. gabelt sich der Weg: Man bleibt links **(!)** auf dem Rottalweg. Nach weiteren 5 Min. erreicht man Schadberg. Hier überquert man die L 1080 und folgt der Fahrstraße mit dem Wegweiser [Strohhof] geradeaus aufwärts, später fast eben, bis zum Strohhof. Man geht durch den Weiler und nach dem letzten Haus an einer Gabelung nach links. Mit schöner Aussicht zwischen Wiesen und Feldern kommt man zur K 1892, die man überquert. Man wandert auf dem Gehweg, der parallel zur Straße verläuft, nach links und folgt der Straße ca. 15 Min. bis zur 11) Ebersberger Mühle (s. S. 139). Direkt hinter der Mühle zweigt eine Fahrstraße nach links ab mit dem Wegweiser [Gebenweiler]. Nach 100 m erreicht man das Ortsschild von Gehren. 50 m dahinter verlässt man die Fahrstraße und geht nach rechts in einen Forstweg. Im Folgenden hält man sich an zwei Gabelungen jeweils rechts (bei der ersten Gabelung verlässt man den breiten Forstweg in einen Waldpfad). Der mit [M 1] und zusätzlich [Blauem Strich] gut markierte Weg mündet bei einem Wohnhaus in eine Asphaltstraße. Hier geht man rechts abwärts bis zur K 1892. Man überquert die Straße und geht an ihr ca. 200 m nach rechts, bis der Wegweiser nach links in einen Forstweg (Hägeleskingenweg) weist. Neben einem kleinen Bach führt der Weg fast eben bis zu einer Wegteilung. Man überquert den Bach und folgt dem Weg rechts mit dem Wegweiser [Rundweg]. Nun geht es auf einem Pfad über Stufen und Wurzeln steil aufwärts bis zu einer weiteren Wegteilung. Hier lohnt sich ein Abstecher nach rechts auf einem Sackweg zur wildromantischen Brunnenklinge (NSG). Der Pfad führt zwischen großen, abgerutschten Sandsteinblöcken in der eindrucksvollen Felsschlucht zu einer Grotte, die den Abschluss der Klinge bildet. In der feuchten Luft wachsen viele Moose und Farne. Nach dem Besuch der Brunnenklinge geht man auf demselben Weg wieder zurück bis zur oben genannten Wegteilung. Hier folgt man [M 1, Rundweg] zur herrlichen Hägeleskinge (NSG). Die

Hägelesklinge, ebenso imposant wie die Brunnenklinge, ist eine urwüchsige Felsenschlucht mit Klüften und einer tief eingeschnittenen, großen Felsengrotte. Nach der Hägelesklinge geht es weiter aufwärts, anschließend am Waldrand entlang und dann nach rechts über einen Wiesenweg zum nahen Forsthaus Ebersberg mit Kletterturm. Hier überquert man die Fahrstraße und geht geradeaus auf einer Fahrstraße (Ebersbergstraße) mit dem Wegweiser [Cronhütte, Menzles] abwärts bis zu einer Kreuzung an einer Hütte, wo man nach links auf dem Gauchhauser Sträßle mit dem Wegweiser [Gauchhauser Tal] leicht abwärts wandert. Der Schotterweg erreicht das mit seltenen Wildpflanzen erhaltene NSG Gauchhauser Tal. Hier gabelt sich der Weg: Nach rechts geht es direkt zur Menzlesmühle (Abkürzung der Wanderung um ca. ¾ Std.), nach links führt der Mühlenwanderweg über die Brandhofer Öl- und Sägemühle zur Menzlesmühle. Man geht mit dem Wegweiser [Brandhöfle, Mönchhof] auf dem Mühlenwanderweg nach links an einem Bach entlang, bis die Markierungen [M 1, Roter Punkt] das Tal auf einem breiten Forstweg steil aufwärts nach rechts verlassen. Der Forstweg mündet in eine Fahrstraße. Auf dieser geht man 150 m nach links und beim nächsten Abzweig (Damerswaldweg) mit [M 1] und [Roter Punkt] rechts abwärts. An der folgenden Gabelung wandert man geradeaus. Man folgt [M 1] bis zu einer Wegteilung. Hier weist eine Tafel darauf hin, dass der Mühlenweg 1 bis zur Brandhofer Öl- und Sägemühle führt und dass es auf gleichem Weg bis zu dieser Stelle zurück geht. Entlang des Hagbachs wandert man zur idyllisch am See gelegenen 10) Brandhofer Öl- und Sägemühle (s. S. 139).

Brandhofer Öl- und Sägemühle

Man wandert auf demselben Weg wieder zurück bis zur oben genannten Weggabelung. Der Weiterweg führt dann nach links, Richtung Menzlesmühle. Zunächst geht es in eine Senke und anschließend das Tal des Hagbachs verlassend steil aufwärts über eine freie Fläche zum Weiler Menzles. Am Ende des Weilers wandert man auf einer Asphaltstraße nach links und an der nächsten Gabelung nach rechts leicht abwärts. Dort, wo die Straße einen Rechtsbogen macht, verlässt man **(!)** die Straße an einer Linde geradeaus Richtung Wald. Am Waldrand geht es in einem Linksbogen abwärts und entlang des alten Staukanals zur 9) Menzlesmühle (s. S. 139). An der Fahrstraße weist der Mühlenweg nach rechts, an der folgenden Gabelung nach links mit dem Wegweiser [Cronhütte] und nach weiteren 50 m wieder nach links in einen Forstweg, der zunächst leicht aufwärts und dann eben verläuft. In einer Linkskehre wird eine Schlucht überquert. Nach ca. 10 Min. (seit Menzlesmühle) verlässt man markierungsgemäß vor einer Rechtskurve den Forstweg nach links abwärts. Nach Waldaustritt erreicht man über einen Wiesenpfad (NSG) und einen

Bohlenweg die 8) Hundsberger Sägmühle (s. S. 138). - Von der Hundsberger Sägmühle wandert man auf dem Bohlenweg längs des Baches Schwarze Rot weiter bis zur Einmündung in einen Forstweg. Hier geht man nach links bis zur L 1080, überquert diese und folgt geradeaus vorbei an einem kleinen P der Fahrstraße zur 7) Heinlesmühle (s. S. 138). An der Heinlesmühle wandert man rechts weiter auf einem geteerten Sträßchen, das man bald nach rechts auf einem Wiesenweg verlässt. Man erreicht das Tal der Schwarzen Rot und geht über eine Brücke. Der schmale Pfad zwischen den beiden Bachläufen führt zur 6) Hummelgautsche (offiziell Vaihinghofer Sägmühle, s. S. 138) mit Schutzhütte sowie Grill- und Spielplatz. Der Weiterweg führt am Bach entlang und schließlich aus dem Wald. Im weiteren Verlauf erreicht man den hübschen, 2,2 ha großen Hüttenbühlsee (443 m). Man geht auf dem nunmehr asphaltierten Weg am See entlang und kurz aufwärts bis zur Dammhöhe, hier aber nicht über den Damm, sondern geradeaus weiter. Der Weg erreicht bei Hüttenbühl die K 1892. Wenige Meter davor macht der Gehweg einen Rechtsbogen und verläuft kurz parallel zur Fahrstraße: Beim Abzweig eines Zufahrtssträßchens zum Hagerwaldsee nach links überquert man die K 1892 und geht ein kurzes Stück mit [M] zum Wanderparkplatz P 5. Am P folgt man dem Wegweiser [Gaststätte Hagerwaldsee] nach rechts, während der Mühlen-Hauptweg mit [M] geradeaus weitergeht. Nach wenigen Minuten ist der Ausgangspunkt am Hagerwaldsee zur wohlverdienten Einkehr erreicht.

Hagerwaldsee

)|(**Gaststätte Hagerwaldsee** - Direkt am See kann man sich hier in gemütlichen Galsträumen und auf der Terrasse die gutbürgerliche Küche mit Spezialitäten vom Schwein, Kalb und Rind, Wild aus der Region, vegetarische Speisen sowie kalte und warme Vesper schmecken lassen. Dienstags und donnerstags gibt es günstige Tagesessen. Zum Nachmittagskaffee werden hausgemachte Kuchen und Torten angeboten. Zu einem längeren Aufenthalt lädt der angrenzende Campingplatz ein. - Montag und Mittwoch ist Ruhetag (in den Sommerferien nur Montag).

Gaststätte **Hagerwaldsee**
Familie Hudelmaier

Sehr gemütlicher Gastraum. Durchgehend warme Küche. Reichhaltige Speisekarte, auch kleine Gerichte, üppiges Vesper.

**73553 Alfdorf-Hüttenbühl
Telefon (0 71 82) 68 10
E-Mail: hagerwald@t-online.de
www.hagerwaldsee.de**

**Ruhetag ist Montag und Mittwoch
(Ausnahme bei Anmeldung)**

TOUR 36

Mühlenwanderweg 2 - erweitert um den Anschluss Döllenhof

10 km

2¾ Stdn.

Charakteristik - Der lohnende Rundweg führt zur historisch interessanten Voggenbergmühle, durch das hübsche Tal der Schwarzen Rot und zur alten Meuschenmühle mit ihrem großen Mühlrad. Der Weg ist markiert mit einem [Orangen Schild mit der Zahl 2 und Mühlensymbol]. Die Nummerierung der Mühlen im Text markiert in der Karte die Lage der Mühlen und entspricht auch der Nummerierung in der offiziellen Wanderkarte zum Mühlenwanderweg, die bei der Fremdenverkehrsgemeinschaft Schwäbischer Wald erhältlich ist.

Anfahrt - Von Welzheim Richtung Alfdorf, Abzweig K 1888 über Burgholz zum Landgasthof Döllenhof. Von dort K 1890 zum P 4. - Von Alfdorf L 1153 Richtung Gschwend, Abzweig K 1891 bis zur Voggenberger Sägemühle. Dort Abzweig Richtung Voggenberg und auf der K 1890 zum P 4 bzw. zum Landgasthof Döllenhof.

Parken - Großer P beim Landgasthof Döllenhof. Sonst Wander-P 4 mit Orientierungstafel an der K 1890 Döllenhof - Voggenberg.

➡**Der Rundweg** - Vom Landgasthof Döllenhof wandert man [ohne Markierung] entlang der wenig befahrenen K 1890 Richtung Voggenberg und durch den Wald weiter zum P 4 am Mühlenwanderweg. Vom P überquert man die K 1890 und gelangt auf einem kleinen Pfad halb rechts abwärts zu einem breiten Weg, dem man nach rechts folgt. Beim nächsten Querweg geht man wieder rechts (Voggenwaldweg) zur Landstraße, ND. Auf ihr wandert man nach links hinab durch Voggenberg und hinter dem Weiler links zur 5) Voggenbergmühle (s. S. 138). Im hübschen Tal der Rot geht es in Bachnähe weiter. Der Rottalweg führt zur Klarahütte mit zwei kleinen, idyllischen Tümpeln, Brunnen, Rastplatz und Feuerstelle. Ca. 9 Min. nach der Hütte folgt man einem breiten Weg, dem Burgholzweg, nach links **(!)**, Wegweiser [Blauer Pfeil/Welzheim]. Im Hochwald verläuft der Weg allmählich ansteigend. Vom oberen Waldrand geht es im Linksbogen zu einer Gabelung, dort rechts und immer geradeaus hinab in Richtung Burgholzhof. Vor dem Hof geht man links am Waldrand und am Bach entlang und überquert vor der Burgholzer Sägemühle die Landstraße. Der Feldweg führt geradeaus weiter, man bleibt konsequent am Waldrand und folgt im Waldwinkel einem Pfad rechts abwärts. Es geht über einen Steg und dann wieder aufwärts. Am Waldrand geht man rechts bis zu einem Querweg, dem man nach links folgt. An der nächsten Gabelung wandert man halb rechts **(!)** aufwärts. Am Waldrand geht es links abwärts zur 4) Meuschenmühle (s. S. 138). Nach der Überquerung des Mühlbaches wandert man aufwärts. Rechts unten liegt die Mannholzer

Ölmühle. In einer großen S-Kurve verläuft der Weg zur Hochfläche. Ca. 10 Min. ab der Meuschenmühle führt ein befestigter Weg links **(!)** nach Mannholz, das bis 1972 ein Ortsteil von Pfahlbronn war und dann im Zuge der Gemeindereform zusammen mit den Gemeinden Pfahlbronn und Vordersteinenberg zu Alfdorf kam. Mannholz hat ca. 50 Einwohner und ist landwirtschaftlich geprägt. Auf dem Mühlrainweg (siehe »Variante« unten) geht es durch den Ort bis zur K 1888 (Höldiser Straße), dort links und am Ortsende rechts. Nun bleibt man immer auf diesem Weg, der mit nur sporadischen Markierungen praktisch geradeaus und zuletzt leicht abfallend in einem schwachen Rechtsbogen zum Wald führt. Im Linksbogen geht es zu einer Gabelung, an der man sich auf der Solwaldeinfahrt links hält zum P 4. Die K 1890 führt von dort nach links zum Landgasthof Döllenhof.

➥ **Variante Döllenhof** - Um direkt zum Landgasthof Döllenhof zu gelangen, folgt man in Mannholz dem Erlenweg [ohne Markierung] nach links und geht geradeaus weiter, parallel zur K 1888, zwischen Feldern und durch eine Senke zu einem breiten Querweg, auf dem man nach rechts wandert zum

Landgasthof Döllenhof - Das sympathische Haus mit familiärer Wohlfühl-Atmosphäre befindet sich in schöner Einzellage und verfügt über ruhige Gästezimmer. In gemütlichen Räumlichkeiten und in der schönen Gartenwirtschaft gibt es an Wochenenden und Feiertagen durchgehend warme regionale Küche, auch Wildgerichte und Vesper.
- ÖZ: Samstags, sonn- und feiertags. Anmeldungen unter der Woche ab 8 Personen möglich.

Landgasthof „Döllenhof"
Bernhard Heinz
73553 Alfdorf-Döllenhof bei Welzheim
(An der wenig befahrenen Straße Welzheim – Burgholz – Alfdorf)
Telefon 0 71 82 / 88 26
www.gasthof-doellenhof.homepage.t-online.de

Gemütliche Galerie Gasträume für Festlichkeiten mit schöner Gartenwirtschaft. Samstag, Sonntag und an Feiertagen durchgehend regionale warme Küche und Vesper.

Ruhige Gästezimmer mit Dusche und WC am Mühlenwanderweg

Öffnungszeiten: Samstag, Sonntag und an Feiertagen.
Anmeldung unter der Woche ab 8 Personen möglich.

TOUR 37

Mühlenwanderweg 3

16½ km

4 Stdn.

Charakteristik - Der Weg besticht durch die Schönheit seiner Bachtäler. Historisch interessant ist die Begegnung mit dem Limes und hier vor allem mit dem römischen Ostkastell bei Welzheim. Die Route ist markiert mit [Lila Schildern mit Mühlensymbol und der Zahl 3], in Welzheim und Alfdorf wurden teilweise neue Wegweiser mit Richtungspfeilen und Entfernungsangaben angebracht. Die Nummerierung der Mühlen im Text markiert in der Karte die Lage der Mühlen und entspricht auch der Nummerierung in der offiziellen Wanderkarte zum Mühlenwanderweg, die bei der Fremdenverkehrsgemeinschaft Schwäbischer Wald erhältlich ist.

Anfahrt - B 14/B 29 Stuttgart - Schwäbisch Gmünd, Ausfahrt Schorndorf/Welzheim, L 1150 bis Welzheim, dann L 1080 Richtung Rudersberg bis zur Laufenmühle. - Von Backnang (B 14 Stuttgart - Schwäbisch Hall) L 1080 über Allmersbach im Tal und Rudersberg. - Vom Bahnhof Schorndorf mit der Regionalbahn R 21 (Wieslauftalbahn) Richtung Oberndorf bis Rudersberg Nord, von dort mit Buslinie 228 Richtung Welzheim Busbahnhof bis Haltestelle Laufenmühle oder vom Bahnhof Schorndorf mit Buslinie 263 nach Welzheim Busbahnhof, von dort mit Buslinie 228 Richtung Rudersberg Bahnhof. - Von Mai bis Oktober verkehrt an Sonn- und Feiertagen die Schwäbische Waldbahn mit nostalgischen Dampf- und Diesellokomotiven zwischen Schorndorf und Welzheim mit Halt an der Laufenmühle.

Parken - P 3 an der Laufenmühle.

➡ **P 3 - Edenbachtal - Breitenfürst** - 1 Std. - In der linken hinteren Ecke des P geht es aufwärts. Nach 2 Min. führt die Markierung [Mühlenwanderweg 1] halb links auf einem Steg über den Edenbach, kurz danach rechts. Auf einem schmalen, teilweise mit Seilen gesicherten Pfad geht es durch das malerische Edenbachtal bis zum breiten, befestigten Edenbachweg, dem man nach links folgt. Immer in der Nähe des Weidenbachs steigt der Weg leicht an. An einem Kneippbecken kann man sich erfrischen, kurz bevor man Breitenfürst erreicht.

➡ **Breitenfürst - Hagmühle** - ¾ Std. - In Breitenfürst überquert man die L 1150 und wandert, parallel zu den Gleisen der Schwäbischen Waldbahn, auf dem Ropbachweg durch den Wald. Am Waldrand geht man rechts und erreicht, vorbei am Ropbachsee und aufwärts durch den Golfplatz, den Birkachhof. Links geht es weiter durch den Golfplatz bis zu einer Waldecke, wo man sich mit dem [Limeswanderweg/Roter Strich] und dem Wegweiser [Hagmühle, Rienharz] links hält. Der Weg verläuft abwärts durch den Wald, am Waldende geht es durch den Golfplatz rechts abwärts

zur 2) Haghofer Ölmühle (siehe Seite 137). Hier kreuzt der Mühlenwanderweg den Limeswanderweg. Auf gleichem Weg kehrt man zurück zur Waldecke und folgt dann dem Mühlenwanderweg weiter zur 3) Hagmühle (siehe Seite 137).

➡ **Hagmühle - Rienharz - (Meuschenmühle) - Römisches Ostkastell - Welzheim** - 1 ¼ Stdn. - Von der Hagmühle führt die Fahrstraße weiter leicht aufwärts. Nach ca. 300 m biegt man scharf rechts in den Waldweg ein. Nach dem Waldaustritt geht es durch Wiesen und Äcker nach Rienharz. Durch die Straße Im Wasen erreicht man die K 1887, an der man nach rechts entlang geht. Beim Gasthof Rössle (siehe Seite 137) biegt man scharf links ab und gelangt, vorbei an der Rienharzer Kirche, zum Ortsausgang. Hier biegt man rechts ab und bleibt auf diesem Weg bis zur Wanderwegkreuzung, die etwa 300 m westlich der 4) Meuschenmühle (siehe Seite 138, Abstecher möglich) liegt. An der Kreuzung biegt man scharf links ab und geht geradeaus durch Felder leicht aufwärts. An einer Gabelung biegt man scharf links ab, kurz danach führt ein Grasweg nach rechts bis zur K 1887. Links an der Straße entlang wandert man zum Fritzhof. Man folgt weiter dem Verlauf der Straße und biegt kurz vor dem Tannhof im spitzen Winkel rechts ab. Durch ein Wäldchen gelangt man in das Leintal, überquert den Fluss, passiert die Kläranlage und kommt zum Archäologischen Park Ostkastell (siehe Seite 131), den man durch das linke Tor verlässt. Rechts aufwärts geht es entlang von Infotafeln, bevor man halb links durch die Rienharzer Straße die Innenstadt von Welzheim (siehe Seite 122) erreicht.

➡ **Welzheim - Laufenmühle - P 3** - 1 Std. - Durch die Brunnen- und die Gartenstraße sowie den Amselweg kommt man zur Rudersberger Straße, der man nach links Richtung Kreisverkehr folgt. Nach dem Kreisverkehr beim Wander-P führt der mit dem [Roten Kreuz] markierte Pfad parallel zur Straße Richtung Rudersberg zunächst über Wiesen und dann durch den Wald abwärts. Im Zickzack geht es zu einem kleinen P und über Treppen zur neu gestalteten Holzbrücke über die Wieslauf, den Eingang zum Erfahrungsfeld der Sinne »Eins und Alles«, welches durchquert wird (wer die Stationen besuchen und erleben möchte, kann dies gegen eine Gebühr tun). Über die Landstraße und unter dem Eisenbahnviadukt hindurch kehrt man zurück zum Ausgangspunkt P 3 Laufenmühle. Von hier ist noch ein Abstecher zur äußerst malerisch gelegenen 1) Klingenmühle (siehe Seite 130) möglich.

TOUR 38

Ebnisee - Limeswanderweg - Aichstrutsee - Kastell Rötelsee - Wieslauftal - Ebnisee

14 km

3 ½ Stdn.

Charakteristik - Diese wunderschöne Rundwanderung mit Bademöglichkeiten führt auf geschichtsträchtigem Boden vom Ebnisee durch schattige Wälder auf dem Limeswanderweg zum Aichstrutsee und vorbei am römischen Kleinkastell Rötelsee in das ruhige und malerische Wieslauftal. Festes Schuhwerk ist auf den teils unbefestigten Pfaden zu empfehlen.

Anfahrt - B 14/B 29 Stuttgart - Schwäbisch Gmünd, Ausfahrt Schorndorf/Rudersberg/Welzheim, auf der L 1150 über Welzheim zum Ebnisee. - Von Backnang (B 14 Stuttgart - Schwäbisch Hall) auf der L 1080 Richtung Schorndorf, links abbiegen auf L 1120 Richtung Althütte zum Ebnisee. - Vom Bahnhof Schorndorf mit der Buslinie 263 Richtung Althütte. - An Sonn- und Feiertagen vom 1. Mai bis 3. Oktober verkehrt außerdem der Waldbus (Linie 265) ab Bahnhof Schorndorf. - Vom Bahnhof Backnang mit der Buslinie 384 bis Althütte Rathaus, von dort Buslinie 263 Richtung Welzheim.

Parken - Gäste-P Ernst-Ulrich W. Schassbergers Hotel am Ebnisee, ansonsten P am Ebnisee.

✪ **Ebnisee** - Der 6,7 ha große, zwischen Althütte, Kaisersbach und Welzheim gelegene See wurde im 18. Jh. aufgestaut. Flößer nutzten ihn, um Stuttgart mit Brennholz zu versorgen. Nachdem die Flößerei durch die Entwicklung der Eisenbahn an Bedeutung verlor, wurde der See zunächst vernachlässigt, ab 1884 zum Schutz vor Hochwasser jedoch wieder aufgestaut. Seither erfreut er sich größter Beliebtheit als Ausflugsziel. Heute kann man hier auf schönen Wegen wandern und spazieren gehen, Tret- und Ruderboote leihen oder sich an heißen Tagen im kühlen Nass erfrischen.

Badespaß am Aichstrutsee

➥ **Ebnisee - Limeswanderweg - Aichstrutsee** - 1 ¾ Stdn. - Vor dem Hotel am Ebnisee geht man mit dem [Roten Strich] entlang am See und nimmt kurz nach einer Gabelung rechts einen unbefestigten Waldpfad aufwärts, Wegweiser [Kirchweg Ebni], [Roter Punkt]. Man folgt dem Weg steil geradeaus, der Weg geht oben links weiter mit den Markierungen [Roter Punkt] und [Radweg], denen man bis zur Landstraße folgt. Diese überquert man, bleibt auf der anderen Straßenseite auf dem Weg mit dem [Rotem Punkt] und hält sich rechts. Gleich darauf biegt man rechts ab mit der Markierung [Limeswanderweg HW 6 = Schwarzer Wachturm] und Wegweiser [Welzheim 9 km] zum direkt an der Straße gelegenen
✪ **Römischen Wachturm 9/116** - Das Fundament des Wachturms, ein Meilenstein und Teile des Walls sind hier erkennbar. Der Turm auf 561 m über NN markiert den höchsten Punkt am Vorderen Limes und war ein zentraler Vermessungspunkt, mit dessen Hilfe die Römer den schnurgeraden Grenzverlauf festlegen konnten. Eine Informationstafel gibt detaillierte Auskunft über die Forschungsergebnisse speziell zu diesem Turm.
➥ **Fortsetzung Rundweg** - Dann überquert man die Landstraße (L 1150) zum Wander-P und folgt dem Waldpfad mit [Rotem Strich] und [Limeswanderweg]. Am Ende des Pfades auf einem Wander-P vermittelt eine Infotafel Wissenswertes zum Limes. Hier bewegt man sich auf historischem Boden, denn auf diesem Limes-Teilstück gelang den alemannischen Germanen 260 n. Chr. die Überquerung der Limes, was zur Besetzung der gesamten rechtsrheinischen römischen Gebiete führte. Vom Wander-P geht es vor der Schranke weiter, blaue Wegweiser [Ebnisee/Kaisersbach] und die Markierung [Limeswanderweg] leiten in einen Waldpfad, der parallel zur Straße abwärts verläuft. Vorbei an der Gedenktafel des Kleinkastells Ebnisee mit Infotafel führt der Pfad zur Straße, die man überquert. Auf dem Pfad (Schlittenweg) aufwärts erreicht man die Königseiche direkt an der L 1150 mit einer Infotafel zum historischen Schlittenweg. Nach Überquerung der Landstraße hält man sich links und wandert am Waldrand entlang, [Roter Strich], [Limeswanderweg], dann biegt man rechts ab in den Wald mit den Markierungen [Limeswanderweg], die stellenweise nicht sofort zu erkennen sind. Zunächst geht man weiter, biegt dann links ab und nimmt gleich darauf den Trampelpfad ganz rechts (!), Markierungen [Limeswanderweg] und [Roter Strich]. Bei der nächsten Gabelung wandert man links weiter und folgt dann geradeaus dem [Limeswanderweg]. Aus dem Wald kommend, geht man geradeaus über eine Wiese - von hier sieht

Die »Perle des Schwäbischen Waldes«: der Ebnisee

man rechts oberhalb die Ortschaft Gausmannsweiler - in das nächste Waldstück. Man folgt weiter dem Weg, hält sich bei der nächsten Gabelung rechts und dann am Waldrand wieder links. Am Ortsrand von Eckartsweiler geht man nach einer Pferdekoppel links. Der Weg führt durch Wiesen zum
✪ **Aichstrutsee** - Ursprünglich wurde der 3,6 ha große See in den 1950er Jahren als Hochwasserrückhaltebecken angelegt und entwickelte sich zu einem beliebten Naherholungsgebiet mit großer Liegewiese, Sandstrand und Spielgeräten für die kleinen Gäste, Kiosk, sanitären Anlagen, Wohnmobilstellplätzen und einer Zeltwiese. Im Winter kann man auf Schlittschuhen über den See gleiten.

➥ **Aichstrutsee - Wieslauftal - Ebnisee** - 1¾ Stdn. - Nach einer Verschnaufpause geht man rechts auf dem [Limeswanderweg] am See entlang, am Kiosk vorbei zur Zufahrtsstraße, der man aufwärts bis zum Waldrand **(!)** ganz oben folgt. Dann wandert man links am Wald entlang auf dem befestigten Weg mit der Markierung [Limeswanderweg]. Geradeaus über ein Wiesengelände geht es mit schönem Ausblick zum Römischen Kleinkastell Rötelsee, einer weiteren Grenzwallbefestigung. Das Kleinkastell Rötelsee besteht aus einer kniehohen, viereckigen Mauer und wird von einem kleinen Wall umgeben. Mit seiner recht schattigen Lage eignet es sich zudem hervorragend für eine Pause. Ab hier verlässt man nun den [Limeswanderweg] und biegt rechts ab, vor zur Hauptstraße. An dieser entlang geht man links bis zum Kreisverkehr, den man nach rechts überquert. Hier steht auch eine Wanderinfotafel. Weiter geradeaus geht man ein kurzes Stück auf einem befestigten Weg mit der Markierung [Mühlenwanderweg] parallel zur Straße und biegt beim Schild [Halde 1] rechts in einen Feldweg mit der Markierung [Roter Strich] ein. Dann folgt man dem an einem Baum angebrachten blauen Wegweiser [Rundweg Nr. 3, Ebnisee, Wieslauftal] und der am Zaun erkennbaren Markierung [Roter Strich] nach links. Nach einem Reiterhof wandert man am Waldrand weiter rechts mit dem [Roten Strich] und vor einer leichten Rechtskurve (!) links abwärts in den Wald, hier wieder [Roter Strich] und Wegweiser. Auf einem unbefestigten Waldpfad geht es ins malerische Wieslauftal, hier rechts und gleich wieder rechts auf einen Forstweg. Hier sollte man sich wirklich Zeit lassen und die Natur genießen. Auf dem bequemen Wieslauftalweg kehrt man zurück zum Ebnisee. Hier lohnt es sich, den See auf schattigen Waldwegen einmal komplett zu umrunden. Danach kann man sich stärken in

)¶ Ernst-Ulrich W. Schassbergers Hotel am Ebnisee - Das direkt am See gelegene Haus blickt auf eine über 100-jährige Familientradition zurück. Die Hotelzimmer, Appartements und Wohnungen sind unter verschiedenen Mottos liebevoll eingerichtet und mit Boxspringbetten ausgestattet. Die Räume des Café-Restaurants, dekoriert mit nostalgischen Ansichtskarten vom Ebnisee, öffnen sich zur Panoramaterrasse. Die Speisekarte bietet schwäbische Gerichte, internationale Spezialitäten und herzhafte Vesper, aber auch vegetarische Speisen und Exklusives wie Kaviar, Hummer und Muscheln (nur auf Vorbestellung). Direkt am See liegen das Tanzcafé SunseeBar sowie der BeachClub mit Strandkörben, Sonnenliegen, Strandbar, Kaiserloge, Badetreppe und Dusche. - ÖZ Restaurant: Täglich 6-24 Uhr (warme Küche:12-14 Uhr und 17-22 Uhr).

Ernst-Ulrich W. Schassbergers

Hotel am Ebnisee

73667 Ebnisee
Tel.: 0 71 84 / 293 80 20

Essen, Genießen & Übernachten mit Ebniseeblick!

- Café-Restaurant Schassbergers Stuben mit Seeblick und Seepanorama-Terrasse
- TanzCafé SUNSEEBAR am Sandstrand (1. DiscoFox-Ferientanzschule Deutschlands). Jeden Samstag Tanz (Ü 33) ab 20.30 Uhr, jeden Sonntag Tanztee (Ü 50) 15-18 Uhr
- BeachClub mit Strandkörben, Sonnenliegen, Strandbar, Kaiserloge, Badetreppe und Dusche
- Schassbergers Schoofseggl-Alm (ländlicher Garten mit Seeblick)
- See-Promenade Selbstbedienung direkt am Ufer des Hotels. Schlemmergrill - Imbiss - LKW-Hütte - Eisbollenwagen
- Fischerstüble an der See-Promenade (Bistro - Zigarren - Lounge)
- Hotelzimmer, Appartements, Suiten und Ferienwohnungen mit 5-Sterne-Luxusbetten und Flachbild-TV
- Hüttenzauber-Zimmer im Seehaus (Flachbild-TV und Etagen-Dusche/WC)

www.hotel-schassberger.de · info@hotel-schassberger.de

TOUR 39

Laufenmühle - Strümpfelbachtal - Ebni - Geldmacherklinge - Laufenmühle

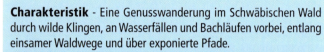

15 km

4 Stdn.

470 m

Charakteristik - Eine Genusswanderung im Schwäbischen Wald durch wilde Klingen, an Wasserfällen und Bachläufen vorbei, entlang einsamer Waldwege und über exponierte Pfade.

Anfahrt - Zur Laufenmühle: siehe Seite 134. - Nach Ebni: Von Schorndorf (B 14/B 29 Stuttgart - Schwäbisch Gmünd) L 1150 über Welzheim, hinter Welzheim am Kreisverkehr L 1120 Richtung Ebnisee/Ebni. - Von Backnang (B 14 Stuttgart - Schwäbisch Hall) auf der L 1080 Richtung Schorndorf, links abbiegen auf L 1120 Richtung Althütte nach Ebni. - Vom Bahnhof Schorndorf mit der Regionalbahn R 21 Richtung Oberndorf bis Rudersberg Nord, von dort mit Buslinie 228 Richtung Welzheim Busbahnhof bis Haltestelle Laufenmühle oder vom Bahnhof Schorndorf mit Buslinie 263 nach Welzheim Busbahnhof, von dort mit Buslinie 228 Richtung Rudersberg Bahnhof. - Von Mai bis Oktober verkehrt an Sonn- und Feiertagen die Schwäbische Waldbahn mit nostalgischen Dampf- und Diesellokomotiven zwischen Schorndorf und Welzheim mit Halt an der Laufenmühle.

Parken - Wander-P Laufenmühle oder in der Ortsmitte Ebni im Voggenfeld, hinter dem »Schwobastüble«.

➡ Der Rundweg - Am Wander-P Laufenmühle sollten zuerst die imposanten Wasserfälle des Edenbachs und der Wieslauf unter dem Viadukt bestaunt werden. Die Wanderung folgt nun dem Himmelreichweg Richtung Klaffenbach. Der Weg geht oberhalb des steilen Taleinschnitts, den die Wieslauf geschaffen hat, den Hang entlang. - Leider ist der direkt am Bach verlaufende Höllrundweg derzeit nicht begehbar. Sollte nach Redaktionsschluss im Zuge des Baus des Bahnerlebnispfades die Wiederherstellung erfolgen, ist es sicherlich interessanter, diesen Abschnitt an der Wieslauf entlang zu gehen. - Insgesamt folgen vier abbiegende Waldwege nach links. Man wählt an jeder Abbiegung den rechten Weg, hinab bis zur L 1080, die man überquert, um parallel zum Strümpfelbach wieder bergauf zu gelangen. In Steinbach überquert man die Bahnlinie und folgt danach den blauen Wanderschildern mit weißer Schrift ins Strümpfelbachtal. Was einem an der Wieslauf verwehrt blieb, nämlich direkt am Bachlauf zu wandern, kann man nun im Strümpfelbachtal genüsslich tun. Der Weg folgt dem Bachlauf vorbei an Wasserfällen, über Brücken und angelegte Stege hinauf bis zu einem einsamen Wohnhaus am Bach. Kurz danach geht es rechts ab, hinauf zum Weiler Voggenhof. Der Weiler besteht aus mehreren Gebäuden und nach der zweiten Häusergruppe führt ein Weg rechts in den Wald hinein. Keine 500 m

weiter befindet man sich am Ortsrand von Ebni und man kommt durch die Wohnstraßen Lauchers- und Voggenfeld zur Ortsdurchfahrt. Zum Einkehren auf halber Strecke bietet sich hier das linker Hand gelegene

🍽 **Schwobastüble** - Kreative Gaumenfreuden kann man hier in einem freundlichen Ambiente genießen. Die Gasträume sind liebevoll in einem gekonnten Mix aus Nostalgie und Moderne sowie mit mediterranen Anklängen dekoriert. Auf der ruhigen Terrasse kommt Urlaubsstimmung auf und die kleinen Gäste können auf der großen angrenzenden Wiese spielen. Die vielseitige Speisekarte bietet vegetarische und vegane Spezialitäten mit schwäbischen, mediterranen und asiatischen Akzenten. Fleischgerichte gibt es wochentags auf Anfrage und sonntags auf einer gesonderten Karte. Aktionen wie der Veggie-Brunch, Überraschungsmenüs und Familienbüffets runden das Angebot ab. - Di. und Mi. ist Ruhetag.

➡ **Fortsetzung Rundweg** - Nachdem die Hauptstraße überquert wurde, geht es 30 m nach rechts und dann gleich wieder nach links. Über diesen Wiesenweg kommt man recht schnell an den Ebnisee (s. S. 148). Am Ufer entlang wandert man nach rechts zur Staumauer. An dieser überquert man die L 1120. Gegenüber führt ein Wanderweg in den Wald hinein, auf dem man der Wieslauf nun 3 km folgt. Dann geht ein Weg nach rechts ab, um die Schleife über die Geldmacherklinge, hinauf zum Schmalenberg und zurück zur Laufenmühle zu drehen. - **(!)** Wer sich diese imposante Klinge, den Aufstieg am Seil und die danach folgende Aussicht entgehen lassen will, kann dem Weg an der Wieslauf geradeaus direkt zum 🅿 Laufenmühle folgen. - Ab der Abzweigung verläuft der Weg noch ein Stück leicht berg-

Natur pur in der Geldmacherklinge

an, bis die gekennzeichnete Pfadspur zur Geldmacherklinge abgeht. Steil den Berg hinauf kommt man an die imposante Felsengrotte, die entlang einer Kette und Haltebändern durchwandert werden kann. Schwindelfreiheit und Trittsicherheit sind hier notwendig. Oben angekommen führt die Pfadspur bis zum Hofgut Schmalenberg, von wo man eine tolle Aussicht auf das Wieslauftal hat. Nach links folgt man dem Fahrweg hinunter bis zum Bahnhof Laufenmühle. Entlang der Landstraße ist es noch ein kurzes Stück auf dem Gehweg, unter dem Viadukt hindurch, zum Startpunkt der Tour, dem Wander-P Laufenmühle.

TOUR 40

Kaisersbach - Hägelesklinge - Große Platte - Kaisersbach

10 km

2½ Stdn.

170 m

Charakteristik - Über lichte Höhen und durch dunkle Wälder geht es zur interessantesten Klinge des Schwäbischen Waldes.
Anfahrt - Von Schorndorf L 1150 über Welzheim nach Kaisersbach. - Vom Bahnhof Schorndorf mit der Buslinie 263 bis Kaisersbach.
Parken - In der Ortsmitte, um das Rathaus und den Gasthof Krone. Sollten dort die Parkmöglichkeiten belegt sein, so kann man auf den P an der Welzheimer Straße beim Friedhof ausweichen. Weitere Alternative: Wander-P Hägelesklinge an der K 1892.

😊 **Kaisersbach** - Das 1375 erstmals erwähnte »Kaiserspuch« ist heute eine Flächengemeinde mit 43 Teilorten und insgesamt ca. 2700 Einwohnern und liegt mitten im Naturpark Schwäbisch-Fränkischer Wald zwischen Welzheim und Murrhardt auf 573 m. Eine Besonderheit sind die Kaisersbacher Kräuterterrassen, die den Besucher - regelmäßig auch bei Führungen und Workshops - in die faszinierende Welt der Kräuter entführen. Kräuter in allen Wuchsformen, Blütenfarben und Anwendungsgebieten (u. a. Tee-, Heil-, Schönheits- und Färbekräuter) können hier betrachtet und beschnuppert werden. (ÖZ: 15. Mai bis 31. Oktober täglich bis Einbruch der Dunkelheit). Sehenswert sind auch die konservierten Reste eines Römerturms und die Nachbildung eines Limes-Meilensteins. Spaß für Groß und Klein bieten die Sommerrodelbahn südlich des Ortes in der Nähe des Skilifts und der Schwabenpark (siehe Seite 230) im Teilort Gmeinweiler. Ein beliebtes Ausflugsziel ist der Ebnisee (siehe Seite 148). Ein gut ausgebautes Wanderwegenetz führt zu geheimnisvollen Klingen, Grotten und Felsen (z. B. Gallengrotten, Hägeles-, Geldmacher- und Brunnenklinge, Große Platte) und zu malerisch gelegenen Mühlen wie der Menzlesmühle und der Ebersberger Mühle.

Menzlesmühle

➦ **Der Rundweg** - Von der Kirche geht es über die Linden- in die Gartenstraße bis zum Wegweiser [Kräuterterrassen]. An diesen erreicht man den Ortsausgang und nach einer Lektion in Sachen Kräuterkunde wandert man den Wiesenweg hinunter bis zum Skilift und zur Sommerrodelbahn, die man rechts liegen lässt. Der Waldweg folgt dem Bächlein Blinde Rot bis zum ersten Wohnhaus. Der vorsichtige Wanderer geht über die Brücke und folgt der Straße nach rechts auf dem Fußweg. Die etwas Mutigeren halten sich rechts, dem (!) [Blauen Viereck] folgend, am Bach entlang auf dem Erdwall, der einem Deich ähnelt. An dessen Ende erreicht man die Häuser der Gebenweiler Sägmühle. Nach der Überquerung der Straße folgt man dem Fußweg. Wenige Meter weiter sieht man den P und den Wegweiser [Hägelesklinge]. Zuerst wandert man noch auf einem Waldweg, der dann rechts auf eine Pfadspur abbiegt. Nach kurzer Steigung trennt sich der Weg in die Sackgasse zur Brunnenklinge - einst wurde hier Trinkwasser geholt - und den Weiterweg zur Hägelesklinge. Die beiden Klingen muss man intensiv auf sich wirken lassen und daher ist in die Wanderzeit die Erkundung nicht eingerechnet. Mit Kindern kann man schnell die Zeit vergessen. Trotz aller Faszination sollte aber immer Vorsicht beim Herumklettern gewahrt bleiben. Und da es sich um ein Naturschutzgebiet handelt, sollte dies auch verantwortungsvoll respektiert werden. Der Weg folgt nun auf der anderen Seite der Hägelesklinge dem (!) [Roten Punkt], hinaus aus dem Wald, weiter nach Ebersberg. Am Ebersberger Forsthaus erreicht man die kleine Straße, die sich nach links durch Wald und Wiesen zum Weiler Mönchhof schlängelt. Im Ort geht es an der Wegegabelung nach links. Bevor der geteerte Wiesenweg in die Senke abfällt, biegt man rechts ab, um kurz darauf die L 1150 zu überqueren. Die Große Platte, das nächste, Ziel erreicht man, indem man der Langengehrener Ausfahrt bis zum Schlittenweg folgt. An der Kreuzung der beiden Wege zeigt ein Wegweiser [Große Platte] nach links. Bis zur nächsten Kreuzung sind es gut 500 m. Hier geht es rechts den Berg hinunter bis zur Großen Platte. Die ca. 25 m² große und etwa 300 Zentner schwere Steinplatte wurde 1889 beim Bau des Schlittenweges entdeckt und gehört zu einer ca. 150 Mio. Jahre alten Sandsteinablagerung des Küstenmeeresbodens des damaligen Jurameeres. Wieder zurück auf dem Schlittenweg, der im 18. Jahrhundert eigens für den Holztransport mit Schlitten angelegt wurde, wandert man bis zur kleinen Fahrstraße, auf die man nach links abbiegt. Bald verlässt man den Wald und sieht die Häuser von Kaisersbach vor sich liegen. Entlang der Ortsdurchfahrt geht es nun bis zur Dorfstraße, die zum Gasthof Zur Krone und dem Startpunkt der Wanderung bei der Kirche führt.

Gasthof Zur Krone - Der gemütliche Landgasthof mit familiärer Atmosphäre verfügt über einladende Galträume, die sich auch für Feierlichkeiten bis zu 100 Personen eignen, sowie über moderne Gästezimmer und eine behagliche Ferienwohnung. Die gutbürgerliche Küche bietet schwäbische Spezialitäten, herzhafte Vesper und saisonale Gerichte. Nach Absprache werden Ponyreiten und Kutschfahrten angeboten. - Dienstag ist Ruhetag, für angemeldete Gruppen wird jedoch geöffnet.

Gasthaus und Pension
Zur Krone

Ursprüngliche und schwäbische Gastlichkeit laden zu einer gemütlichen Rast ein.

Wir freuen uns auf Ihren Besuch, Familie Braun

Dorfstraße 9
73667 Kaisersbach
Telefon: 0 71 84 / 512

TOUR 41

Von Cronhütte auf dem Mühlenweg zur Hägelesklinge

Charakteristik - Beim Wandern auf dem Mühlenweg kann man - unterstützt durch viele Hinweistafeln - nachvollziehen, unter welch schweren Bedingungen die Müller früher ihren Lebensunterhalt bestreiten mussten. Außerdem führt ein kurzer Abstecher zur bekannten Hägelesklinge bei Ebersberg.

Anfahrt - Nur per PKW möglich über Gschwend oder Welzheim auf der Landstraße L 1080. Unmittelbar nach dem westlichen Ortsende von Hellershof mit Wegweiser [Cronhütte] auf die Kreisstraße K 1892 abbiegen. In Cronhütte bei der Fa. Omnibusverkehr Maier nach rechts in den Sonnenbühl bergan fahren und dem Wegweiser [Josefle] folgen.

Parken - Gäste-P Gaststätte Josefle.

12,3 km

3 ¼ Stdn.

238 m

➡ **Der Rundweg** - Von der Gaststätte Josefle aus folgt man dem Panoramaweg bergab und biegt nach 200 m an der Kreuzung am Spielplatz nach rechts in den Sonnenbühl ab. An der K 1892 biegt man rechts ab und folgt nach wenigen Schritten dem Wegweiser [Strohhof] auf der Straße Eichberg nach links. Vorbei am Strohhof erreicht man Schadberg, überquert dort die L 1080 und wandert mit der Markierung [Mühlenwanderweg 1] auf dem Rottalweg halb rechts entlang der Finsteren Rot. Nachdem man das Gsondheitsbrünnele passiert hat, biegt man nach ca. 5 Min. mit der Markierung [Mühlenwanderweg 1] auf dem schmalen Steg über die Finstere Rot nach links ab und steigt steil bergauf. Vorbei am Schil-

Heinlesmühle - ein Steg verbindet die Säg- mit der Mahlmühle

linghof geht man vor bis zur Stauseestraße, biegt rechts ab und folgt am Steinhaus dem Wegweiser [Voggenmühlhöfle] nach links. Man passiert das Voggenmühlhöfle und erreicht entlang der Schwarzen Rot und dem Heiligenwäldle nach 10 Min. die Hummelgautsche (Vaihinghofer Sägmühle). Auf einem schmalen Weg mit den Markierungen [HW 3 - Main-Neckar-Rhein-Weg] und [Mühlenwanderweg 1] folgt man der Schwarzen Rot bachaufwärts. Vorbei an der Heinlesmühle überquert man nach 5 Min. die Sandlandstraße (L 1080) und orientiert sich mit dem Wegweiser [Menzlesmühle] auf dem Hellersbühlweg geradeaus. Wenige Schritte nach dem kleinen Weiher im NSG Mittlerer Wald biegt man auf dem Bohlenweg halb rechts ab. An der Hundsberger Sägmühle biegt man rechts ab, passiert das Betriebsgelände und orientiert sich nach links auf dem Mühlenwanderweg. An der Menzlesmühle biegt man mit dem Wegweiser [Menzles 1,5 km] auf dem [Mühlenwanderweg 1] dem Hagbach entlang nach rechts durch das Mühlenwäldle ab. Nachdem man die Ortschaft Menzles passiert hat, orientiert man sich auf der Asphaltstraße mit dem Wegweiser [Kaisersbach] nach links durch das Abtswäldle. Vorbei an der 1925 erbauten Damerswaldhütte folgt man nach 5 Min. dem Wegweiser [Mönchhof 2,5 km] auf der Asphaltstraße nach links. An der Kreuzung am Gewann [76/3 Brand] steigt man mit dem Wegweiser [Ebersberg] über den Mosbach hinweg mit dem [Roten Punkt] geradeaus bergan. Man passiert das Brandhöfle (493 m) und biegt nach 50 m am Gewann [VII 8 Rank] mit dem Wegweiser [Ebersberg] halb links in den Rankweg (495 m) ab. Nach 10 Min. biegt man im Reißhölzle auf der Asphaltstraße mit dem Wegweiser

[Ebersberg] links ab. Bald passiert man Ebersberg und biegt am Forsthaus als letztem Gebäude auf dem Graswerg nach rechts ab. Nach ca. 300 m erreicht man die Hägelesklinge. Benannt wurde sie nach dem Deserteur Johannes Hägele, der sich im 19. Jh. in ihr versteckt hielt. Nach dem Streifzug durch die Hägelesklinge kehrt man zum Forsthaus zurück. Mit dem [Roten Punkt] und dem Wegweiser [Cronhütte] geht es auf der Ebersbergstraße geradeaus bergab durch den Großen Cronwald und Crongehren. An der Kreuzung an der Waldhütte folgt man dem Wegweiser [Josefle] nach rechts. Nachdem man den Fischweiher des Anglervereins Kaisersbach passiert hat, biegt man am Ortseingang von Cronhütte nach rechts in den Panoramaweg ein und erreicht zur gemütlichen Einkehr die

🍴 **Gaststätte Josefle** - In der angenehmen Atmosphäre der rustikalen Gasträume und des schattigen Biergartens wird man mit abwechslungsreicher Küche verwöhnt. Der Mitgliedsbetrieb der Aktion »Schmeck den Süden« verarbeitet ausschließlich regionale Zutaten ohne künstliche Aromen und Geschmacksverstärker. Ergänzt wird die Speisekarte durch Saisonspezialitäten. - ÖZ: Mi. bis Sa. 11.30-14 Uhr und 17-21 Uhr, So. 11.30-20 Uhr. Montag und Dienstag ist Ruhetag.

TOUR 42

Schlichenhöfle - Rundweg Ochsenhau - Rotenmad - Schlichenhöfle

Charakteristik - Schöne befestigte Wege führen durch ein herrliches Waldgebiet, vorbei an tiefen Klingen und stillen Bächen.
Anfahrt - B 14 Stuttgart - Schwäbisch Hall bis Winnenden, dann über Hertmannsweiler auf die L 1120 Richtung Althütte. Vor Althütte links auf die L 1119, vor Waldenweiler rechts auf die Zufahrtsstraße zum Schlichenhöfle. - B 14/B 29 Stuttgart - Schwäbisch Gmünd, Ausfahrt Schorndorf/Rudersberg, auf der L 1148 nach Rudersberg, L 1080 Richtung Welzheim, in Oberndorf links auf die K 1883 Richtung Althütte, auf der Höhe bei Lutzenberg rechts auf die L 1120, dann weiter wie bei der Anfahrt über die B 14. - Von Backnang ZOB Buslinie 382 oder 384 nach Althütte, von dort ca. 15 Min. Fußweg zum Schlichenhöfle.
Parken - 🅿 am Landgasthof Birkenhof für Gäste. 🅿 an der Zufahrtsstraße aus Waldenweiler bei einem Biotop, ca. 300 m vor dem Landgasthof Birkenhof.

🦶 10 km

🕐 3 Stdn.

⛰ 250 m

➡ **Der Rundweg** - Vor dem Landgasthof Birkenhof an einer Orientierungstafel mit Wander- und Ausflugsvorschlägen gabelt sich die Fahrstraße: Rechts ist der 🅿 des Landgasthofs, links führt der befestigte Weg, auf dem die Wanderung beginnt, zwischen Wald auf der linken Seite und

einem Tiergehege, anschließend Gärten auf der rechten Seite in den Wald und steil abwärts ins Tal. Nach 10 Min. wird die L 1120 erreicht. Hier geht es nach links, nach 50 m halb links über den Strümpfelbach und auf einem befestigten Weg nach weiteren 50 m wieder links über den Bach mit Wegweiser [Gärtnershaldeweg] und [Waldenweiler], vorbei an einem großen Spiel- und Rastplatz mit Schutzhütte auf der linken Seite und einem P auf der rechten Seite. Der geschotterte Waldweg (weiter Gärtnershaldeweg) führt bequem ansteigend durch hohe Nadelhölzer nach 20 Min. zu einer Kreuzung, an der man rechts abbiegt (auf der rechten Seite ein Stein mit [Ochsenhau], auf der linken Seite ein Stein mit [Fautspacherweg]). Auf dem Fautspacherweg geht es leicht aufwärts durch Hochwald, in einer Rechtskurve stehen links mehrere Mammutbäume. An der ersten Kreuzung wandert man weiter geradeaus, nach ca. 1½ km auf dem Fautspacherweg biegt man an der zweiten Kreuzung im spitzen Winkel rechts ab in den Roßwiesenweg. Durch jüngeren Nadelwald kommt man nach 300 m zur »Roßwiesa-Hüdda« mit schönem Brunnen. Kurz dahinter kreuzt ein Weg mit [Blauem Punkt], von links geschottert, nach rechts Weiterführung als Waldpfad. Danach zweigt rechts ein Schotterweg (siehe Varianten) ab. Man bleibt geradeaus. Bevor der fast ebene Weg einige Biegungen macht und über zwei Klingen führt, hat man links einen Blick auf den Wald und eine Bergweide. Nach 2 km mündet von links ein Waldpfad mit [Blauem Kreuz] aus Murrhardt. Man verlässt nach 50 m den Schotterweg nach rechts und folgt dem [Blauen Kreuz] steil rechts aufwärts (!) auf einem erdigen Waldpfad. Nach 10 Min. geht man oben [ohne Markierung] nach rechts zu einer Fahrstraße. Man sieht die wenigen Häuser von Rotenmad. An der Fahrstraße, Markierung [Roter Strich], wandert man nach rechts und verlässt nach 100 m die Fahrstraße mit dem [Roten Strich] nach rechts in den Wald. Nach 400 m mündet der Waldpfad in einen Schotterweg (Ebniweg). Hier geht man rechts abwärts. Dieser Weg ist Teil des Deutschen Limes-Radwegs. Von rechts kommt ein Schotterweg (siehe Varianten) mit [Blauem Punkt], der aber am Ebniweg sofort mit [Blauem Punkt] als Pfad in den dichteren Wald wieder abzweigt. Man geht auf dem Ebniweg an einem linker Hand gelegenen kleinen Biotop vorbei bis zu einem Tümpel auf der rechten Seite. Man biegt links ab auf den Buchklingenweg und geht nicht (!) mit dem [Roten Strich] geradeaus. Nach 100 m orientiert man sich an der Gabelung nach links (!), weiter auf dem Buchklingenweg. An der nächsten Weggabelung [ohne Markierung oder Wegweiser] (!) hält man sich rechts. Der schöne, gewundene Schotterweg führt durch lichten Wald und an mehreren Klingen vorbei steil abwärts. Am Steinbachtalweg geht es nach links, dann an einem Brunnen links vorbei. Unten im Talgrund wandert man neben einem Bach und am Gottschicksbrunnen vorbei. Dort, wo man über eine Brücke geht und der Bach auf die rechte Seite des Weges wechselt, befindet sich etwas zurückgesetzt ein alter Steinbruch mit Felsgebilden. Nach etwa 2 km seit Verlassen der Markierung [Roter Strich] erreicht man den Ochsenhaubrunnen und ein erfrischendes Wassertretbecken. Von hier sind es noch knapp 100 m bis zum Wander-P und dem Abzweig [Gärtnershaldeweg]. Zum Ausgangspunkt Schlichenhöfle geht man ca. 200 m auf dem Talweg geradeaus bis zur L 1120, dort rechts ab und auf bekanntem Weg zurück zum Landgasthof Birkenhof.

➡ **Varianten** - Die Wanderung kann um ca. 2 km verkürzt werden, wenn man nach dem Abzweig des Wegs rechts in den Wald mit [Blauem Punkt] den folgenden Schotterweg rechts steil aufwärts nimmt. Im weiteren Verlauf trifft der Schotterweg auf den Weg mit dem [Blauen Punkt] und erreicht am Ebniweg die Rundwanderung. Vorteil der Abkürzung: Es werden nur befestigte Wege benutzt, die Wanderung ist damit bei jedem Wetter begehbar. - Von Rotenmad ist eine Schleife zum Ebnisee möglich (ca. 1 Std. auf gut markierten Wegen). - Weitere Tourenvorschläge an der Orientierungstafel am Gäste-P des Landgasthofes Birkenhof.

🍴 **Landgasthof Birkenhof** - Das ruhig am Waldrand gelegene Haus verfügt über modern eingerichtete Gästezimmer, alle mit Dusche/WC, TV, Internet, z. T. Balkon. Die gemütlichen Galeriäume - ob Schwäbische Wirtschaft, Ofenstüble oder Birkenhofstube - bieten für jeden Anlass das passende Ambiente. Bei schönem Wetter kann man sich in der Gartenwirtschaft ein lauschiges Plätzchen unter Apfelbäumen suchen. Die Gäste werden verwöhnt mit schwäbischen und saisonalen Spezialitäten, die aus Produkten von regionalen Erzeugern zubereitet werden, u. a. Wild- und Fischgerichte, hausgemachte Maultaschen, vegetarische Speisen, deftige Vesper und der alljährliche Naturparkteller. Für Kinder gibt es eine eigene Speisekarte, einen Spielplatz und ein Spielzimmer. - ÖZ: Dienstag bis Sonntag ab 11.30 Uhr durchgehend (Küchenzeiten: 11.30-14 Uhr und ab 17.30 Uhr, sonn- und feiertags durchgehend warme Küche). Montag ist Ruhetag (Oktober bis April: Mo. und Di.).

BIRKENHOF
...im Schlichenhöfle
Familie Strohbeck

Wir bieten Ihnen: Gemütlich eingerichtete Galeriäume mit Ofenstüble, behagliche Gästezimmer mit Dusche/WC und Balkon sowie eine vielseitige und abwechslungsreiche Küche mit Gerichten der Saison. In den Sommermonaten lädt unsere Gartenwirtschaft mit Kinderspielplatz, abseits vom Verkehr, zum Verweilen ein.

71566 Althütte-Schlichenhöfle · Tel.: (0 71 83) 4 18 94 · www.schlichenhoefle.de
Durchgehend geöffnet, Mai-Sept.: Mo. Ruhetag, Okt.-April: Mo. & Di. Ruhetag

TOUR 43

Waldenweiler/Althütte - Ebersberg - Sechselberg - Waldenweiler

11 km

3 Stdn.

Charakteristik - Auf überwiegend festen Wegen führt die schöne Wanderung am Rande des Murrhardter Waldes zu herrlichen Aussichtspunkten und spektakulären Panoramablicken. Sehenswert ist das Schloss Ebersberg, hier können bei geöffnetem Eingangstor Schlosshof und Zwinger besichtigt werden. Ein sehr steiler Aufstieg führt nach Sechselberg, von wo man ebenfalls einen wunderbaren Ausblick genießen kann, u. a. auf das Schloss und das Weissacher Tal.

Anfahrt - B 14/B 29 Stuttgart - Schwäbisch Gmünd, Ausfahrt Rudersberg/Welzheim, auf der L 1148 nach Rudersberg, dort Richtung Welzheim, in Oberndorf links auf die K 1883 Richtung Althütte, dann L 1120 bis kurz vor Althütte, Linksabzweig L 1119 nach Waldenweiler. - Von Backnang (B 14 Stuttgart - Schwäbisch Hall) L 1080 Richtung Rudersberg, L 1120 Richtung Althütte, vor Althütte Linksabzweig L 1119 nach Waldenweiler. - Von Backnang ZOB mit Buslinien 382 und 384 nach Sechselberg, Haltestelle Waldenweiler.

Parken - Beim Landgasthof Rössle.

Landgasthof Rössle - Der Familienbetrieb in vierter Generation empfängt seine Gäste in gemütlichen Räumlichkeiten und bei schönem Wetter auf der Aussichtsterrasse. Die Speisekarte mit schwäbischen Spezialitäten und regionaler Frischeküche wird ergänzt durch wöchentliche Aktionen wie warm-kaltes Fisch- und Salatbuffet (Mi.), Fleischküchlespezialitäten (Do.) und den Rostbratentag (Fr.). Nach Vereinbarung werden Kutsch- und Planwagenfahrten mit Bewirtung angeboten. - ÖZ: Mittwoch 17.30-23 Uhr, Donnerstag, Freitag, Samstag 11.30-14.30 Uhr und 17.30-23 Uhr, So. 11.30-21 Uhr. Montag und Dienstag ist Ruhetag.

GASTHOF RÖSSLE
Der Spezialitäten Gasthof

Holunderweg 6
71566 Althütte-Waldenweiler
Tel.: 0 71 83/41 37 8

Herzlich willkommen im Rössle!

Unser Spezialitäten Gasthof lädt in seine gemütlichen Räumlichkeiten zur Einkehr nach Ihrer Wanderung ein. Es erwarten Sie...

- Regionale, schwäbische Frischeküche
- Eine Terrasse mit herrlicher Fernsicht
- Individuelle Kutsch- und Planwagenfahrten mit Bewirtung

Auf Ihren Besuch freut sich
Familie Heller & Team

Mo. & Di. Ruhetag

www.roessle-waldenweiler.de

➡️ **Der Rundweg** - Vom Landgasthof Rössle geht man durch die Wiesenstraße und den Tälesweg abwärts mit dem [Roten Strich]. Bei einer Straßenlaterne biegt man links ein in eine landwirtschaftliche Fahrstraße, die ein kurzes Stück durch ein liebliches Wiesental führt. Mit dem [Blauen Kreuz] hält man sich rechts von der Kläranlage, auf der linken Seite vor der Kläranlage befindet sich ein Wegweiser [Ebersberg]. Nun folgt man dem Weg geradeaus durch den Wald und hat nach Durchquerung des Waldes nach rechts einen schönen Blick auf Sechselberg. Dann biegt man links ab und folgt dem parallel zur Fahrstraße verlaufenden Weg zum Schloss Ebersberg. Von der abwärts verlaufenden Fahrstraße zweigt bald ein Weg mit Wegweiser [Schloss Ebersberg] zum Schloss ab.

✪ **Schloss Ebersberg** - Mit dem Bau der ursprünglich staufischen Burg wurde Anfang des 12. Jahrhunderts begonnen, 1226 wurde die Anlage erstmals erwähnt. Nach dem Aussterben der Herren von Ebersberg im 15. Jahrhundert folgten häufige Besitzerwechsel. 1551 wurde das zweiflügelige Schloss Ebersberg dazugebaut. Nach einem verheerenden Brand

Luftansicht von Schloss Ebersberg

im Jahre 1714, bei dem fast die ganze Anlage zerstört wurde, erfolgte 1720 der Wiederaufbau in der heutigen barocken Gestalt. Um 1786 kamen Ort, Gut und Schloss Ebersberg an Württemberg mit der Auflage, Kirche und Pfarrhaus im Schloss zu erhalten. Damals diente das Schloss u. a. als Schule, Weingut und zur Schafzucht. Mit dem Bau der Kirche in Ebersberg 1962 ging das Schloss in den Besitz der Diözese Rottenburg-Stuttgart über, die es ein Jahr später der Deutschen Pfadfinderschaft St. Georg übergab. In mehreren Bauphasen (1964/1965, 1995, 1998) wurde Schloss Ebersberg renoviert und dient heute als Bildungs- und Begegnungsstätte der Deutschen Pfadfinderschaft St. Georg. Das Selbstversorgerhaus mit 64 Betten kann auch von externen Interessenten gebucht werden.

➡ **Fortsetzung Rundweg** - Weiter geht der Weg vor dem Eingang zum Schloss halb links mit dem [Blauen Kreuz]. Hier bietet sich eine einmalige Aussicht! Dem schmalen Pfad folgt man weiter, bis links der Stäffelesweg über zahlreiche Stufen steil abwärts nach Ebersberg, einem mit Lippoldsweiler zusammengewachsenen Ortsteil der Gemeinde Auenwald, führt. Bei nassem Wetter ist Vorsicht geboten, es besteht Rutschgefahr auf den Stufen! Am Ende der Stufen folgt man der quer verlaufenden Hohlgasse nach links und überquert die nächste Querstraße geradeaus, [Blaues Kreuz]. Durch die Straße Im Gängle geht man weiter abwärts bis zum Ringweg, dem man hier nach links, an der nächsten Kreuzung dann nach rechts folgt. Der Ringweg und die Kelterstraße führen zur Durchgangsstraße in Lippoldsweiler. Dann biegt man rechts in die Badstraße ein und folgt immer geradeaus dem befestigten Weg. Bei einer Gabelung hält man sich rechts auf einer landwirtschaftlichen Fahrstraße. Am Bach entlang folgt man dem Weg und hält sich dann links. Der Weg führt stetig weiter bergauf durch das Glaitenbachtal. Linker Hand liegen in der Nähe der Sauerhof und der Glaitenhof, rechts ein Waldgebiet. An Wochenendgrundstücken vorbei wandert man steil aufwärts nach Sechselberg. Oben angekommen geht man rechts in die Südstraße. Diese führt zur Martin-Luther-Straße (Hauptstraße), deren Verlauf man nach rechts folgt. Gegenüber erblickt man eine kleine Fachwerkkirche mit imposantem Wetterhahn. Mit dem Wegweiser [Althütte, Waldenweiler, Ebnisee] biegt man rechts in die Oststraße ein. Lohnenswert ist ein Abstecher zur Straße Im Schönblick, die ihrem Namen mit der herrlichen Aussicht über Sechselberg, Schloss Ebersberg und das weite Umland alle Ehre macht. Am Ortsende folgt man dem Fußweg entlang der Straße mit der Markierung [Roter Strich]. Am zweiten P biegt man rechts ein in den Fahrradweg mit Wegweiser [Althütte] und [Rotem Strich]. Auf diesem Weg bleibt man geradeaus bis Waldenweiler, das man durch die Sechselberger Straße erreicht. Dann geht es links in die Ebersberger Straße und auf bekanntem Weg durch den Tälesweg und die Wiesenstraße zurück zur wohlverdienten Einkehr im Landgasthof Rössle.

➡ **Weitere Wanderziele** - Am Ortsrand von Sechselberg bieten sich an einer große Wanderwegkreuzung vielfältige Wandermöglichkeiten: nördlich Richtung Hörschbachtal/Murrhardt, östlich zum Ebnisee, südlich Richtung Wieslauftal/Welzheim und westlich über Lutzenberg/Weissach nach Backnang (über Lutzenberg - Weissach). Eine Informationstafel findet man am Wander-P.

TOUR 44

Lutzenberg - Haube - Althütte - Nonnenmühle - Strümpfelbachtal - Steinbach - Oberndorf - Juxkopf/Juxhöhle - Lutzenberg

Charakteristik - Ein anspruchsvoller Rundweg mit sportlicher und romantischer Note sowie herrlichen Ausblicken. Im malerischen Strümpfelbachtal geht es auf einem Naturpfad am Bach mit kleinen Wasserfällen entlang - je nach Witterung kann dieser Wegabschnitt schlecht begehbar sein, daher ist festes Schuhwerk unbedingt erforderlich. Auch konditionell ist der Rundweg nicht zu unterschätzen, von Oberndorf über den Juxkopf bis Lutzenberg geht es stetig bergauf.

Anfahrt - B 14/B 29 Stuttgart - Schwäbisch Gmünd, Ausfahrt Schorndorf/Rudersberg/Welzheim, auf der L 1148 nach Rudersberg, abbiegen Richtung Welzheim, in Oberndorf links auf K 1883 abbiegen nach Lutzenberg. - Von Backnang (B 14 Stuttgart - Schwäbisch Hall) L 1080 Richtung Schorndorf, dann L 1120 Richtung Althütte nach Lutzenberg. - Von Backnang ZOB mit den Buslinien 382 und 384 nach Lutzenberg.

Parken - Gäste-P beim Landgasthof Schöne Aussicht in Lutzenberg.

16 km

4¼ Stdn.

257 m

✪ **Althütte** - Die Gemeinde in ihrer heutigen Form entstand 1971 durch den freiwilligen Zusammenschluss der beiden bis dahin selbstständigen Gemeinden Althütte und Sechselberg. Heute hat der staatlich anerkannte Erholungsort inmitten des Schwäbischen Waldes ca. 4000 Einwohner. Einst waren hier die Glasbläser und Rechenmacher beheimatet. Die Rechen wurden von armen Bauernfamilien in Heimarbeit geschnitzt und dann im Hausierhandel verkauft. Interessante Einblicke in die Geschichte von Althütte ermöglicht das Heimatmuseum (ÖZ: nach Vereinbarung unter Tel. 07183/95959-0) im 1873 erbauten ehemaligen Schulhaus. Hier sind auch Erinnerungsstücke an die wohl berühmteste Tochter des Ortes zu sehen, die Schriftstellerin und Sozialpolitikerin Anna Haag (1888-1982). Sehenswert ist auch die 1859 eingeweihte Ev. Kirche, deren 1907 errichteter Turm nach dem Vorbild norwegischer Stabkirchen gestaltet wurde.

➥ **Der Rundweg** - Vom Landgasthof Schöne Aussicht geht man Richtung Winnenden/Kallenberg an der Straße entlang und biegt vor Hs. Nr. 25 links ab mit der Markierung [Rotes Kreuz] und Wegweiser [Haube 1 km]. Nach einem Bauernhof geht es durch ein Metallgatter über eine Wiese nach Mannenberg. Mit dem [Roten Kreuz] hält man sich links und erklimmt die Haube mit ihrer charakteristischen Birkengruppe. Von der mit 536 m zweithöchsten Erhebung des Rems-Murr-Kreises bietet sich ein fantastischer Rundblick über das Wieslauftal, die Berglen, die Backnanger Bucht, Althütte und den Welzheimer Wald. Weiter geht der Weg nach Althütte mit dem [Roten Strich], über eine Wiese abwärts, dann auf einem befestigten

Weg geradeaus am Waldrand entlang, [Blauer Punkt]. Zunächst wandert man durch den Wald, dann führt links ein kleiner Pfad **(!)** ohne Markierung nach Althütte. Man geht aufwärts zur Hauptstraße, folgt deren Verlauf weiter, vorbei an einer Bushaltestelle, und biegt nach einer Linkskurve in die Straße In der Stöck rechts ein. Bei der Gabelung geht man links in den Mühlweg und erreicht geradeaus auf einem befestigten Weg abwärts die Nonnenmühle. Rechts am Bach entlang kommt man in das Strümpfelbachtal, Wegweiser [Edelmannshof], [Blauer Punkt], nach 100 m hält man sich rechts. Hier steht eine Infotafel - bei Starkregen, Eis und Schnee ist der Weg nur bedingt begehbar. Den anspruchsvollen Naturpfad gilt es zu genießen mit herrlichen kleinen Wasserfällen und Felsen. Vorbei an der alten Lambach-Pumpstation geht es weiter bis zur nächsten Gabelung, an der man [ohne Markierung] links abbiegt **(!)** und dem Bachverlauf linksseitig folgt bis nach Steinbach. Hier überquert man geradeaus die Bahngleise, Wegweiser [Höllenrundweg], vorbei an einem Bauernhof-Kiosk. Von hier bietet sich schon ein schöner Blick auf den Juxkopf. Dann hält man sich scharf rechts und wandert an den Bahngleisen abwärts bis Sauerhöfle, wo man die Straße überquert und dem Wegweiser [Edelmannshof, Waldenstein, Laufenmühle] nach links folgt. Dann geht es auf dem Burgholzweg rechts in den Wald und nach einem kurzen Stück rechts über die Bachbrücke, dann gera-

Im Strümpfelbachtal

deaus. Man folgt dem Weg mit der [Radwegmarkierug] steil aufwärts, biegt dann rechts ab und geht gleich darauf halb rechts weiter auf der Gläserwandstraße. Geradeaus führen dann die Markierungen [Wieslauftal-Radweg] und [Rundweg 2] abwärts, am Waldende weiter geradeaus am Reiterhof Burghöfle vorbei über die Wieslaufbrücke. Dahinter biegt man mit dem [Blauen Punkt] links ab und orientiert sich auf dem befestigten Weg am Wegweiser [Rudersberg 3,1 km]. Bei einer Gabelung kommt man rechts zur Landstraße, überquert diese und gelangt links durch die Eisenbahnunterführung nach Oberndorf. Hier folgt man der Mannenberger Straße nach rechts und biegt dann gleich links in den Daukernweg ein, dem man bis nach (!) der Linkskurve folgt. Dann biegt man rechts in einen befestigten landwirtschaftlichen Weg ein, auf dem man konsequent bleibt und sich links hält. An der Dreiwegegabelung vor dem Wald nimmt man den mittleren Weg, das Juxsträßle, mit dem [Blauen Punkt] aufwärts. Nach einer Linkskurve geht es am Waldrand steil aufwärts zum freien Feld und zu einer Gabelung. Links ist ein Abstecher auf die freie Hochfläche zum Juxkopf (496 m) möglich. An dessen südlicher Böschung befindet sich die Juxhöhle, die beim bergmännischen Abbau von Stubensandstein im 18. und 19. Jh. entstand und heute wegen Einsturzgefahr nicht mehr zugänglich ist. Nach der Umrundung des Juxkopfes kehrt man zurück zum Abzweig und geht halb links auf dem Juxweg mit dem [Blauen Punkt] in den Wald. Bei einer Gabelung hält man sich rechts und biegt gleich wieder rechts ab mit dem [Roten Strich] und Wegweiser [Rundwanderweg Haube 3 km]. Es geht abwärts in einen unbefestigten Weg (!), man hält sich links, [Roter Strich]. Nach der Bachklinge geht es rechts weiter auf dem Kallenberger Sträßle, bei einer Gabelung hält man sich halb rechts, [Roter Strich], und folgt dem Weg aufwärts. Nach einer Linkskurve kurz vor dem Waldende geht man rechts (!) auf einem Pfad, [Roter Strich], hält sich dann links und folgt dem Weg bis zur K 1883, deren Verlauf man ca. 200 m bergauf nach Lutzenberg folgt. Indem man rechts in die K 1120 einbiegt, erreicht man den

🍽 Landgasthof Schöne Aussicht - Der familiengeführte Landgasthof bietet eine abwechslungsreiche Speisekarte mit Wildspezialitäten aus der Region, selbst gemachten Maultaschen und Tagesessen (Di. bis Fr.). Am Wochenende wird Holzofenbrot gebacken. Spezielle Schmeck-den-Süden-Gerichte ergänzen die Auswahl. - Montag ist Ruhetag.

INFO

Rudersberg - natürlich lebendig im Wieslauftal

Rudersberg liegt am westlichen Rand des Welzheimer Waldes im Wieslauftal in 270 bis 536 Metern Höhe zwischen Schorndorf und Backnang. Das Gemeindegebiet hat Anteil an den Naturräumen Schurwald, Welzheimer und Schwäbischer Wald, Schwäbisch-Fränkische Waldberge und Neckarbecken. Die erste urkundliche Erwähnung von Rudersberg in einem Dokument von Papst Innozenz IV. stammt aus dem Jahre 1245. Schlechtbach wurde 1298 als »Minneslechbach« im Rahmen einer Übergabe eines Hofteils an das Kloster Adelberg erwähnt. Bereits 1181 findet Diepoldus de Slechbach, ein Gefolgsmann von Kaiser Friedrich I., Erwähnung. Steinenberg wurde im Jahre 1234 erstmals urkundlich erwähnt. Die Ortschaften Asperglen und Krehwinkel wurden 1411 im Rahmen einer Übereignung von Gütern des württembergischen Grafen Eberhard III. an Georg von Urbach genannt. Der Ortsteil Michelau liegt an der südlichen Gemeindegrenze als »Tor zur Gemeinde Rudersberg« und wurde 1284 in einer Urkunde von Konrad von Waldenstein erstmals erwähnt. Dieser Konrad von Waldenstein war Dienstmann am kaiserlichen Hof und verspricht einem Albert von Michenlowe, dass dieser das Kloster Lorch wegen eines im Dorfe gelegenen Gutes nicht mehr anfechten wolle. Der Name Michelau stammt aus dem Altdeutschen und bedeutet »Hof in der Au«. In Michelau waren eine Mahlmühle sowie eine Ölmühle ansässig. Diese Mühlen wurden durch einen ca. 2,5 km langen Mühlbach angetrieben, dessen Wasser aus der Wieslauf entnommen wurde. Eingebettet in die Natur- und Erlebnislandschaft des Schwäbischen Waldes erstreckt sich die Gemeinde Rudersberg entlang des idyllischen Wieslauftales. Ausgedehnte Streuobstwiesen, sanf-

Panoramablick über Rudersberg

Gemeinde Rudersberg
Rems – Murr – Kreis

SEHENSWÜRDIGKEITEN

→ Burg Waldenstein mit herrlichem Ausblick über das Wieslauftal

→ Ölmühle in Michelau (Museum mit Kiosk am Mühlengarten)

→ Johanneskirche mit Altem Rathausplatz in Rudersberg

→ Petruskirche und Altes Pfarrhaus in Steinenberg

VERANSTALTUNGSTIPPS

→ **Maitreff des Handels- und Gewerbevereins Rudersberg** mit verkaufsoffenem Sonntag

→ Pfingsten **Aktionen zum Mühlentag** an der Ölmühle Michelau

→ September **Internationaler MotoCross-WM-Lauf**

→ September **Tag des Schwäbischen Waldes** mit zahlreichen Aktionen

→ September/Oktober **Berg- und WieslaufTalTour** und **Rudersberger Apfelmarkt** des HGV

→ Oktober **Rathauskunstmarkt** im Rathaus Rudersberg

→ An den Adventswochenenden **Rudersberger Adventswald**

Informationen:

Gemeinde Rudersberg
Backnanger Str. 26
73635 Rudersberg
Telefon 07183/3005-0
Fax 07183/3005-55
→ info@rudersberg.de
→ www.rudersberg.de

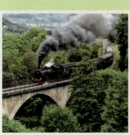

te Hügellandschaften und naturnahe Wälder lassen die Gemeinde zu einem interessanten Ausflugsziel für Wanderer, Radfahrer und Naturliebhaber werden. Auf dem Gemeindegebiet befinden sich die größten zusammenhängenden Streuobstwiesen der Region, was Rudersberg zur Gemeinde mit dem im Verhältnis höchsten Streuobstwiesenanteil Deutschlands macht. Der historisch gewachsene und liebenswerte Charakter der Ortschaften, in denen rund 11500 Einwohner leben, der leistungsfähige Einzelhandel sowie die gut ausgebaute öffentliche Infrastruktur sorgen für eine hohe Lebensqualität in Rudersberg. Über das Jahr stattfindende Theater- und Musikveranstaltungen sorgen ebenso für ereignisreiche Momente wie auch Aktionen für Kinder im WieslaufCamp. Daneben lohnt sich an heißen Tagen der Besuch in den Freibädern von Rudersberg und Steinenberg und alle Motorsportbegeisterten kommen beim alljährlich stattfindenden Internationalen Rudersberger MotoCross garantiert auf ihre Kosten. Außerdem lädt die regionale und internationale Küche der hiesigen Gastwirtschaften zum Genießen und Verweilen ein. Lohnenswert ist auch der Besuch kulturhistorischer Anziehungspunkte. Die älteste an ihrem Standort erhaltene Ölmühle Baden-Württembergs in Michelau veranschaulicht an Sonn- und Feiertagen in ihrem kleinen Museum, wie noch bis 1955 Speiseöl aus Walnüssen, Bucheckern, Kürbiskernen und Leinsamen gewonnen wurde. Nebenan bietet sich der bewirtete Mühlenkiosk für eine Ruhepause an. Die ebenfalls bewirtete Burg Waldenstein thront hoch über dem Wieslauftal und bietet einen herrlichen Ausblick auf Rudersberg und die umliegende Landschaft. In Rudersberg beginnt zudem eine der schönsten und steilsten Bahnstrecken Baden-Württembergs, auf der an Sonn- und Feiertagen von Mai bis Oktober die Schwäbische Waldbahn verkehrt und die Besucher in nostalgischem Ambiente durch die reizvolle Landschaft fährt. Darüber hinaus erwartet die Besucher in der Adventszeit ein besonderes Highlight. An den Adventswochenenden lädt der Rudersberger Adventswald mit seiner ganz besonderen vorweihnachtlichen Stimmung und zauberhaften Kulisse zum Träumen und Genießen ein.

Burg Waldenstein

Klaffenbach - Haube - Strümpfelbachtal - Klaffenbach

TOUR 45

Charakteristik - Dieser Rundweg bietet reizvolle Abschnitte durch wildromantische Klingen und zu einem tollen Aussichtspunkt.
Anfahrt - B 14/B 29 Stuttgart - Schwäbisch Gmünd, Ausfahrt Schorndorf/Rudersberg/Welzheim, L 1080 Richtung Welzheim bis Klaffenbach. - Von Schorndorf mit der Regionalbahnlinie R 21 (»Wiesel«) bis Rudersberg Nord, von dort mit dem Bus Linie 228 Richtung Welzheim bis Klaffenbach Ortsmitte. Am Wochenende von Schorndorf ZOB mit Buslinie 228 Richtung Welzheim.
Parken - Am Friedhof in Klaffenbach oder Wander-P nach der Bahnlinie Richtung Althütte. P am Gasthof zur Linde nur für Gäste!

10 km

3 Stdn.

400 m

Gasthof zur Linde - In gemütlichen Gasträumen und im Biergarten werden gutbürgerliche Spezialitäten, Kaffee und Kuchen aus eigener Herstellung sowie Hausmacher Vesper angeboten. - ÖZ: Montag 17-24 Uhr, Mittwoch bis Sonntag 10-24 Uhr. Dienstag ist Ruhetag.

➡ **Der Rundweg** - Von der Ortsmitte Klaffenbach geht es über den Eschen- in den Tannenweg, der am Igelsbachbrückchen (mit Grillstelle) endet. Über die Brücke wandert man auf der Pfadspur am Bach entlang recht schnell den Berg hoch. Der Pfad mündet in den Igelsweg, dieser endet kurz vor der Kläranlage Althütte und man hat nun schon weit über die Hälfte des Anstiegs zur Haube hinter sich. Vor der Zufahrt zum Klärwerk geht ein guter Albvereinssteig in Serpentinen links ab und man erreicht südlich von Althütte wieder den Igelsbach. Der Wanderweg folgt nun dem Waldrand, bis er auf die Wiesen hinaus abzweigt und direkt hinauf zur Haube (siehe Seite 165) führt. Den Gipfel verlässt man in Richtung des Rudersberger Ortsteils Mannenberg, um an der Fahrstraße nach rechts

Gasthof »zur Linde«
Familie Heinz Bohn
73635 Rudersberg-Klaffenbach
Telefon (0 71 83) 61 20

Fremdenzimmer mit DU/WC
Gutbürgerliche Küche – Hausmacher Vesper
Kaffee und Kuchen aus eigener Herstellung
Dienstag Ruhetag

hinunter, am CVJM-Heim vorbei, auf die L 1120 zu stoßen. Es geht 400 m auf dem Fußweg entlang der Landstraße bis zum Abzweig nach rechts auf den Waldweg. Gut 500 m weiter an den Tennisplätzen von Althütte verlässt man den Wald. Durch die Schulstraße kommt man zur Ortsmitte. Nach Überquerung der Hauptstraße geht es rechts und gleich wieder nach links in die Friedhofstraße. Wenn man den Friedhof erreicht hat, liegt Althütte schon hinter einem und der Weg führt langsam hinunter zum Strümpfelbach. Zuerst geht es über Wiesenwege und dann auf einer Pfadspur zum Fahrweg. Auf dem Fahrweg angekommen hält man sich wieder rechts und erreicht kurz darauf die Überreste des ausgebrannten Ausflugslokals Nonnenmühle. Daran vorbei wandert man auf dem Fahrweg bis zur Abbiegung halb rechts, wo auch schon ein Schild den Weg in das Strümpfelbachtal weist. An einem Wohnhaus vorbei taucht man langsam in die über 1 km lange Schlucht ein. Da dieses Stück Wandergenuss nicht ganz einfach ist, wird trittfestes Schuhwerk empfohlen. Es gibt immer wieder Stellen, wo man über das Wasser balancieren kann, daher ist dieser Abschnitt bei jungen Wanderern besonders beliebt. Ein besonderes Highlight stellt die Wanderung nach mehreren Frosttagen dar, denn dann zeigt sich das Tal in einer Eispracht mit Zapfen und anderen bizarren Gebilden. Das Tal endet an einem Fahrweg, dem man geradeaus folgt. Dieser Weg steigt wieder leicht an und führt aus dem Wald hinaus, um gleich wieder in diesem zu verschwinden. Nun wandert man gut 1 km oberhalb des Wieslauftales. Die knapp 24 km lange Wieslauf entspringt aus mehreren Quellen in der Nähe von Kaiserbach-Hofäckerle, fließt durch den Ebnisee, vorbei an der Laufenmühle, teilweise durch einen tiefen, z.T. unzugänglichen Talabschnitt, und mündet schließlich im Osten von Schorndorf in die Rems. Von 1746 bis in die erste Hälfte des 19. Jahrhunderts wurde die Wieslauf für die Flößerei genutzt, bevor die Züge der Remsbahn den Holztransport übernahmen. Schließlich erreicht man den P, der an der L 1119 liegt. An der Landstraße entlang geht es nach links bis zum Bahnübergang. Kurz dahinter führt ein steiler geteerter Fußweg hinunter nach Klaffenbach. Hier kann man einkehren im Gasthof zur Linde.

Blick über das Wieslauftal

TOUR 46

Rudersberg - Oberndorf - Klaffenbach - Burg Waldenstein - Rudersberg

Charakteristik - Die Halbhöhenwanderung verläuft durch Obstbaumwiesen und Wälder oberhalb von Oberndorf und Klaffenbach. Nicht nur von der Burg Waldenstein eröffnen sich herrliche Ausblicke in das Wieslauftal.
Anfahrt - B 14/B 29 Stuttgart - Schwäbisch Gmünd, Ausfahrt Schorndorf/Rudersberg/Welzheim, L 1148 nach Rudersberg. - Ab Schorndorf mit Regionalbahn R 21 (»Wiesel«) nach Rudersberg, am Wochenende mit der Buslinie 228 oder mit der Schwäbischen Waldbahn nach Rudersberg.
Parken - Am Schulzentrum Rudersberg oder unterhalb der Burg Waldenstein auf dem P des Restaurants.

12 km
4 Stdn.
840 m

✪ **Burg Waldenstein** - Hoch über dem Wieslauftal thront die Burg, die in der Stauferzeit vor 1251 erbaut worden sein muss. Um 1400 ging die Anlage an die Grafen von Württemberg über und erlebte zahlreiche weitere Besitzerwechsel. Bei einem Brand 1819 wurde die Burg stark beschädigt, jedoch wieder aufgebaut. Heute beherbergt die Anlage ein Hotel und Restaurant.

➡ **Der Rundweg** - Vom Bahnhof Rudersberg Nord geht es am Kreisverkehr über die Welzheimer Straße und dann, vorbei am Schulzentrum, in die Schulstraße. Der Weg führt nach Oberndorf und bietet die ersten Blicke auf die Burg Waldenstein. Die nächste Straße nach links, die Bergstraße, führt aus dem Rudersberger Teilort hinaus. Am Sportplatz vorbei und noch etwas bergan und schon ist der Wald erreicht. An der Kreuzung am Waldrand nimmt man die zweite Abzweigung nach links, die durch das Daukernbachtal führt. Der Weg verläuft oberhalb einer Weihnachtsbaumschonung weiter und bietet dank der niedrigen Bäume immer wieder schöne Aussichten in die Ferne. Auf dem nächsten Kilometer bis zum Ränkenbach kommen zwei mögliche Abzweigungen, man bleibt aber weiter auf dem Hauptweg. Ab der Bachüberquerung ist es noch ein weiterer Kilometer, bis man die K 1883 erreicht. Nun geht man gut 350 m bergan Richtung Mannenberg entlang der Straße. Rechts biegt der Igelweg ab, dem man gut 1½ km folgt. Durch den lichten Wald hat man einen schönen Blick auf den nordöstlichsten Rudersberger Ortsteil Klaffenbach, der über den nach rechts abzweigenden Mountainbikeweg Nr. 8 erreicht wird. Die Strecke ist wenig befahren und der Waldpfad und spätere Wiesenweg gehört einem meist allein. Ab der Grillstelle unter dem Viadukt am Igelsbach geht es dann hinein in den Ort. Über den Tannen- und den Eschenweg erreicht man die Hauptstraße und die Wieslauf. Beide sind zu überqueren, um auf der Bachstraße an den Ortsausgang zu gelangen. Von dort führt die Pfadspur recht steil über eine Wiese in den Wald hinein. Der [Blaue Punkt auf weißem Grund] weist den

Weg Richtung Steinenberg. Vor dem Waldrand sollte man noch die Aussicht genießen, vielleicht naht gerade die Schwäbische Waldbahn, die am gegenüberliegenden Hang Richtung Welzheim »hinaufschnauft«. Der steile Pfad überquert einen ersten Forstweg, am nächsten verlässt man den Pfad wieder, um auf dem Vogelherdweg nach rechts wieder flacher den Hang entlang zu gehen. Nach 600 m hält man sich links, um schließlich auf den Hangrücken hinauf zu gelangen. Bevor der Weg auf die Fahrstraße mündet, geht es rechts ab und nach einem letztem Abschnitt im Wald erreicht man die Wiesen oberhalb der Burg Waldenstein. Ein einzigartiger Ausblick auf Rudersberg und die einzelnen Ortsteile lädt zum Verweilen ein - und das Burgrestaurant zur Einkehr!

Hotel & Restaurant Burg Waldenstein - Kulinarische Genüsse im historischen Gemäuer bietet der Familienbetrieb in dritter Generation - und als Gratiszugabe den herrlichen Ausblick über das Wicslauftal. Die gutbürgerlichen Spezialitäten mit gehobenen Akzenten werden ausschließlich aus frischen und erstklassigen Lebensmitteln ohne Geschmacksverstärker und Zusatzstoffe zubereitet. Saisonaktionen wie Spargel, Pfifferlinge, Wild und Gans ergänzen die Speisekarte. Im Veranstaltungskalender stehen u. a. Brunch, Menüs mit Live-Musik, Krimidinner und Whisky-Tastings. Das Fachwerkhaus beherbergt Appartements mit Dusche, WC und TV. - ÖZ: Dienstag bis Freitag ab 17 Uhr (warme Küche bis 21 Uhr), Samstag ab 11.30 Uhr (warme Küche 11.30-14 Uhr und 17-21 Uhr), Sonn- und Feiertage ab 11.30 Uhr (durchgehend warme Küche bis 20 Uhr). Montag ist Ruhetag.

➥**Fortsetzung Rundweg** - Ab der Burg folgt man der Fahrstraße nach Zumhof. Auf der Waldensteiner Straße kommt man am Werbeschild der Firma Zumhofer Hausnudeln vorbei. Hier geht ein Fußweg rechts ab, um über die Schützenstraße am Wiesenrand bis zum Ortsende von Zumhof zu gelangen. Am Ortsausgangsschild orientiert man sich rechts bergab in Richtung Produktionshalle der Firma Weru. An dieser vorbei folgt man dem Wanderschild nach Rudersberg. Über ein Wehr der Wieslauf und durch das Gewerbegebiet über die Daimlerstraße geradeaus erreicht man die Bahnlinie. Nun sind es nach links nur noch wenige Meter bis zum Ausgangspunkt der Wanderung am Bahnhof Rudersberg Nord.

TOUR 47

Schlechtbach - Zumhof - Burg Waldenstein - Edelmannshof - Langenberg - Steinenberg - Schlechtbach

Charakteristik - Viel Fernsicht, Obstbaumwiesen, lange Waldpassagen, einsame Pfade, ein Wasserfall und eine tief eingeschnittene Klinge prägen diese Tour.
Anfahrt - B 14/B 29 Stuttgart - Schwäbisch Gmünd, Ausfahrt Schorndorf/Rudersberg/Welzheim, L 1148 Richtung Rudersberg. In Schlechtbach Linksabzweig Richtung Lindental zum Bahnhof Schlechtbach. - Von Schorndorf mit der Regionalbahn R 21 (»Wiesel«). Von Mai bis Oktober verkehren am Wochenende der Waldbus (Linie 265) und die Schwäbische Waldbahn.
Parken - Am Bahnhof Schlechtbach und am Bahnhofsplatz. Wander-Ⓟ Edelmannshof und Stürzenhütte bei Steinenberg.

14 km

4 Stdn.

700 m

➥**Der Rundweg** - Ausgangspunkt ist der Bahnhof Schlechtbach. Vom Bahnhofsplatz führt die Lindentaler Straße bis zur L 1148 (Heilbronner Straße), die man an der Ampel überquert. Geradeaus geht es in den Pappelweg, der an der Wieslauf endet. Der Wieslauf folgt man nach links auf einem Fußgängerweg, vorbei an der Evangelischen Kirche und einem Wehr bis zur Jakob-Dautel-Straße. Hier biegt man nach rechts über die Wieslauf ab. 100 m ebene Straße geben nochmals die Chance Luft zu holen, denn ab dann steigt der Weg zuerst durch die Hohlgasse und dann über das freie Feld an. Am Ende der Hohlgasse geht es kurz links an einem kleinen Spielplatz vorbei und danach gleich wieder rechts. Schnell liegt Schlechtbach hinter einem und man nähert sich über freie Feldfluren den Obstbaumwiesen, durch die man nach Zumhof hinauf wandert. Auf diesem Abschnitt gibt es zwei geteerte Wege, die nach rechts abbiegen. Dem zweiten ist zu folgen.

Im Weiler Zumhof geht es auf der Fahrstraße (Burg- und dann Waldensteiner Straße) durch den Ort. Es folgt ein kurzes Waldstück und schon öffnet sich der Blick zur Burg Waldenstein (siehe Seite 173). Vom Ortsausgang bis hinauf zum Waldrand sind gut 100 Höhenmeter zu überwinden. Trotz Anstrengung sollte der Blick zurück nicht vergessen werden. Vorbei an der Burg folgt man noch ein Stück dem Fahrweg, bis der Wanderweg geradeaus über die Wiese zum Waldrand ansteigt. Vor dem Waldrand, im Bewusstsein, dass das steilste Stück hinter einem liegt, ist Umdrehen und Aussicht genießen Pflicht. Im Wald folgt man dem Weg bis zu einer Kreuzung, an der es gegenüber wieder etwas steiler auf einer Pfadspur weiter geht. Der Pfad führt auf dem Bergrücken hinauf zum Wander-P Edelmannshof. - Hinweis: Sollte es stark geregnet haben, ist es besser, diesen Abschnitt nicht zu gehen. Alternativ erreicht man den Edelmannshof auf der Fahrstraße. - Nach dem P öffnen sich die Wiesen und wie eine Hochalm liegt der Weiler Edelmannshof mit dem gleichnamigen Gasthof am Weg.

Waldgasthof Edelmannshof - Das beliebte Ausflugslokal verfügt über gemütliche Galerie, eine schöne Gartenterrasse und behagliche Gästezimmer. Im Angebot sind Wildgerichte, glutenfreie Speisen, deftige Vesper (u. a. mit Hausmacher Wurst) sowie zum Nachmittagskaffee selbst gebackene Kuchen und Torten. Ausgeschenkt wird Wein aus eigenem Anbau. - ÖZ: Montag und Dienstag ist Ruhetag.

Fortsetzung Rundweg - Die Wanderung geht weiter auf dem Fahrweg hinein in den dichten Wald. Direkt am Waldrand befindet sich eine Abbiegung, der mittlere Weg (Gasleitungsweg) führt knapp 1 km gerade-

aus den Berg hinauf. An einem kleinen Wasserturm endet der Wald und die Hochfläche von Langenberg ist erreicht. - Alternative: Wanderer, die von Bahnhof zu Bahnhof wandern möchten, können hier nach links abbiegen, um zur Laufenmühle zu gelangen. Zurück im Wald geht man gut 400 m bis zur nächsten Abbiegung, dort befindet sich ein blaues Hinweisschild, das den Weg weist. Es ist aber wichtig, dass man sich über die Fahrzeiten der Schwäbischen Waldbahn informiert, da die Strecke nur an bestimmten Wochenenden betrieben wird. Sonst kommt man von der Laufenmühle nur mit dem Bus weiter. - Aus dem Wald heraus führt die Wanderung nach rechts. An den Feldern entlang gelangt man zum Fahrweg, der von Obersteinenberg nach Langenberg führt. Knapp 500 m später erfolgt die Belohnung für den Aufstieg durch eine geniale Aussicht, diesmal nicht ins Wieslauftal, sondern auf Remstal, Schurwald und manchmal auch bis nach Stuttgart. Der Abstieg von der höchsten Stelle der Wanderung, dem Aussichtspunkt Langenberg (539 m), erfolgt über den Geologischen Pfad der Stadt Welzheim, hinunter zum Forellensprung, der neben dem Wasserfall eine zusätzliche Attraktion für Kinder bietet: Am Oberlauf neben der Brücke kann im Wasser gespielt werden. Aufgrund der Absturzgefahr sollte auf einen Abstieg zum Wasserfall verzichtet werden. Die Draufsicht vom Hinweisschild des Geologischen Pfades ist sicherlich interessant genug. Über die Brücke folgt man weiter dem [Blauen Punkt] oberhalb des Burgsteigklingenbachs. Im oberen Teil handelt es sich um eine Pfadspur, die später in einen Waldweg übergeht. Dieser Wegabschnitt, mit Forellensprung und der Aussicht hinein in die Klinge mit den gegenüberliegenden Felsen, ist sicherlich einer der »Muss-Wege« im Schwäbischen Wald. Entlang dem Kreuzhaldensträßchen geht es bergab und wieder hinaus auf die Wiesen, über das Brunnengehmbächle hinauf zur Stürzenhütte mit Wander-P. Um die Stürzenhütte herum wandert man nach rechts, der Straße folgend bis zum links abbiegenden Gotthilf-Bayh-Weg, der eben hoch oberhalb von Steinenberg verläuft und wieder eine tolle Aussicht bis in das Remstal bietet. Am Ende des ehem. Weinbergwegs geht es abwärts, dann nach links und gleich wieder nach rechts, so dass man sich oberhalb des Freibades Steinenberg befindet. Das Freibad umrundet man über den Geißgurgelbach und eine Wegekreuzung im weiten Bogen, um am Gegenhang wieder an Höhe zu gewinnen. Bei der nächsten Kreuzung biegt man scharf rechts ab. Der Hohlweg mit der Markierung [HW 10] führt weiter den Berg hoch bis zur Wegegabelung. Hier geht es gerade, über den kleinen Pass wieder hinunter, durch einen dichten Laubwald. An der nächsten Kreuzung biegt man links ab und folgt dem Weg wieder hinunter nach Schlechtbach. An der L 1148 entlang geht es nun nach rechts, über die Wieslauf bis zum Zebrastreifen, den man kurz nach Beginn der Wanderung schon einmal überquert hat. Von hier erreicht man auf bekanntem Weg wieder den Bahnhof Schlechtbach. - Alternative: Wer nicht mit der Bahn angereist ist und das Auto am Wander-P Edelmannshof oder Stürzenhütte parkt, sollte vor der Wieslaufbrücke durch den Mühl- und den Erlenweg zur Jakob-Dautel-Straße gehen.

Forellensprung

TOUR 48

Michelau - Necklinsberg - Birkenweißbuch - Vorderweißbuch - Asperglen - Michelau

11 km
3 Stdn.
340 m

Charakteristik - Die reizvolle Tour führt durch alte Weinberge, idyllische Obstbaumwiesen und über einsame Waldwege und bietet eine herrliche Fernsicht.

Anfahrt - B 14/B 29 Stuttgart - Schwäbisch Gmünd, Ausfahrt Schorndorf/Rudersberg/Welzheim, L 1148 nach Michelau, am Abzweig Richtung Krehwinkel links zum Bahnhof Michelau. - Von Schorndorf mit der Regionalbahn R 21 (»Wiesel«), am Wochenende mit Buslinie 228. - Von Mai bis Oktober verkehren an Sonn- und Feiertagen ab Schorndorf der Waldbus (Linie 265) und die Schwäbische Waldbahn.

Parken - Am Bahnhof Michelau.

➥ **Der Rundweg** - Vom Bahnhof Michelau geht es entlang der K 1876 hinauf nach Asperglen. In die erste Straße (Hohe Straße) biegt man rechts ab und folgt dieser, bis die Straße Kappeläcker rechts abzweigt. Auf diesem Weg verlässt man Asperglen und ist nach kurzer Zeit schon in den ersten Obstbaumwiesen. Es wird nun spürbar steiler und man erreicht den Waldrand, wo man auf Pfadspuren durch einen Hohlweg weiter an Höhe gewinnt. Zur Orientierung sollte man sich an die Mountainbike-Downhillstrecke halten, die an diesem Hang angelegt wurde. Nach einem kurzen Steilstück wird der Weg wieder flacher und folgt der Abrisskante hinunter zu den ehem. Weinbergen. Die Aussicht ins Tal ist wunderschön und endet erst kurz vor dem ehem. Steinbruch. Die Sandsteinformationen sind noch sehr gut im Wald und am Waldrand zu erkennen. Das als Naturdenkmal ausgewiesene Gebiet ist sicherlich für mitwandernde Kinder eine willkommene Abwechslung und bietet Gelegenheit zu einer kurzen Klettereinlage. Über

Ölmühle Michelau, die älteste Ölmühle Baden-Württembergs

die kleine Wiese geht es dann weiter auf einen Fahrweg bis nach Necklinsberg. Auf dieser Strecke lohnt sich in jedem Fall ein Blick zurück in Richtung Hohenstaufen. In Necklinsberg geht man bis zur neu gestalteten Ortsmitte, biegt links in die Oppelsbohmer Straße ein und verlässt den Ort entlang der K 1875. Die erste Möglichkeit, die Straße zu verlassen, bietet ein geteerter Feldweg, der links abzweigt. Zur Orientierung dient die Markierung [Blauer Strich auf weißem Grund], die an einem »Vorfahrt achten«-Schild angebracht ist. Auf dem Weg geht es steil bergab bis zur K 1873, die man geradeaus überquert. Dem Wegweiser [Birkenweißbuch] folgend taucht man wieder in den Wald ein und wandert durch diesen, bis man nach einem leichten Anstieg auf den Obstbaumwiesen wieder mit einem herrlichen Ausblick auf die Schwäbische Alb belohnt wird. Kurz darauf erreicht man Birkenweißbuch. Die Teckstraße führt zur Boßler-/Neuffenstraße, welche man überquert, um dann durch die Hohensteinstraße weiterzugehen. Rechter Hand wartet zur Einkehr das Gasthaus Lamm.

)︲(**Gasthaus Lamm** - Im Herzen der Berglen, in Birkenweißbuch findet man dieses liebevoll gestaltete Gasthaus. Seit seiner Öffnung im Jahr 1862 wird es als Familienbesitz geführt. Regionale Spezialitäten wie Zwiebelrostbraten, Schnitzel, hausgemachte Spätzle und Maultaschen und vielem mehr verwöhnen den Gaumen. Zum Mitnehmen wird selbstgemachte Dosenwurst angeboten. Fünf unterschiedlich große, mit Liebe dekorierte Geträume laden zum gemütlichen Beisammensein ein. Laue Sommerabende kann man in dem idyllischen Biergarten in Ruhe genießen. Festlichkeiten aller Art werden gerne entgegengenommen.

Einkehren und beste Qualität genießen

Genießen Sie die ausgezeichnete Küche des Gasthaus Lamm im stilvollen Ambiente. Für unsere Speisen wählen wir für Sie das beste Fleisch aus kontrollierter Landwirtschaft aus der Region. Gartenwirtschaft vorhanden.

Hohensteinstraße 5 · 73663 Berglen-Birkenweißbuch
Tel.: 07181-76791 · info@lamm-birkenweissbuch.de
www.lamm-birkenweissbuch.de

➡ **Fortsetzung Rundweg** - Der Hohensteinstraße folgend geht es weiter bis zum Stauferweg, in den man links einbiegt, um Birkenweißbuch wieder in Richtung Vorderweißbuch zu verlassen. Nach Überquerung der K 1872 wandert man in Richtung Friedhof wieder auf Wiesenwegen. Am Friedhof biegt man rechts ab. In Vorderweißbuch trifft man wieder auf die K 1872, entlang der man den Ort verlässt und der man bis zur Abbiegung Richtung Rudersberg folgt. Belohnt wird man entlang der Straße mit der Aussicht auf das Wieslauftal und die Höhen des Naturparks Schwäbisch-Fränkischer Wald. An der Abbiegung Richtung Rudersberg folgt man noch ein kurzes Stück der K 1876 ins Tal, bis man auf dem Greutweg wieder in den Wald abbiegt. Nach Verlassen des Waldes geht es steil bergab und man befindet sich nun auf den Wiesen oberhalb von Krehwinkel. Die erste Möglichkeit, nach links und dann wieder nach rechts abzubiegen, führt zuerst durch Gärten und dann in die ehemaligen Weinberge von Asperglen. Dem Pfad folgt man, nochmals die Aussicht genießend, bis man wieder in den Hohlweg gelangt, der hinunter nach Asperglen und auf bekanntem Weg zum Bahnhof Michelau zurückführt. - Variante: Sollte man die Wanderung an einem anderen Punkt gestartet haben, so kann man noch am Ende des Weinbergwegs auf einem Pfad steil nach oben abbiegen, um so wieder auf den Weg zum Steinbruch und nach Necklinsberg zu gelangen.

TOUR 49

Asperglen - Necklinsberg - Vorderweißbuch - Bühl - Asperglen

8 km

2 Stdn.

240 m

Charakteristik - Dieser sehr schöne Rundweg führt entlang an alten Weinbergen und Steinbrüchen, durch Wald, Felder und Obstbaumwiesen und hat einige Glanzlichter zu bieten, u. a. die beeindruckende Fernsicht vom Bühl.

Anfahrt - B 14/B 29 Stuttgart - Schwäbisch Gmünd, Ausfahrt Schorndorf/Rudersberg/Welzheim, L 1148 Richtung Rudersberg/Backnang. Nach Ortsende Michelau Abzweig links nach Asperglen. - Vom Bahnhof Michelau (siehe S. 178) ca. 15 Gehminuten nach Asperglen.

Parken - P am Friedhof (nach dem Landgasthaus Rose links in die Hohe Straße, nach 150 m gabelt sich die Hohe Straße, rechts in der Straße Freudenreich ist der P). - P am Landgasthaus Rose nur für Gäste.

➡ **Der Rundweg** - Gegenüber dem P am Friedhof von Asperglen folgt man der Straße Kappeläcker [ohne Markierung] zunächst 300 m auf der asphaltierten Fahrstraße und danach weitere 200 m auf einem tief eingeschnittenen und verwachsenen alten Hohlweg aufwärts. Man erreicht eine

Wegeteilung und wählt den mittleren der drei Wege, einen schmalen Pfad. Damit hat man den Waldeintritt erreicht. Nach 100 m hält man sich links und geht an der teils felsigen Hangkante entlang. Zwischen den Bäumen eröffnet sich ein schöner Ausblick auf die gegenüberliegenden Höhen. Unterhalb des Weges befinden sich aufgelassene und oft stark verwilderte Weinberge. Nach ca. 750 m auf dem Berg passiert man auf der rechten Seite ehem. Steinbrüche mit schönen Felsbildungen. Beim Austritt aus dem Wald geht man über einen Wiesenweg auf ein umzäuntes Grundstück mit Häuschen zu. Danach wandert man auf einem Schotter- und später Asphaltweg (Steinbruchweg) mit schöner Aussicht nach Necklinsberg. Immer geradeaus erreicht man die Ortsmitte. An der dortigen Kreuzung geht es nun mit [Blauem Strich] scharf links in die Oppelsbohmer Straße. Nach 200 m verlässt man diese Straße vor der Rechtskurve mit dem [Blauen Strich] nach links und geht auf dem Asphaltweg abwärts bis zur Fahrstraße nach Vorderweißbuch. Man überquert die Straße und folgt nicht (!) der Straße mit der Markierung [Blauer Strich], sondern geht mit dem Holzwegweiser [Birkenweißbuch] geradeaus in den Wald, zunächst fast eben, später leicht ansteigend, bis eine Anhöhe erreicht ist. Auf der Anhöhe weist der Holzwegweiser [Vorderweißbuch] scharf nach links. Eine Sitzbank mit schöner Aussicht lädt zur Rast ein. Auf einem befestigten, aussichtsreichen Feldweg hält man sich nach 150 m links. Man geht zwischen Obstbaum-

Ehemalige Weinberge bei Asperglen

wiesen und Feldern. Beim ersten Rechtsbogen der Straße passiert man einen Bauernhof, nach dem zweiten Rechtsbogen genießt man einen schönen Blick ins Wieslauftal und man erreicht bei den ersten Häusern von Vorderweißbuch wieder die Fahrstraße mit dem [Blauen Strich]. Man geht nach rechts bis zur Ortsmitte. Vor (!) dem Backhäuschen, das noch betrieben wird, biegt man links mit der örtlichen Markierung [5] in die Feldbergstraße ein, auf der man den Ort verlässt. Die befestigte Straße verläuft zunächst leicht, später stärker bergauf, die letzten 50 m und damit ab hier bis zum Ende der Wanderung [ohne Markierung]. Der bereits zuvor sichtbare niedrige Wasserturm auf dem Bühl wird erreicht. Am umzäunten Erdhügel (Wasserbehälter) geht man rechts vorbei. Hier lädt eine zweite Sitzbank - die erste am Turm - zum Genießen der Aussicht in Richtung Süden und Südosten ein. Deutlich erkennbar ist der Hohenstaufen mit seiner markanten Form sowie bei guter Sicht die Schwäbische Alb. Näher liegen Wieslauftal, Remstal mit Schurwald und die Höhen der Berglen. Der Weiterweg führt auf einem befestigten Feldweg in Richtung Südosten. Nach 50 m bleibt man links und damit auf der Höhe. Nach weiteren 100 m verlässt man den abwärts führenden, befestigten Weg nach links und wandert auf einem grasigen Feldweg (!) weiter; damit bleibt man weiterhin auf der Höhe. Rechts etwas unterhalb liegt der Friedhof von Buhlbronn (siehe Variante unten). Am Ende des Wegs geht man nach links zum Sportplatzgelände Buhlbronn. Vor (!) einem doppelgiebeligen Holzschuppen rechts und vorbei am Kinderspielplatz führt der befestigte Weg bis zum Schild [Wasserschutzgebiet]. Dort geht es geradeaus (!) auf einem grasigen Feldweg leicht bergab zum Waldrand, wo ein alter, ausgewaschener Hohlweg teilweise steil abwärts führt. Man kreuzt einen Querweg und bleibt geradeaus auf dem nun geschotterten Buhlbronner Weg. Weiter unten am Waldaustritt geht es nach links in den Schelmenbühlweg und nach 50 m rechts abwärts auf einem befestigten Feldweg bis zum Ortsanfang von Asperglen. An der Krehwinkler Straße nach rechts und dann an der Brückenstraße nach links leicht ansteigend erreicht man das Landgasthaus Rose. Vor dem Landgasthaus führt links die Hohe Straße zum Ausgangspunkt am Friedhof.

➥ **Variante** - Die Wanderung kann um 3 km verlängert werden, wenn man nach dem Passieren des Friedhofs von Buhlbronn nicht nach links zum Sportplatzgelände von Buhlbronn geht, sondern nach rechts mit der örtlichen Markierung [5] bis Buhlbronn und von dort weiterhin mit [5] ins Wieslauftal hinunter. Man wandert dann nicht über die Wieslaufbrücke nach Miedelsbach, sondern biegt vor der Brücke nach links ab und wandert 1½ km flussaufwärts, bis man bei Asperglen eine Autostraße erreicht, 50 m vor dem Ortsschild und dem Landgasthaus Rose.

🍽 **Landgasthaus Rose** - Das ruhig am Ortsrand gelegene Haus verfügt über rustikal-gemütliche Governance mit familiärer Atmosphäre. Die gutbürgerliche Küche mit eigener Hausschlachtung bietet u. a. Wildgerichte und deftige Vesper. Im Ausschank ist hauseigener Fasswein.- Montag ist Ruhetag.

- Bekannt gute Küche
- Echt schwäbische Spezialitäten
- Eigene Schlachtung
- Fassbiere
- Erlesene Weine
- Gemütliche Räumlichkeiten für alle Anlässe
- Parken hinterm Haus
- Montag Ruhetag

**Familie Fritz Maier
73635 Rudersberg-Asperglen
Brückenstraße 15
Telefon: 0 71 83/68 17
Fax: 0 71 83/93 01 18**

Der Kultur-Landschaftsweg Auenwald

TOUR 50

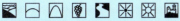

7 km

3 Stdn.

Charakteristik - Der Kultur-Landschaftsweg Auenwald lädt zu einer spannenden Wanderung mit herrlichen Ausblicken ein. Insgesamt 17 Infotafeln erzählen interessante und unterhaltsame Geschichten über Land(schaft) und Leute. Es gibt drei Rundwege mit unterschiedlicher Streckenlänge. Die Wanderung führt über einige starke Auf- und Abstiege zu herrlichen Aussichtspunkten und spektakulären Panoramablicken zum Schloss Ebersberg.

Anfahrt - B 14/B 29 Stuttgart - Schwäbisch Gmünd, Ausfahrt Schorndorf/Rudersberg/Welzheim, L 1148 nach Rudersberg, in Oberndorf links auf K 1883 abbiegen nach Lutzenberg und auf der K 1908 und K 1838 nach Auenwald-Däfern. - Von Backnang (B 14 Stuttgart - Schwäbisch Hall) über Unterweissach nach Auenwald-Däfern.

Parken - Gäste-P beim Landgasthof Waldhorn.

✪ **Auenwald** - Der Ort entstand im Rahmen der Gemeindereform 1971 durch den Zusammenschluss der ehemals selbstständigen Gemeinden Oberbrüden, Unterbrüden, Lippoldsweiler und Ebersberg. Weithin sichtbar thront Schloss Ebersberg über der malerischen Landschaft mit Wäldern, Obstwiesen und Talauen mit Bachläufen. Auenwald liegt am südwestlichen Rand des Naturparks Schwäbisch-Fränkischer Wald und hat heute knapp 7000 Einwohner. Beliebte Termine im Veranstaltungskalender sind der Krämermarkt, der am dritten Mittwoch im Juni rund um das Rathaus Unterbrüden abgehalten wird, und die alle zwei Jahre stattfindende »Auenwald-Hocketse«. Für Adventsstimmung sorgt der Auenwalder Weihnachtsmarkt am Samstag vor dem zweiten Advent, dessen Besuch sich gut mit einem Abstecher zur parallel stattfindenden Kunstausstellung in der Rats-

Gemeinde Auenwald mit Schloss Ebersberg

scheuer verbinden lässt. Zu einem reichen kulturellen Leben tragen auch die Kunst- und Kulturwochen »Auenwald creativ« mit Kunstworkshops und die erfolgreiche Kleinkunstbühne »Gruschtelkammer« bei, die Kabarett auf höchstem Niveau bietet.

➡ **Der große Rundweg** – Vom Landgasthof Waldhorn in Auenwald-Däfern geht man links - **(!)** Der Wegweiser des Kultur-Landschaftsweges zeigt geradeaus in die Dorfstraße! - in die Straße Blumacker mit dem Wegweiser [Zum Hasenbergweg]. Am Abzweig des Hasenbergweges hält man sich weiter links in der Straße Blumacker und wandert geradeaus auf einem befestigten Weg durch Obstwiesen mit herrlichem Ausblick. An Tafel 9) Ein fliegender Ameisenjäger biegt man links ab und geht dann rechts nach Hohnweiler, das man in der Hirschgasse erreicht. Dieser folgt man geradeaus und biegt dann rechts ab in die Straße Am Asang mit dem Wegweiser [Sporthalle/Tennis]. Der Weg führt am Kindergarten vorbei, hier steht eine Infotafel über den Kultur-Landschaftsweg. Nun geht es geradeaus aufwärts durch Obstwiesen. - Abkürzung: Bei der Weggabelung an Tafel 10) Landschaftswandel gibt es die Möglichkeit, den Kleinen Rundweg mit der Markierung [Grüner Punkt K] zu gehen, hierzu biegt man rechts ab. - Für den Mittleren Rundweg, Markierung [Roter Punkt M], und den Großen Rundweg, Markierung [Blauer Punkt G], biegt man links ab. An Tafel 11) Ein unbemittelter Ort vorbei führt der Weg weiter nach Ebersberg. Hier hält man sich links in der Straße Kirchberg und folgt dann dem [Grünen Pfeil] nach rechts. An der Hauptstraße (Bergstraße) geht man ein kurzes Stück links entlang abwärts und folgt dann dem Wegweiser [Fußweg Schloss Ebersberg] nach rechts. Der Weg verläuft aufwärts, dann führt rechts der Stäffelesweg steil hoch bis zum Schloss Ebersberg (siehe Seite 163). Unterwegs trifft man auf Tafel 12) Wege aus Armut und Hunger. Oben angekommen, nimmt man den Pfad nach rechts. Ruhebänke laden zu einer Pause ein, bei der man den fantastischen Panoramablick genießen kann. Bei geöffnetem Eingangstor können Schlosshof und Zwinger besichtigt werden. Weiter geht es an Tafel 13) EinBlick in die Geologie und 14) Schlossgeschichte(n) vorbei und dann rechts abwärts zu Tafel 15) Das Schloss sitzt auf dem Trockenen. Bald weist der [Grüne Pfeil] erneut nach rechts. Der Weg verläuft weiter abwärts und über die Straße geradeaus auf einen befestigten Weg. Bei einer Gabelung folgt man dem [Grünen Pfeil] nach links durch Obstwiesen mit herrlichem Ausblick. Der Weg führt weiter in den Wald, hier hält man sich rechts und kommt am Waldrand entlang zu Tafel 2) Regional war erste Wahl. Nach einem kurzen Stück kommt man nach links zu Tafel 3) Naturdenkmal Kalksinterquelle. Vorbei an der Quelle verlässt man den Wald. - Abkürzung: Bei der nächsten Weggabelung besteht die Möglichkeit, den Mittleren Rundweg nach Däfern zurück zu gehen, indem man hier rechts abbiegt. - Links geht es weiter mit dem Großen Rundweg mit der Markierung [Blauer Punkt G]. Dem Wegweiser [Lambachpumpe] folgend, erreicht man Tafel 4) Natürlich fließend… und weiter leicht aufwärts am Waldrand Tafel 5) Ganz wild auf Wild. Man folgt dem Weg geradeaus und hält sich dann rechts mit dem [Blauen Punkt G] und dem Wegweiser [Lambachpumpe]. Der Weg führt weiter in den Wald zu Tafel 6) Alte Technik - neu belebt. Hier besteht die Möglichkeit zu einem

lohnenden Abstecher: Über einen schmalen, steilen Pfad mit Treppen erreicht man eine technikgeschichtlich bedeutsame Lambachpumpe. Danach geht es rechts weiter auf einem unbefestigten Waldweg zu Tafel 7) Wald im (Klima-)Wandel. Danach hält man sich leicht rechts und bleibt auf diesem Weg. Aus dem Wald kommend hat man einen schönen Ausblick auf das Schloss Ebersberg. Man folgt dem Weg immer weiter. Dann biegt man mit dem [Blauen Punkt G] rechts ab, verlässt den Wald und erreicht auf einem befestigten Weg Tafel 8) Mosaiklandschaft Auenwald. Von hier aus hat man einen wunderbaren Ausblick auf diese einzigartige Landschaft mit Schloss Ebersberg, Däfern und Hohnweiler. Der Weg führt nun zurück nach Däfern. Von der Waldstraße biegt man links ein in die Dorfstraße und dann erneut links in die Hohnweiler Straße zum

Landgasthof Waldhorn - Das stilvolle Ambiente der großzügigen Räumlichkeiten und der lauschige Waldhorn-Garten laden zu einer kulinarischen Rundreise ein. Küchenmeister Alexander Munz schafft eine Verbindung zwischen neuer internationaler und traditioneller regionaler Küche und verarbeitet hochwertige, marktfrische Zutaten der Saison. Seine Frau Ute Wagner-Munz zaubert erlesene Desserts, außergewöhnliche Pralinen, hausgemachte Eisspezialitäten und verschiedene Kuchen. Der gut sortierte Weinkeller bietet edle Tropfen aus Baden-Württemberg sowie weitere Weine aus Deutschland, Italien, Spanien, Frankreich und Österreich. Regelmäßig werden Kochkurse veranstaltet. - ÖZ: Mo., Do., Fr., Sa., So. 11.30-14 Uhr und 17.30-22.30 Uhr (Küchenschluss 22 Uhr). Dienstag und Mittwoch ist Ruhetag.

TOUR 51

Backnang - Historischer Stadtrundgang

1½ Stdn.

Anfahrt - B 14 Stuttgart - Schwäbisch Hall. - A 81 Stuttgart - Heilbronn, Ausfahrt Mundelsheim, dann L 1115 über Großbottwar und Aspach nach Backnang. - Regionalexpress Bahnstrecke Stuttgart - Nürnberg. - Von Stuttgart S 3 und S 4. - Zentraler Omnibus-Bahnhof (ZOB).
Parken - 🏠 Stadtmitte, Biegel, Adenauerplatz, CityParkhaus Windmüller und P & R-Parkhaus am Bahnhof. P Bleichwiese und Obere Bahnhofstraße u. v. m.

✪ **Backnang** - Die Große Kreisstadt an der Murr liegt am Ostrand des Neckarbeckens, im Mittelpunkt der Backnanger Bucht, und an der südwestlichen Pforte zum Naturpark Schwäbisch-Fränkischer Wald. Die malerische Altstadt bezaubert den Besucher mit verwinkelten Gassen, alten Brunnen und historischen Fachwerkgebäuden. Das Rathaus zählt zu den schönsten in Deutschland.

✪ **Aus der Geschichte** - Zur Römerzeit, um 200 n. Chr., liegt das heutige Backnanger Gebiet ca. 15 km hinter dem Limes. Um 800 entsteht eine erste Kirchensiedlung. Im Jahre 1067 wird »Baccananc« erstmals urkundlich erwähnt und geht um 1070 an die Markgrafen von Baden über. 1220/1230 erfolgt der Ausbau zur Stadt, bevor Backnang um 1300 an Württemberg fällt. Von 1606 bis 1612 dauert der »Backnanger Gänsekrieg«: Mit der Gänsehaltung besserten ärmere Schichten ihr Einkommen auf. Da die Gänse auf den Feldern der Stadt jedoch erheblichen Schaden anrichteten, verbot die Backnanger Obrigkeit die Gänsehaltung im Jahre 1606. Mit Unterstützung des württembergischen Herzogs Johann Friedrich er-

Marktplatz mit Rathaus

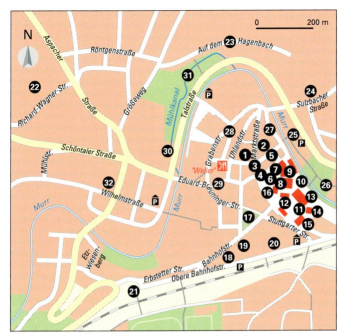

reichen die Backnanger 1612 die Rücknahme des Verbots mit einer neuen »Gänseordnung«. 1693 wird die Stadt durch französische Truppen vollständig zerstört. 1806 wird das Oberamt Backnang gebildet. Ab 1832 setzt die Industrialisierung ein, die durch den Eisenbahnanschluss 1876 zusätzlich gefördert wird. Ein bedeutendes Gerberhandwerk, Spinnereibetriebe und Baumaschinenhersteller etablieren sich. Nach 1945 entwickeln sich vor allem die Elektroindustrie sowie Elektronikbetriebe und Firmen für Kommunikationstechnik. Seit 1956 ist Backnang Große Kreisstadt und bildet heute als bedeutendes Mittelzentrum mit ca. 35000 Einwohnern den wirtschaftlichen und kulturellen Mittelpunkt für ungefähr 120000 Menschen aus dem Umland.

➡ **Historischer Stadtrundgang** - Angelehnt an das ausführliche Faltblatt der Stadt Backnang. Bei den Infotafeln immer der Pfeilrichtung folgen! - Das 1) Historische Rathaus wurde ursprünglich von 1599 bis 1601 erbaut, brannte jedoch 1693 bis auf den steinernen Renaissanceunterbau nieder. Ab 1716 entstand der Neubau auf den alten Grundmauern durch den württembergischen Landesbaumeister Ulrich Heim. Der 1981 erschaffene Brunnen erinnert an den »Backnanger Gänsekrieg« 1606 bis 1612 (siehe »Aus der Geschichte«). Die Skulptur »Die Claque« stammt von 1987. - Das 2) Stadthaus war einst Sitz des Vogts, des obersten und direkten Vertreters des württembergischen Landesherrn. Von 1877 bis 1921 war hier das Backnanger Postamt untergebracht, bevor Teile der Stadtverwaltung einzogen. Seit 2006 befindet sich das Gebäude in Privatbesitz und beherbergt ein Hotel-Restaurant. - Der 3) Marktplatz war einst Schauplatz für Wochen- und Jahrmärkte sowie Versammlungsort der Bürger. Von 1876 bis 1878 wurde der Platz neu gestaltet. Ein Ehrenmal erinnert an die Gefallenen der beiden Weltkriege. - Der 4) Marktbrunnen ist der letzte der einst drei historischen Brunnen am Rathaus und wurde 1912 vom Verschönerungsverein als Zierbrunnen ausgestaltet. - Das 5) Ehemalige Schulhaus beherbergte die erste Lateinschule, Lehrerwohnungen und von 1946 bis 1981 die Volkshochschule. - Das 6) Turmschulhaus wurde 1816/17 anstelle der Brandruine des Kirchenschiffs der Michaelskirche erbaut und diente bis 1992 als Schulhaus. Heute befindet sich hier die Galerie der Stadt Backnang, die in jährlich vier Ausstellungen zeitgenössische Kunst präsentiert (ÖZ: Di. bis Fr. 17-19 Uhr, Sa. und So. 14-19 Uhr, Führungen nach Vereinbarung unter Tel. 07191/340700). Im Jahr 2001 wurde das Gebäude saniert und die neue Außentreppe gebaut. - Über dem frühgotischen Chor der Michaelskirche aus dem 13. Jahrhundert wurde der 7) Stadtturm errichtet. 1519 stürzte der hölzerne Turm ein und wurde 1614 nach Plänen des Landesbaumeisters Heinrich Schickhardt verändert wiederaufgebaut. Bei der Zerstörung der Stadt 1693 brannte die Kirche größtenteils ab, der Turmchor und Teile des Turms blieben jedoch erhalten. 1699 erfolgte der Wiederaufbau nach den Entwürfen Schickhardts. Heute ist der 45 m hohe Turm das Wahrzeichen der Stadt. In den Jahren 2000 bis 2004 wurde der gotische Chor wiederhergestellt. Der Turm ist über die städtische Galerie zugänglich. - Das 8) Bandhaus diente einst als Kornkasten und Weinkeller des früheren Augustiner-Chorherrenstifts sowie als Schulhaus und beherbergt heute die Backnanger Jugendmusikschule, das Bandhaus-Theater und ein Puppentheater. - Die 9) Stiftskirche St. Pancratius wurde von Markgraf Hermann von Baden und seiner Frau Judith gestiftet und war vom Anfang des 12. Jahrhunderts bis ca. 1240 Grablege der Markgrafen von Baden. Seit 1929 befinden sich ihre sterblichen Überreste in der wiederhergestellten Krypta. Im Jahre 1116 wurde das Augustiner-Chorherrenstift gegründet und 1477 in ein weltliches Kollegialstift umgewandelt. Um 1500 erfolgte der Anbau des sterngewölbten Chores. Von der romanischen Stiftskirche sind die beiden Osttürme und die Hallenkrypta erhalten. Nach der Zerstörung der Stadt 1693 wurde 1697 ein einfaches Kirchenschiff wiederaufgebaut. Seit der Reformation dient die Stiftskirche als Hauptkirche der evangelischen Kirchengemeinde. - Der 10) Freithof war vor 1116 vermutlich Friedhof der Pfarrgemeinde Backnang, dann Grablege der Augustiner-Chorherren. Der gesamte Stiftsbereich war als Freistätte abgabenfrei. - Das Brunnenbecken des ehemaligen 11) Stiftsbrunnens, der ursprünglich bis zur Murrsohle reichte, ist noch erhalten. Die Reliefs zeigen das Wappen

Städtische Galerie
mit Stadtturm

des Herzogs Eberhard Ludwig von Württemberg von 1714 sowie die drei Tugenden Caritas (Liebe), Justitia (Gerechtigkeit) und Sapientia (Weisheit). - Das 12) Evangelische Dekanat wurde 1697 anstelle des ehemaligen Refektoriums des Augustiner-Chorherrenstifts erbaut und war durch einen Kreuzgang mit der Kirche verbunden. - Das 13) Ehemalige herzogliche Schloss wurde 1606 bis 1627/28 nach den Plänen von Heinrich Schickhardt errichtet, ausgeführt wurde jedoch nur ein Flügel. Nach der starken Beschädigung beim Stadtbrand 1693 diente es als Fruchtkasten und wurde 1875 bis 1878 wiederaufgebaut und erweitert für Kanzleien des Oberamts. Heute ist das Schloss Sitz des Amtsgerichts. - Die 14) Ehemalige herzogliche Küche entstand im 16. Jahrhundert und diente seit dem 19. Jahrhundert als Bezirks- bzw. Amtsgerichtsgefängnis. Nach dem Neubau auf alten Grundmauern im Jahre 1982 wurde das Gebäude durch das Finanzamt genutzt und beherbergt bis heute Teile der Stadtverwaltung. - Die 15) Ehemalige Stiftsverwaltung/Stiftskellerei brannte 1693 nieder und wurde 1697 wiederaufgebaut. Nach der Aufhebung der Stiftsverwaltung 1806 diente das Gebäude als Kameralamt, später als Finanzamt und bis heute als Dienstgebäude der Stadtverwaltung. - Das 16) Helferhaus beherbergte früher das Diakonat, den Wohnsitz des zweiten Stadtpfarrers. Heute sind hier der Heimat- und Kunstverein mit kunst- und heimatgeschichtlichen Ausstellungen und das städtische Graphik-Kabinett mit der Ernst-Riecker-Stiftung, einer knapp 1600 Blatt umfassenden, hochkarätigen Sammlung europäischer Druckgrafik vom 15. bis 19. Jahrhundert, untergebracht (ÖZ: Di. bis Do. 17-19 Uhr, Fr. und Sa. 17-20 Uhr, So. 14-19 Uhr). - Auf dem 17) Schillerplatz, heute eine Grünanlage mit Spielplatz, fand bis 1827 der Viehmarkt statt. Bis 1878 diente das Areal als Übungsplatz der Turner. 1905 wurde ein Schiller-Denkmal errichtet, das jedoch 1989 durch eine im 19. Jahrhundert von Bildhauer Johann Heinrich von Dannecker geschaffene Büste ersetzt wurde. Aus dem Jahr 1987 stammt die Steinskulptur »La Distance« von Reiner Anwander. Die geschnitzten Holzwappen von 1993 sind ein Geschenk der südungarischen Partnerstadt Bácsalmás. - Das 18) Backnanger Bürgerhaus geht zurück auf das ehemalige Bahnhofshotel, welches wiederum aus einem 1830 erbauten Gartenhaus mit Kegelbahn hervorging. 1883/84 entstand ein neues Gaststättengebäude mit Saalanbau, das »Wilhelmshöhe« genannt wurde. 1900/01 erfolgte der Neubau des Bahnhofhotels mit Theatersaal nach Plänen von Philipp Jakob Manz. 1922/23 ließ der Lederfabrikant Fritz Schweizer das Hotel erweitern und einen großen Saal anbauen. Seit einem Umbau und einer neuerlichen Erweiterung 1986/87 dient das Gebäude als Backnanger Bürgerhaus für Kulturveranstaltungen, Tagungen und Konferenzen. - Das 19) Zentral-Schulhaus beherbergt heute die Schillerschule (Grundschule) und die Pestalozzischule (Förderschule). Das erste Schulhaus wurde 1891, das zweite 1914 eingeweiht. Nach der Knaben- und Mädchenvolksschule waren hier ab 1945 eine Volks-, Mittel- und Berufsschule untergebracht. - Die 20) Kirche St. Johannes, die katholische Stadtkirche, wurde 1893/94 im neugotischen Stil erbaut. 1946 wurde der Innenraum erneuert und 1988 die neue Orgel geweiht. Im Jahre 1991 erfolgte eine Außenrenovierung. - Nach der Eröffnung der eingleisigen Bahnstrecke Waiblingen - Backnang wurde

BACKNANG
Die Murr-Metropole

Museen erleben in Backnang

- **Backnanger Stadtturm**

  Ausstellung zur Stadtgeschichte und ein herrlicher Ausblick vom Turmkranz über die Stadt. Zugang an Öffnungstagen der städtischen Galerie um 17 Uhr.
  Telefon: 07191 340700

- **Galerie der Stadt Backnang**

  Zeitgenössische Kunst in der einmaligen Symbiose des ehemaligen Schulhauses mit Gotischem Chor.
  Telefon: 07191 340700, www.galeriederstadtbacknang.de

- **Galerie im Helferhaus und Städtisches Graphik-Kabinett**

  Ausstellungen des Heimat- und Kunstvereins und Original-Druckgraphiken der Riecker-Sammlung im Graphik-Kabinett.
  Telefon: 07191 61747 (Heimat- und Kunstverein)
  Telefon: 07191 340700 (Graphik-Kabinett)
  www.heimatundkunstverein-backnang.de, www.galeriederstadtbacknang.de

- **Technik-Forum Backnang**

  Industriemuseum mit Exponaten zu Gerberei, Baumaschinen, Spinnerei und Kommunikationstechnik.
  Öffnungszeiten auf Anfrage, Telefon: 07191 340700

- **Ungarndeutsches Heimatmuseum**

  Geschichte und Lebensweise der Ungarndeutschen.
  Besichtigung: Sonntag 14–16 Uhr (Mai bis Oktober) sowie auf Anfrage.
  Telefon: 07191 894-256

Stadtinformation, Am Rathaus 2, 71522 Backnang, Info: 07191 894-256
stadtinfo@backnang.de, www.backnang.de

1877/78 ein erster 21) Bahnhof erbaut. Nachdem die Strecke Stuttgart - Backnang 1965 elektrifiziert und zweigleisig ausgebaut worden war, entstand 1975 das heutige Bahnhofsgebäude. - Das 22) Ehemalige Lehrerseminar wurde 1906 bis 1909 erbaut und diente ab 1934 als Nationalpolitische Erziehungsanstalt, 1945 als Hilfslazarett und von 1946 bis 1952 als Durchgangslager für Flüchtlinge und Heimatvertriebene. Seit 1952 wird das Gebäude wieder als Schulhaus genutzt und beherbergt heute die Mörikeschule (Gemeinschaftsschule) und nach einer Erweiterung 1992 die Schickhardt-Realschule. - Von der Schule folgt man der quer verlaufenden Aspacher Straße nach links, biegt halb rechts in den Rietenauer Weg und dann rechts in die Röntgenstraße ein. Indem man den Größeweg halb rechts überquert, erreicht man die Straße 23) Auf dem Hagenbach, von der sich ein herrlicher Blick auf die Backnanger Altstadt eröffnet. 1932 wurde hier, finanziert durch Spenden des Kaufmanns Eduard Breuninger und des Lederfabrikanten Robert Kaess, ein Bürgerheim als Altenheim errichtet. Heute befindet sich hier ein Pflegestift. - Man folgt der Straße Auf dem Hagenbach abwärts, vor Hs. Nr. 50 führt ein Weg nach rechts über Stufen. Hier hat man nochmals einen schönen Blick auf den Stadtturm und auf die Stiftskirche. Entlang der Sulzbacher Straße nach links erreicht man das 24) Totenkirchle, das 1452 beim damaligen Friedhof außerhalb der Backnanger Stadtmauer in der ehemaligen Sulzbacher Vorstadt als Kirche »Unserer Lieben Frau im Eckertsbach« errichtet wurde. 1987 wurde das Gotteshaus restauriert. - Die 25) Bleichwiese diente einst als Bleichstelle der Tuchmacher und Färber und als Trockenstelle für die Häute der Gerbereien. 1848 fand hier die letzte öffentliche Hinrichtung in Backnang statt. Heute wird die Bleichwiese als Markt- und Festplatz

Blick über die Murr zur Backnanger Altstadt

genutzt. - Die 26) Annonay-Anlage ist der südostfranzösischen Partnerstadt Backnangs (seit 1966) gewidmet. - Zwischen 1220 und 1230 wurde Backnang zur Stadt ausgebaut. Zu sehen sind noch 27/28) Reste der alten Stadtmauer. Wer auf dem Stadtrundgang nun eine wohlverdiente Pause einlegen möchte, biegt links ab in die Schillerstraße zum

))(**Café Weller** - In einem über 300 Jahre alten Fachwerkhaus kann man sich mit hausgemachten Torten, Kuchen und Gebäck, Eis aus eigener Herstellung, einem großen Frühstücksangebot (bis 11 Uhr), verschiedenen kleinen Gerichten, Salaten sowie süßen und herzhaften Crêpes verwöhnen lassen. Die stilvollen Räumlichkeiten, der lichtdurchflutete Wintergarten, die Sonnenterrasse und das Straßencafé laden zum Wohlfühlen und Genießen ein. Als süßes Souvenir locken hausgemachte Pralinen. - ÖZ: Mo. bis Fr. 8.30-18.30 Uhr, Sa. 8.30-17 Uhr, So. 13.30-18.30 Uhr.

➡**Fortsetzung Stadtrundgang** - Weiter durch die Grabenstraße erreicht man bald den 29) Chelmsford-Platz, benannt nach der südenglischen Partnerstadt, die Backnang zum 10-jährigen Partnerschaftsjubiläum im Jahr 2000 mit der original englischen Telefonzelle beschenkte. Der Brunnen wurde von Prof. Oskar Kreibich geschaffen. - Die 30) Ehemalige Bürger- oder Stadtmühle befand sich ursprünglich im Besitz des Augustiner-Chorherrenstifts, bevor sie 1482 durch die Stadt aufgekauft wurde. 1799 ging sie in Privatbesitz über und wurde seit 1895 als Layhersche Mühle bezeichnet. 1978 erwarb die Stadt das Gebäude erneut, in dem 1984 das Ungarndeutsche Heimatmuseum eingerichtet wurde. Das größte Museum seiner Art in Deutschland zeigt original eingerichtete Bauernstuben und Werkstätten, Trachten, Handarbeiten etc. und dokumentiert damit das historische, kulturelle, gesellschaftliche und wirtschaftliche Leben und Wirken der Ungarndeutschen vor der Vertreibung (ÖZ: Mai bis Oktober, So. 14-16 Uhr und nach Vereinbarung unter Tel. 07191/894-256). - Die 31) Bácsalmás-Anlage wurde 1998 als Zeichen der Verbundenheit mit der südungarischen Stadt Bácsalmás eingeweiht. 1959 übernahm Backnang die Patenschaft für die heimatvertriebenen Bácsalmáser, bevor 1988 die Partnerschaft zwischen den beiden Städten besiegelt wurde. - Das 32) Technik-Forum zeigt Exponate zu Gerberei, Baumaschinen, Spinnerei und Kommunikationstechnik (Öffnungszeiten: auf Anfrage unter Tel. 07191/340700).

Café Weller
seit 1892
KONDITOREI · CONFISERIE
BÄCKEREI
Schillerstr. 19 · 71522 Backnang · Tel. 0 71 91 / 3 20 67 08 · Fax 3 20 67 09

Sulzbach an der Murr

Anfahrt - Sulzbach an der Murr liegt an der B 14 Stuttgart - Schwäbisch Hall. - Von Stuttgart Hauptbahnhof Regionalexpress Richtung Nürnberg/Crailsheim oder mit der S 3 nach Backnang, dann weiter mit Regionalbahn R 3 oder Bus.
Parken - Mehrere P im Ortszentrum und am Bahnhof.

✪ **Sulzbach an der Murr** - Im Jahre 1225 wird der Ort erstmals urkundlich erwähnt, seine Ursprünge reichen jedoch bis in die Römerzeit zurück, als Sulzbach an bedeutenden Straßenverbindungen lag. Der Ortsname leitet sich ab von »Sulz« oder »Sülze« (morastige Stelle oder sulziges Wasser). 1504 kommt Sulzbach als Teil der Grafschaft Löwenstein zu Württemberg, bleibt jedoch Sitz des Amtes Sulzbach-Fornsbach. Das 1573 verliehene Marktrecht wird bis heute mit drei Jahrmärkten und einem Wochenmarkt ausgeübt. Bei einem verheerenden Brand am 29. Mai 1753 werden zwei Drittel der Gebäude samt Kirche und Rathaus zerstört, doch man nimmt rasch den Wiederaufbau in Angriff: 1756 wird die neue evangelische Kirche eingeweiht. Ca. 50 Jahre später fällt Sulzbach endgültig an Württemberg. 1867 verkaufen die Grafen von Löwenstein das Schloss Lautereck und geben damit ihren Besitz auf. Nach dem Zweiten Weltkrieg wächst Sulzbach durch den Zuzug vieler Vertriebener und Flüchtlinge. Im Zuge der Gemeindereform 1970 entsteht der Gemeindeverwaltungsverband Sulzbach, dem auch die Gemeinden Spiegelberg und Großerlach angehören. Bis heute prägen zahlreiche, meist nach dem Brand von 1753 er-

Das ehemalige Wasserschloss Lautereck

richtete Fachwerkgiebelhäuser das Ortsbild. Auf einem Plateau hoch über dem Fischbach thront die evangelische Ulrichskirche, umgeben vom alten Kirchhof mit Resten der Wehrkirchenanlage und einem Wehrturm aus dem 15. Jh. Das in den Jahren 1754 bis 1756 erbaute Gotteshaus birgt in seinem Inneren eine dreiseitige, doppelstöckige Empore, ein sehenswertes, ausdrucksvolles Kruzifix, eine Renaissance-Kanzel und eine große Tschöckel-Orgel von 1975. Das ehemalige Wasserschloss Lautereck gehörte einst den Grafen zu Löwenstein-Wertheim. Der stattliche Fachwerkbau aus der zweiten Hälfte des 17. Jh. war einst von einem Wassergraben umgeben, der durch eine neu angelegte, gepflegte Grünanlage ersetzt wurde. Am Marktplatz steht das Rathaus, ein schmuckes Fachwerkgebäude von 1839. Das einstige Wasch- und Backhaus an der Schmalen Gasse steht mit seinem Fachwerkoberstock halb auf Steinpfosten und ist damit eines der seltenen erhaltenen Beispiele dieser Bauweise.

Wanderwege rund um Sulzbach an der Murr

Dass sich der malerisch gelegene Ort bestens als Ausgangsort für attraktive Wanderungen anbietet, versteht sich von selbst. Insgesamt 12 Rundwege erschließen die herrliche Umgebung. Ausführliche Informationen hierzu bietet die Internetseite www.sulzbach-murr.de.

➡ **Rundweg 1: Vom Lautertal zum Rossstall** - Wander-Ⓟ Lautern - Rossstall - Sauloch - Burgschlag - Reich - Wander-Ⓟ Lautern. - 5 ½ km - 1 ½ Stdn. - 244 Höhenmeter.

SULZBACH AN DER MURR

- Staatlich anerkannter Erholungsort
- Herrlich gelegene Gemeinde zwischen den ausgedehnten Wäldern der Löwensteiner Berge und dem Murrhardter Wald
- Attraktive, abwechslungsreiche Erholungslandschaft im Naturpark Schwäbisch-Fränkischer Wald
- Freizeitmöglichkeiten sind in der herrlichen Umgebung zahlreich vorhanden. Kultur im Schlössle, Freizeitanlage Seitenbachtal, Arboretum, 150 km Wanderwege, Mountainbikestrecken, Barfußpfad sowie im Winter gespurte Loipen.

Sulzbach an der Murr

Bahnhofstraße 3
71560 Sulzbach a.d. M.

Fon: 0 71 93/51-0
Fax: 0 71 93/51-29

bma@sulzbach-murr.de
www.sulzbach-murr.de

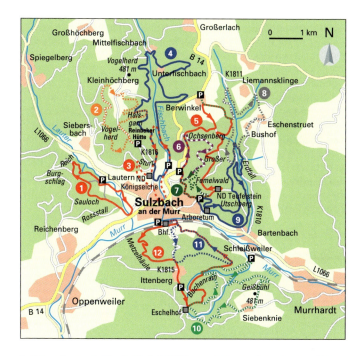

➡ **Rundweg 2: Nach Kleinhöchberg** - Wander-P Haidacker - Kleinhöchberg - Wander-P Haidacker. - 7½ km - 2 Stdn. - 400 Höhenmeter.

➡ **Rundweg 3: Fischbachtal und Sturz** - Wander-P Fischbachtal - Reinbeker Hütte (Grillstelle) - ND Königseiche - Wander-P Fischbachtal. - 6 km - 1½ Stdn. - 207 Höhenmeter.

➡ **Rundweg 4: Im Fischbachtal** - Wander-P Fischbachtal - Unterfischbach - Mittelfischbach - Vogelherd - Halsgarn - Reinbeker Hütte - Wander-P Fischbachtal. - 13 km - 4 Stdn. - 753 Höhenmeter.

➡ **Rundweg 5: Über den Teufelstein nach Berwinkel** - Wander-P Teufelstein/Kreuzäckerstraße - ND Teufelstein - Femelwald - Berwinkel - Seitenbachtal - Wander-P Teufelstein/Kreuzäckerstraße. - 10 km - 2½ Stdn. - 469 Höhenmeter.

➡ **Rundweg 6: Zum Waldlehrpfad im Seitenbachtal** - Wander-P Seitenbachtal - Waldlehrpfad - Ochsenberg - Spiel- und Bolzplatz mit Blockhütte und Grillstellen im Seitenbachtal - Wander-P Seitenbachtal. - 4 km - 1 Std. - 213 Höhenmeter.

➡ **Rundweg 7: Aussichtstour Helenenruhe** - Wander-P Teufelstein/Kreuzäckerstraße - vorbei an zwei Grugsteinen (auf ihnen konnten einst die Sargträger auf dem Weg von den Teilorten zum Sulzbacher Friedhof ihre schwere Last absetzen) - Helenenruhe - Wander-P Teufelstein/Kreuzäckerstraße. - 3½ km - knapp 1 Std. - 202 Höhenmeter.

➡ **Rundweg 8: Auf der Höhe zum Bushof** - Wander-P Berwinkel - Liemannsklinge - Eschenstruet - Bushof - Femelwald - Wander-P Berwinkel. - 10 km - 2½ Stdn. - 508 Höhenmeter.

➥**Rundweg 9: Vom Arboretum ins Haselbachtal** - Wander-P Teufelstein/Kreuzäckerstraße - Arboretum (Rundweg mit 20 asiatischen, nordamerikanischen und einheimischen Bäumen) - Erdfall/Haselbachtal - Wander-P Teufelstein/Kreuzäckerstraße. - 9 ½ km - 2 ½ Stdn. - 539 Höhenmeter.
➥**Rundweg 10: Über Siebenknie zum Eschelhof** - Wander-P Schleißweiler - Siebenknie - Eschelhof (Barfußpfad) - Wander-P Schleißweiler. - 10 ½ km - 2 ½ Stdn. - 536 Höhenmeter.
➥**Rundweg 11: Panoramatour am Ittenberger Hang** - Bahnhof Sulzbach - Georg-Fahrbach-Weg - Ittenberg - oberhalb Schleißweiler - Murrtal - Bahnhof Sulzbach. - 6 km - 1 ½ Stdn. - 314 Höhenmeter.
➥**Rundweg 12: Von Ittenberg ins Murrtal** - Wander-P Ittenberg - Eschelhof - Schleißweiler - Sulzbach - Metzelhäule - Georg-Fahrbach-Weg - Wander-P Ittenberg. - 9 km - 2 ½ Stdn. - 470 Höhenmeter.

TOUR 52

Sulzbach - Fischbachtal - Mittelfischbach - Kleinhöchberg - Sulzbach

15 km

4 Stdn.

300 m

Charakteristik - Der erholsame, beschauliche Rundweg führt durch das idyllische Fischbachtal und durch schattigen Hochwald aufwärts zu den Höhen oberhalb von Sulzbach, die dem Wanderer schöne Ausblicke bieten. Zum Teil sind längere Anstiege zu bewältigen, dennoch ist der Weg auch mit Kinderwagen geeignet.
Anfahrt - wie S. 193.
Parken - Parkmöglichkeiten in der Backnanger Straße in der Nähe des Brauhauses am Schlössle.

🍽 **Brauhaus am Schlössle** - Im einmaligen Ambiente der Gasträume rund um die Braukessel und in den Sommermonaten auch im Biergarten kann man sich die unfiltrierten Hausbiere schmecken lassen. Die Speisekarte bietet neben Spezialitäten rund ums Bier, wie z. B. Bierbraten oder Braumeisterschnitzel, auch typisch Schwäbisches, vegetarische und Fischgerichte, knackige Salate, Vesper und Gerichte für den kleinen Hunger sowie verlockende Desserts (u. a. Bierkuchen). Das Bier gibt es auch zum Mitnehmen (in 1- oder 2-Liter-Flaschen sowie, auf Vorbestellung, im Fass), nach Vereinbarung werden Brauereiführungen angeboten. - ÖZ: Di. bis Fr. ab 17 Uhr, Sa. ab 15 Uhr, So. und Fei. ab 10 Uhr. Mo. ist Ruhetag (in den Wintermonaten Mo. und Di.).
➥**Der Rundweg** - Vom Brauhaus am Schlössle geht man auf der Backnanger Straße Richtung Ortsmitte, links an der Kirche vorbei und sofort wieder links, jetzt mit [Blauem Strich] und [N mit rotem Pfeil, Naturfreun-

dehaus Steinknickle]. Diese beiden Wanderzeichen begleiten die Wanderung nunmehr bis Mittelfischbach. Auf dem Fischbachweg wandert man geradeaus aus dem Ort. Man geht durch eine Unterführung unter der B 14, danach in einem langgezogenen Rechtsbogen vorbei an der Fischbachsägmühle bis kurz vor die Einmündung in die B 14 und hier markierungsgemäß links auf einer befestigten, wenig befahrenen Asphaltstraße in das Fischbachtal. Der Wanderweg verläuft immer am Fischbach entlang durch hohen Wald, stetig leicht ansteigend. Man folgt nicht der Abzweigung links aufwärts nach Kleinhöchberg, sondern bleibt auf dem Talweg. Nach 1 Std. auf dem Talweg erreicht man den kleinen Weiler Mittelfischbach. Direkt vor dem Ortsschild zweigt der geschotterte Weiterweg (Fischbachweg) nach links ab, nunmehr [ohne Markierung]. Der breite Forstweg führt leicht ansteigend am Bachlauf entlang. Ein kurzes Wegstück verläuft etwas steiler aufwärts und damit höher über dem Bach, dann aber wieder abwärts zum Bach. An einer Gabelung auf einer kleinen Lichtung mit Rastplatz, Feuerstelle und Holzunterstand geht man geradeaus. Nach 5 Min. folgt man der Linkskehre, die zunächst auf der anderen Seite des Baches steiler aufwärts verläuft und allmählich den Bach und damit das Tal verlässt. Der Weg führt am Hang entlang über kleine Schluchten und an der nächsten Gabelung geradeaus. Jetzt bleibt man ca. ½ Std. immer geradeaus auf diesem Forstweg, der zwischendurch fast eben verläuft, meist aber stetig leicht ansteigt und nach der Einmündung des Radwegs von links aus dem Fischbachtal mit [4] auch wieder steiler (rechts) aufwärts führt. An einer Gabelung geht man nicht **(!)** den steileren Weg nach links, son-

Blick zur evangelischen Ulrichskirche

dern unter Beibehaltung der Richtung den fast ebenen Weg geradeaus. Oben mündet der Weg in einen breiten Forstweg, dem man mit [Blauem Kreuz, G 2] nach links und anschließend in einer Rechtskurve abwärts aus dem Wald heraus folgt. Hier hat man einen schönen Ausblick über die bewaldete Hochfläche, auch auf die Hohe Brach (586 m) mit Fernmeldeturm, die höchste Erhebung im Naturpark Schwäbisch-Fränkischer Wald und im Rems-Murr-Kreis, und den idyllisch gelegenen kleinen Weiler Kleinhöchberg. Dort wandert man beim Brunnen mit [Blauem Kreuz] links aus dem Ort hinaus. Die Tour verläuft nun auf der wenig befahrenen K 1816, anfangs mit schöner Aussicht Richtung Sulzbach, später durch den Wald. Im Wald kann man wählen: Entweder man bleibt auf der asphaltierten Straße oder man folgt dem [Blauen Kreuz] nach rechts auf einen Forstweg. Beide Wege führen steil abwärts - beim Waldaustritt wieder mit schöner Aussicht - und treffen beim Ortsschild von Sulzbach wieder zusammen. In Sulzbach wandert man auf der Kleinhöchberger Straße ortseinwärts und überquert die B 14 geradeaus. Bei der Einmündung der Kleinhöchberger Straße in die Backnanger Straße folgt man der Backnanger Straße nach rechts bis zum Ausgangspunkt und zur verdienten Einkehr im Brauhaus am Schlössle.

➡ **Weiterer Wandertipp: Wanderung zur »Bierquelle«** - Das Brauhaus am Schlössle veranstaltet regelmäßig geführte Wanderungen mit Verkostung, Brauereiführung und Biermenü. Vom Schloss Lautereck geht es zur sagenumwobenen Seufzerquelle oberhalb von Oppenweiler. Der Sage nach soll eine Magd zur verborgenen Quellfassung im Schiffrainer Wald verbannt worden sein, um unter Seufzen und Wehklagen ein Kind zur Welt zu bringen. Das Ende der Geschichte ist nicht überliefert, so dass man seiner Fantasie freien Lauf lassen kann. Am benachbarten Rastplatz Rossstall gibt es eine Bierverkostung, bevor die Wanderung zum Brauhaus am Schlössle zurückführt. Hier kann man bei einer Führung mit kurzem Bierseminar hinter die Kulissen der Brauerei blicken und zum Abschluss ein Biermenü genießen.

TOUR 53

Murrhardt - Historischer Stadtrundgang

Anfahrt - B 14 Stuttgart - Schwäbisch Hall, Abzweig in Sulzbach. - B 19 Aalen - Schwäbisch Gmünd, Abzweig in Gaildorf. - Bahnhof an der Bahnstrecke Stuttgart - Crailsheim.
Parken - Mehrere P und 🅿 im Zentrum.

✪ **Murrhardt** - Der Erholungsort an der Murr bildet das Zentrum des Naturparks Schwäbisch-Fränkischer Wald. Eingebettet zwischen Wiesen erstreckt sich die Stadt auf herrliche Hochflächen und ist umgeben von weitläufigen Waldungen. Die rund 14000 Einwohner zählende lebendige Stadt im Zentrum des Schwäbischen Waldes mit ihrem großzügigen Marktplatz und der schönen Fußgängerzone mit prächtig restaurierten Fachwerkhäusern konnte sich ihren historischen Reiz erhalten. Die Städtische Kunstsammlung, untergebracht im Gebäude der Stadtbücherei, zeigt zahlreiche Gemälde weit über die Grenzen der Region bekannter Murrhardter Maler wie Reinhold Nägele und Heinrich von Zügel. Einen Besuch wert ist auch das Carl-Schweizer-Museum, das neben seiner umfassenden zoologischen Sammlung auch großartige Funde aus der Römerzeit und der mittelalterlichen Kloster- und Stadtgeschichte präsentiert. Ebenso vorbeischauen sollten Besucher im Informationszentrum des Naturparks Schwäbisch-Fränkischer Wald (Marktplatz 8), in dem auch die städtische Touristinfo untergebracht ist. Besondere Anziehungspunkte sind die zahlreichen Feste, wie der Nachtumzug der Narrenzunft Murreder Henderwäldler, der den jährlichen Reigen der Feste eröffnet. Höhepunkte im Sommer sind der Januariusmarkt im Stadtgarten, das Sommernachtsfest am Waldsee sowie das Zeltspektakel Sommerpalast. Mit dem stimmungsvollen Weihnachtsmarkt klingt das Jahr aus. - In der Umgebung Murrhardts findet man eine weitgehend unberührte Natur, die zu ausgedehnten Rad- und Wandertouren einlädt, u. a. über den Limes-Wanderweg, zu den Hörschbach-Wasserfällen oder durch das Felsenmeer am Riesberg zum Aussichtsturm mit herrlichem Blick auf die Stadt und das Murrtal. Lohnenswert ist auch ein Ausflug zum Waldsee bei Fornsbach mit seinen vielseitigen Freizeitanlagen (Tret- und Ruderbootverleih, Bade- und Angelmöglichkeit, Minigolf, Beachvolleyball, Tischtennis, Sommerstockbahn, Grillplatz, Kinderspielplatz, Elektromotorräder, Gastronomie, Winterwandern, Eislaufen, Eisstockschießen).

✪ **Aus der Geschichte** - 150 n. Chr. erbauen die Römer das Kastell Murrhardt zur Sicherung des Limes. Um 260 werden die Römer durch die Alemannen verdrängt, die ihrerseits 496 durch den Frankenkönig Chlodwig besiegt werden. 788 wird »cellula Murrhart« erstmals urkundlich erwähnt. 816/17 gründet Abt Walterich ein Benediktinerkloster, gestiftet von Kaiser Ludwig dem Frommen, Sohn Karls des Großen. 1288 wird Murrhardt zur Stadt. Schwere Verwüstungen erleidet Murrhardt im Bauernkrieg (1525) und im Dreißigjährigen Krieg (1618-1648). 1765 zerstört ein Brand weite Teile der Stadt, die nach mittelalterlichem Vorbild wiederaufgebaut wird. Vom Eisenbahnanschluss 1878 profitiert sowohl die einsetzende Indus-

Rathaus

trialisierung als auch der aufkommende Fremdenverkehr. Murrhardt ist staatlich anerkannter Erholungsort.

➡ **Historischer Stadtrundgang** - Ausgangspunkt ist der 1) Marktplatz mit Rathaus. Der Vorgängerbau des Rathauses von 1558 fiel dem Stadtbrand von 1765 zum Opfer. Das heutige Gebäude stammt aus dem Jahr 1784 und wurde in Anlehnung an Pläne des Backnanger Stadtwerkmeisters Schwicker erbaut. Das gusseiserne Balkongeländer entstand 1849 unter Mitarbeit des Murrhardter Schlossermeisters und Ehrenbürgers Ferdinand Nägele. Das Rathaus bildet heute den beherrschenden Abschluss des Marktplatzes nach Süden. - Die Entstehung des 2) Marktbrunnens geht auf das Jahr 1580 zurück. Seitdem musste der Brunnen mehrfach erneuert werden, u. a. wurde der Brunnenfigur 1945 der Kopf abgeschossen. Bei der Brunnenfigur handelt es sich um einen Wäppner, der die herzoglichen Insignien trägt (Wappen und Marschallstab). - An der 3) Westseite des Marktplatzes stehen giebelständige Traufhäuser aus der zweiten Hälfte des 18. Jh. Eine Ausnahme bildet die Walterichsapotheke (Hs. Nr. 6), die auf die ehem. Klosterapotheke zurückgeht. Hs. Nr. 5 war die ehem. Oberamtei. Die zum Teil mit Schmuckelementen versehenen Fachwerkfassaden wurden in der jüngeren Vergangenheit freigelegt und restauriert. - Die Gebäude an der 4) Ostseite des Marktplatzes stammen ebenfalls aus der Zeit nach dem Stadtbrand von 1765. Im Gasthof zum Engel wurde der Murrhardter Maler Reinhold Nägele geboren. Radierungen des Künstlers sind in der Gaststube ausgestellt. - Die 5) Hauptstraße zeigt

Westseite des Marktplatzes

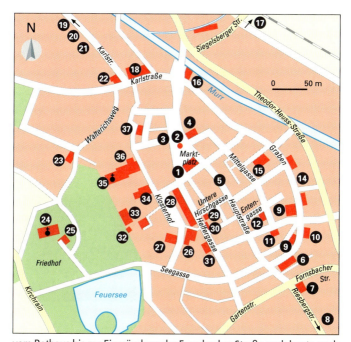

vom Rathaus bis zur Einmündung der Fornsbacher Straße auch heute noch das durchgängige Konzept des Wiederaufbaues nach 1765 mit hauptsächlich giebelständigen Häusern mit einigen schmucken Fachwerkfassaden und dem stattlichen Gasthaus Hirsch. Die große 6) Kronenmetzgerei (Hauptstraße 55) aus dem Jahre 1745 stellt mit Traufsimsen und den Schmuckelementen in der Fachwerkfassade einen würdigen Abschluss der Hauptstraße nach Süden dar. Die graue Farbgebung der Fachwerkhölzer beruht auf den anlässlich der Sanierung festgestellten Farbbefunden. - Um 1700 wurde das Fachwerkhaus 7) Riesbergstraße 1 mit hohem, in die Hauptstraße hineinwirkenden Giebel mit Schmuckelementen im oberen Bereich errichtet. Im Gebäude befand sich einst die Gaststätte Germania. - Im Gebiet des 8) Riesbergs befinden sich die Reste des römischen Kastells aus der Zeit um 150 n. Chr. Bereits aus dem Jahr 1499 ist der Fund eines römischen Grabsteins aus diesem Gebiet überliefert. Wissenschaftliche Grabungen fanden u. a. in den Jahren 1973 bis 1987 statt. Die Reste des Kastells sind der Öffentlichkeit nicht zugänglich. - Die beiden aus dem 19. bzw. 18. Jh. stammenden Fachwerkhäuser 9) Grabenstraße 50 und 56 bilden im Einmündungsbereich der Mittelgasse und Löwengasse in die Grabenstraße, zusammen mit dem unten beschriebenen Gebäude Grabenstraße 53, eine städtebaulich reizvolle Situation, die durch die platzartige Aufweitung noch betont wird. - 10) Grabenstraße 53 ist ein repräsentatives Fachwerkgebäude in der oberen Vorstadt, das 1556 errichtet wurde und die Brandkatastrophe von 1765 überstand. Das denkmalgeschützte Gebäude ist bis heute ohne gravierende Änderungen erhalten. - Das Haus 11) Mittelgasse 37 an der südlichen Teilung der Mittelgasse wurde 1766,

STADT MURRHARDT
herrlich schwäbisch

April	**Murrhardter Frühling**
Juni	**Januariusmarkt**
Juli	**Sommerpalast**
August	**Sommernachtsfest am Waldsee**
Oktober	**Naturparkmarkt**

Infos unter
Stadtverwaltung Murrhardt
Telefon 0 71 92 / 213-777

www.murrhardt.de

unmittelbar nach dem Stadtbrand, teilweise auf der Stadtmauer wieder aufgebaut. Das Fachwerk weist gemalte und geritzte Schmuckelemente auf. - Das Gebäude 12) Entengasse 6 ist ein stattliches Fachwerkgiebelhaus von 1767 an der Ecke Entengasse/Mittelgasse. Die Bemalung des in beide Gassen wirkenden Eckpfostens wurde nach altem Vorbild erneuert. - Das Gebäude 14) Grabenstraße 33 ist auf den ersten Blick ein recht unscheinbares, verputztes Fachwerkhaus aus der Zeit um 1800, das jedoch mit einem noch erhaltenen, sehr niedrigen Zwischengeschoss eine bauliche Besonderheit birgt. Als im Altstadtbereich noch Tiere, v. a. Ziegen, gehalten wurden, dienten diese Zwischengeschosse als Lager für Heu und Ernteerzeugnisse. In der Neuzeit wurden diese Geschosse zugunsten von höheren Erdgeschossen häufig ausgebrochen, was teilweise zu unbefriedigenden Außenfassaden führte. - Das 15) Grabenschulhaus, die sogenannte »Alte Schule«, wurde 1770 an der östlichen Stadtmauer errichtet. Nach einer äußerst wechselvollen Geschichte hat das stadtbildprägende Gebäude nach einer umfassenden Sanierung in den Jahren 1985/1986 als Lehrgebäude für die Volkshochschule und mit dem Einbau von Räumen für örtliche Vereine wieder zu seiner ursprünglichen Bestimmung zurückgefunden. Im Grabenschulhaus wurde am 16.1.1863 der Murrhardter Ehrenbürger Prof. Dr. Hermann Julius Losch, langjähriger Präsident des Statistischen Landesamtes in Stuttgart, geboren. - Das direkt an der Murr gelegene 16) Gasthaus zum Ochsen (Hauptstraße1) prägt durch seine Lage am nördlichen Eingang zur Altstadt das historische Stadtbild mit, u. a. durch sein Wirtshausschild, das Johann Adam Nägele, dem Vater des Paulskirchen-Abgeordneten Ferdinand Nägele, zugeschrieben wird. - Die 17) Rümelinsmühle (Siegelsberger Straße 23) ist eine Mahlmühle aus dem Jahr 1799, die heute noch in Betrieb ist. In einem Anbau an der Ostseite ist das Wasserrad untergebracht. Über dem Bogeneingang befindet sich das Relief einer männlichen Büste, auf dem Kopf ein Vogel, der den Mann an der Nase packt - ein Spottbild gegen üble Nachrede. Das Backhäuschen vor der Mühle wurde 1986/87 aus dem Murrhardter Teilort Hinterbüchelberg versetzt. - Das Gebäude 18) ehemaliges Restaurant Sonne-Post (Karlstraße 6) war ab 1841 Posthalterei und von 1843 bis 1877 Postexpedition. Das schmiedeeiserne Wirtshausschild stammt aus der Mitte des 19. Jh. Am 25.6.1945 fand hier eine Versammlung von Landräten, Oberbürgermeistern und Bürgermeistern Nordwürttembergs statt, in der nach dem Ende des Dritten Reiches der Grundstein für das neue demokratische Staatswesen gelegt wurde. - Die 19) Bürgermühle, ein langgestreckter Fachwerkbau aus dem Jahre 1684, lag vor der Korrektur der Murr direkt am Flussufer und war bis 1915/1916 in Betrieb. 1981 wurde die östlich angebaute Scheune unter Wahrung der historischen Gesamtkonzeption des Baukörpers zu einem Wohnhaus ausgebaut und vor dem Abriss bewahrt. - Der 20) Wolkenhof liegt, wie die Villa Franck, am Hang des Hofberges über der Stadt. Das Anwesen wurde um 1873 vom Ehrenbürger der Stadt, dem Tiermaler Prof. Heinrich von Zügel, erworben, der hier auch zeitweise sein Atelier hatte. Der Künstler erlangte mit seinen impressionistischen Werken auch weit über Europa hinaus große Bedeutung. Die im städtischen Besitz befindlichen Werke des Malers sind im Gymnasium an der Steinberger Straße ausge-

Villa Franck

stellt. - Die 21) Villa Franck (Hohenstein 1) wurde 1905/1906 im Auftrag des Ehrenbürgers Robert Franck von den Stuttgarter Architekten Schmohl und Stäheling geschaffen. Robert Franck (1857-1939) war ein erfolgreicher Zichorien-Korn-Kaffee-Fabrikant, der mit seinen Stiftungen zahlreiche Projekte unterstützte, u. a. den Bau eines Erholungsheimes, des Krankenhauses und der Stadthalle sowie die Renovierung der Stadtkirche. Das schlossähnliche Gebäude mit Treppenanlage und Park vereint in einer weit über Murrhardt hinausgehenden Einzigartigkeit neubarocke Bauformen mit Jugendstilelementen. Die Villa kann jederzeit von außen besichtigt werden, da der umgebende Park frei zugänglich ist. Kostenlose Führungen jeweils am ersten Samstag im Monat während des Sommerhalbjahres um 11, 13 und 15 Uhr. Der Park erstreckt sich bis auf das Hoffeld und bietet eine reizvolle Mischung aus lauschigen Abschnitten mit kleinen Tempeln und großartigen Ausblicken auf das Murrtal und die Stadt. - In der 22) Karlstraße 13 ist ein um 1810 im klassizistischen Stil erbautes Wohnhaus zu sehen. Hier lebte der Ehrenbürger Ferdinand Nägele (1808-1889), der 1848 als Abgeordneter der Deutschen Nationalversammlung in der Frankfurter Paulskirche angehörte. Außerdem wurde hier 1856 Prof. Eugen Nägele geboren, ein Mitbegründer des Schwäbischen Albvereins. - Im 23) ehemaligen Schafhaus (Walterichsweg 18) von 1725 wohnten die Klosterschäfer. Daneben befand sich der Farrenstall, der in früherer Zeit als Schafscheuer diente. - Die Ursprünge der 24) Walterichskirche gehen zurück bis in die Römerzeit um 150 n. Chr., als sich auf dem Hügel ein römisches Heiligtum befand, das möglicherweise dem Sonnengott Mithras geweiht war. In ihrer heutigen Form stellt sich die Walterichskirche als schlichtes gotisches Bauwerk dar, das vor allem durch seine harmonischen Proportionen besticht. In seiner langen Geschichte entwickelte es sich aber aus einer merowingischen Kirche (um 750) über die Karolingerzeit (um 820) und Romanik (um 1100). In der Kirche liegt das wieder aufgefundene Grab des »Sankt« Walterich - er wurde nie in der offiziellen Liste der Heiligen geführt, aber vom Volk als solcher verehrt.

Walterichskirche mit Totengräberhaus

Zu seinem Grab gab es eine Wallfahrt, die dem Städtchen in der Karwoche einen großen Zulauf brachte. 1801 ließ der Prälat die Grabplatte entfernen und umarbeiten und das Grab verdecken, um der »katholischen« Wallfahrt ein Ende zu bereiten. In seinem Grab wurden römische Steine gefunden, u. a. mit der einzigen nördlich der Alpen bekannten Darstellung von Romulus und Remus mit der Wölfin, die heute im Carl-Schweizer-Museum ausgestellt ist. Zur Bedeutung der Walterichskirche trägt auch der nördlich am Chor befindliche Ölberg von 1525 bei, der alljährlich am Karfreitag geöffnet wird. - Das 25) Totengräberhaus (Walterichsweg 41) wurde 1770 als Armenhaus erbaut und 1981 vorbildlich saniert. Im Ensemble mit der Walterichskirche ist das Totengräberhaus zum Wahrzeichen der Stadt geworden. - Die im südlichen Klosterbereich gelegene ehem. 26) Zehntscheuer (Klosterhof 1) aus den Jahren 1530/1540 diente einige Jahre als Feuerwehrgerätehaus und ist heute Kulturhaus und Sitz der Musikschule. In den Giebelseiten sind geschwungene Andreaskreuze eingebaut und am rechten Pfosten des Nordgiebels befindet sich ein Halbrundschild des Abtes Martin Mörlin. - Die ehem. 27) Faselviehscheuer des Klosters aus dem 18. Jh. wird heute als Kino genutzt. Als Faselvieh werden männliche Zuchttiere bezeichnet. - Beim sog. 28) Langen Bau (Helfergasse 2-12) handelt es sich um ein ehemals zum Kloster gehörendes Wirtschaftsgebäude, das 1551 und 1765 jeweils durch Brände zerstört wurde. Nach dem Abbruch von störenden Anbauten und der Wiederherstellung der gemauerten Erdgeschosse mit Fachwerkstock zeigt sich der Bau heute wieder in seiner ursprünglichen Form. - Die nächste Station des Stadtrundgangs ist das 29) Geburtshaus von Prof. Heinrich von Zügel (Untere Hirschgasse 7/9). - Das Gebäude 30) Helfergasse 15 wurde 1766, unmittelbar nach dem Stadtbrand, mit ungewöhnlich aufwendigen Schmuckelementen in der Fachwerkfassade anstelle von zwei abgebrannten Häusern wieder aufgebaut. Ein Eckbalken im Obergeschoss zeigt vermutlich das Berufszeichen eines Küfers. - Im 31) Helferat/Helferhaus (Helfergasse 22) aus der ersten

Ansicht vom Waltersberg

Wertvolle Mineralien, harmonisch miteinander verbunden – das ist SCHURWALD. Das Mineralwasser aus den Tiefen des Schurwaldes schmeckt nach Entspannung, Wohlfühlen und Heimat – eben ganz nach dem Naherholungsgebiet, aus dem es kommt.

SCHURWALD Mineralwasser wird in der Region gewonnen und getrunken – ohne lange Transportwege, zum Schutz der Umwelt. Ein vertrauensvolles Produkt für die ganze Familie.

www.urbacher-mineralquellen.de/schurwald

Hälfte des 19. Jh. wohnte der »Helfer« (Diakon) des Stadtpfarrers (Prälat). - Der 32) Hexenturm stammt aus der Zeit um 1500 und wurde früher als Diebsturm bezeichnet. Der Wehrturm mit Verlies befand sich im westlichen Teil der Ringmauer, die den Klosterbereich umgab. In seine Mauer wurde das 1499 im Bereich des Stadtgartens gefundene Grabmal eines römischen Soldaten namens Assonius Justus aufgenommen. Vom Grabmal ist heute nur noch eine Steinplatte erhalten. - Das 33) Evangelische Pfarrhaus und das Evangelische Gemeindehaus (Klosterhof 5 und 5/1) aus den Jahren 1770 und 1728 entstanden aus der Prälatur und der Pfarrscheuer. Die Fassade und Proportionen des Pfarrhauses mit den sehenswerten, aufwendigen Dachrinnenausläufen in Drachenform lassen die Einflüsse des ausgehenden Barockzeitalters erkennen. Ein Steinquader an der Südostecke weist auf den Erbauer, Abt Friedrich Christoph Oetinger hin, der als Theologe und Philosoph über Murrhardt hinaus bis in die heutige Zeit bekannt ist. - Ein bedeutendes Baudenkmal des früheren Benediktinerklosters stellt das Ensemble aus ehem. 34) Refektorium und Fürstenbau (Klosterhof 6) dar, die heute von der evangelischen Kirchengemeinde genutzt werden. Der östliche Teil, der Fürstenbau, ist ein hochromanisches Steinhaus mit mächtigen Außenwänden, dessen Name auf die (Jagd-) Aufenthalte der Landesfürsten zurückgeht. - Die 35) Evangelische Stadtkirche geht auf das Jahr 820/825, die Zeit Walterichs, zurück und erfuhr in den folgenden Stilepochen z. T. größere bauliche Veränderungen, bis zwischen 1430 und 1450 der heute noch sichtbare gotische Grundriss geschaffen wurde. Bis zur Reformation war die heutige Stadtkirche die Klosterkirche. Im Zuge der Renovierung von 1973 bis 1975 wurden im Inneren von spätgotischen Rankenmalereien über Werke aus der Renaissance bis zur barocken Rollwerkmalerei die vorgefundenen Malereien restauriert. Weiterhin befindet sich in der Kirche ein Kenotaph (Leergrab) für Kaiser Ludwig den Frommen und ein spätgotischer, teilweise ergänzter Heiligenschrein, dessen Figuren nach ca. 100 Jahren 1983 von Backnang wieder nach Murrhardt überführt wurden. Die Kirche diente als Grabstelle für die Grafen von Löwenstein und die Murrhardter Prälaten, u. a. ist das Epitaph für Friedrich Christoph Oetinger zu sehen. - Die 36) Walterichskapelle wurde in der Stauferzeit von 1220 bis 1230 im spätromanischen Stil erbaut. Beeindruckend sind die fantastischen Tiergestalten, Pflanzenmuster, religiösen Darstellungen der Mächte des Bösen und der Finsternis sowie die als Tierfiguren gefertigten mittelalterlichen Sinnbilder für menschliche Tugenden und Laster. - Die 37) ehemalige Knabenschule wurde 1814 in einer in Murrhardt häufigen, einfachen Fachwerkständerkonstruktion erbaut. Als Gegenstück zum Grabenschulhaus lag die Knabenschule an der Westgrenze der historischen Stadt. - Durch die Kirchgasse kehrt man zurück zum Ausgangspunkt des Stadtrundgangs am Marktplatz.

Stadtkirche

TOUR 54

Siebenknie - Geißbühl - Hörschbach-Wasserfälle - Siebenknie

11 km

3½ Stdn.

Charakteristik - Eine anspruchsvolle Wanderung mit landschaftlicher Schönheit und Ausblicken auf den Murrhardter Wald. Höhepunkt der Tour ist das Naturschutzgebiet Hörschbachschlucht, eine enge, wildromantische Schlucht mit zwei Wasserfällen. Der sehr urwüchsige Naturpfad durch die Schlucht ist je nach Jahreszeit sehr matschig. Hier ist festes Schuhwerk unbedingt erforderlich! Eine einfachere Wegvariante ist allerdings vorhanden.
Anfahrt - Von Murrhardt (siehe Seite 199) K 1808 nach Siebenknie.
Parken - Gäste-P beim Gasthaus Waldeck.

Gasthaus Waldeck - Der sehr ruhig gelegene Landgasthof verfügt über gemütliche Gasträume, einen Panorama-Wintergarten, eine Gartenterrasse und behagliche Gästezimmer. Neben schwäbischen Spezialitäten bietet die Speisekarte auch Wildgerichte und deftige Vesper. Zum Nachmittagskaffee werden hausgemachte Kuchen angeboten. Für Sportliche gibt es zwei Kegelbahnen. Wild-, Wurst- und Fleischwaren aus der Hausmetzgerei werden auch zum Mitnehmen angeboten. - Mi. ist Ruhetag.

Der Rundweg - Vom Gasthaus Waldeck wandert man auf einem landwirtschaftlichen Forstweg mit der Markierung [Orange 10] geradeaus über Wiesen bis zum Waldrand, steil abwärts auf einem unbefestigten Waldweg, dann rechts weiter auf einem Forstweg [ohne Markierung] mit herrlicher Aussicht. Man hält sich immer links bis zu einem breiten Waldweg, dem man nach rechts folgt, Markierung [Roter Punkt], Wegweiser [Murrhardt]. Der Hasenhofweg führt bis zur Straße Murrhardt - Siebenknie, an der man nach rechts ca. 300 m aufwärts entlang geht. Man biegt links [ohne Markierung] in die Buchwaldstraße ab und folgt dann dem Brünnelesweg, einem Waldweg mit zahlreichen liebevoll gearbeite-

Gasthaus Waldeck

Familie H. Kircher
71540 Murrhardt-Siebenknie
Tel. 07192/6127 - Fax: 930519
Mittwoch Ruhetag

- Bekannt gute Küche
- Saison- und Wildgerichte
- Selbstgebackene Kuchen
- Wurst-, Wild- und Fleischverkauf
- Busse sind willkommen
- Zwei Kegelbahnen
- Behagliche Fremdenzimmer mit Dusche und WC
- Gesellschaftsräume (220 Pers.)
- **Panorama-Wintergarten**

Seien Sie herzlich willkommen bei Familie H. Kircher

ten Holzfiguren und Brunnen. Am Ende des Weges biegt man bei der Grillstelle links ab und gelangt abwärts auf einem befestigten Weg/Straße zum Vorderen Hörschbach-Wasserfall. Der ungeübte Wanderer kann hier rechts abbiegen und bequem zum Hinteren Wasserfall gelangen.

✪ **NSG Hörschbachschlucht** - An der oberen Steilstelle der tief eingeschnittenen, engen Schlucht stürzt der Hörschbach über den Hinteren Wasserfall zunächst 3 m senkrecht über eine Sandsteinstufe und anschließend in mehreren Kaskaden weitere 12 m in die Tiefe. Der Bach durchfließt das enge Tal auf 2 km Länge und stürzt dann als Vorderer Wasserfall über eine Abbruchkante noch einmal 5 m hinunter. Ein schmaler, weitgehend unbefestigter Naturpfad verläuft durch die Schlucht und führt zeitweise auch über Trittsteine im Wasser und mehrmals über Holzstege auf die andere Seite des Bachlaufes. Der geübte Wanderer sollte sich das Naturerlebnis in der Schlucht nicht entgehen lassen. Die Gehzeit beträgt ca. 1-1½ Stdn., man folgt immer der Markierung [Blauer Punkt].

➦ **Fortsetzung Rundweg** - Am Hinteren Wasserfall führt der Weg aufwärts mit dem Wegweiser [Eschelhof 4,5 km]. Ab hier folgt man immer dem [Roten Strich]. Der Weg verläuft nach rechts, nach einer Linkskurve **(!)** biegt man links steil aufwärts in einen Waldpfad ein und geht oben rechts

Hörschbachwasserfall

weiter. Weiter dem [Roten Strich] folgend hält man sich links. Bald führt der Pfad links weiter, bis ein Weg kreuzt. - Abkürzung: An dieser Gabelung besteht die Möglichkeit, zum Gasthaus Waldeck zurückzugehen: Man folgt dem Querweg nach rechts, hält sich bei der nächsten Gabelung links und geht nach einer Rechtskurve auf einem Wander-P mit dem Wegweiser [Gaststätte Waldeck] geradeaus weiter auf dem Kohlwaldweg. Bei einer Gabelung hält man sich links und wandert [ohne Markierung] geradeaus bis zum Rechtsabzweig mit dem Wegweiser [Gaststätte Waldeck, Siebenknie]. Der Weg führt durch lichten Wald, man hält sich links und erreicht dann geradeaus das Gasthaus. - Für die lange Tour überquert man den Weg und folgt rechts dem [Roten Strich] auf einem schmalen Pfad abwärts, der einen befestigten Weg und einen kleinen Bach überquert. Aus dem Wald kommend geht man vor bis zur Straße, biegt rechts ab und folgt dem Straßenverlauf bis nach einer scharfen Rechtskurve. Hier biegt man mit dem [Roten Strich] links ab und geht bei einer Gabelung geradeaus weiter auf der Springsteinstraße mit dem Wegweiser [Eschelhof]. Bei der nächsten Gabelung nimmt man den Waldpfad nach rechts, weiter mit [Rotem Strich], und bleibt bei einer T-Kreuzung geradeaus auf diesem Pfad. Bei einer Waldkreuzung biegt man mit dem Wegweiser [Murrhardt 6 km] und dem [Roten Punkt] rechts ab auf die Straße Siebenknie - Eschelhof, dann folgt man gleich wieder links dem Dörnich-Reute-Weg mit dem [Roten Punkt]. Nach einer Linkskurve biegt man rechts ab und wandert, dem [Radwegweiser] folgend, aufwärts weiter. Aus dem Wald kommend endet der Weg an der Straße nach Siebenknie, der man nach rechts folgt zum Gasthaus Waldeck.

TOUR 55

Fornsbach - Waldsee - Spielhof - Kirchenkirnberg - Große Platte - Treibsee - Fornsbach

17 ½ km

4 ½ Stdn.

500 m

Charakteristik - Der Weg führt bergauf und bergab überwiegend durch schattige Wälder und eignet sich damit ideal für sommerliche Tage (mittlere Steigungen, 10 Min. sehr steiler Anstieg). Zum Abkühlen bietet sich ein Bad im idyllisch gelegenen Waldsee an.

Anfahrt - B 14 Stuttgart - Schwäbisch Hall bis Sulzbach, dann L 1066 über Murrhardt nach Fornsbach. - Von Schorndorf über Welzheim, Richtung Murrhardt. - Von Stuttgart R 3 von Stuttgart Richtung Crailsheim oder Schwäbisch Hall-Hessental mit Halt in Fornsbach oder S 3 von Stuttgart nach Backnang und vom ZOB mit Bus 390 bis Fornsbach.

Parken - P an der Gemeindehalle (Schäferstraße), ca. 100 Meter nach der Kirche, Richtung Waldsee, am Waldsee (gebührenpflichtig) oder Gäste-P am Landgasthaus Drei Birken.

✪ Fornsbach (322 m) - Der Teilort der Stadt Murrhardt (eingemeindet seit der Gemeindereform 1971), der im Jahr 2014 sein 650-Jahr-Jubiläum feierte, hat ca. 1500 Einwohner. Beliebtes Ausflugsziel ist der am südöstlichen Ortsrand gelegene Waldsee. Hier lässt der Sandstrand Urlaubsstimmung aufkommen, und das kühle Nass mit Nichtschwimmerbereich und Badeinsel sorgt für Abkühlung.

➥ **Fornsbach - Waldsee - Spielhof** - knapp 1 ½ Stdn. - Vom P geht man auf der Schäferstraße mit [Blauem Punkt] in östlicher Richtung. Nach der Bahnunterführung bleibt man auf der Straße bis zur Einmündung in die L 1066. Nach Überquerung der L 1066 wandert man geradeaus auf dem Kurhausweg aufwärts aus dem Ort. Nach 200 m geht man an einer Gabelung links. Beim Beginn einer Rechtskurve kurz vor Waldeintritt verlässt man die nunmehr geschotterte Straße auf einem Wiesenweg mit [Blauem Punkt] nach links. Man betritt auf einem Pfad den Wald. Nun geht es kurz steil abwärts zum Waldsee. Am See weist das Wanderzeichen nach rechts (alternativ kann man den See nach links und über den Damm umrunden). Am Ende des Sees wandert man rechts am Campingplatz vorbei aufwärts. Nach wenigen Minuten geht man an einer Gabelung nach links **(!)**. Man wandert kurz abwärts auf einer kleinen Brücke über einen Bach. Entlang dieses Baches geht es auf einem breiten Schotterweg (Waldseeweg) wieder aufwärts.

Waldsee Fornsbach

Weiter oben gabelt sich der Schotterweg, man hält sich mit dem [Blauen Punkt] links. Bevor dieser Schotterweg abwärts führt, biegt man an einer Ruhebank, von wo man eine schöne Aussicht auf Fornsbach hat, scharf rechts ab auf einen Waldweg (Oberer Dachsklingenweg). Weiter oben wird der Weg schmaler und es folgt ein sehr steiler Anstieg über Wurzeln. Nach ca. 10 Min. erreicht man einen Forstweg, dem man nach rechts bis zur Einmündung in die K 2614 folgt. An der K 2614 (Blick auf den Wasserturm von Langert) wandert man mit [Rotem Punkt] nach rechts Richtung Spielhof. Nach dem Wander-P geht man halb rechts mit [Rotem Punkt] auf einem schmalen Waldweg in den Wald hinein (!). Man überquert einen Weg und eine kleine Straße, beim dritten Weg, einer Asphaltstraße, geht man [ohne Markierung] nach links. Nach 100 m biegt man von der Asphaltstraße nach rechts auf einen breiten Weg (Hardtweg) ab. An einer Gabelung geht man rechts. Beim Austritt aus dem Wald - hier hat man eine schöne Aussicht auf die bewaldeten Höhen sowie auf den Hagberg-Aussichtsturm, der über dem Haus am linken Ortsrand von Spielhof erkennbar ist - trifft man wieder auf die Markierung [Roter Punkt] und geht geradeaus weiter bis zur K 1804 in Spielhof. Von hier sind es nur einige Meter nach rechts Richtung Kirchenkirnberg bis zur Einkehr in das Landgasthaus Drei Birken.

Landgasthaus Drei Birken - Das ruhig gelegene Ausflugslokal befindet sich seit 60 Jahren in Familienbesitz. Im rustikalen Ambiente der gemütlichen Gasträume und im idyllischen Biergarten genießt man gutbürgerliche, schwäbische Küche (z. B. Zwiebelrostbraten, hausgemachte Maultaschen), aber auch Saisonspezialitäten und vegetarische Gerichte. - ÖZ: Fr. ab 17 Uhr, Sa. ab 11 Uhr, an So. und Fei. ab 10 Uhr (warme Küche: 11.30-14 Uhr und 17-21 Uhr, So. und Fei. durchgehend von 11.30 bis 20.30 Uhr).

➡ **Spielhof - Kirchenkirnberg - Große Platte - Treibsee - Fornsbach** - 3 Stdn. - Nach Verlassen des Landgasthauses führt die wenig befahrene K 1804 mit [Rotem Punkt] nach Kirchenkirnberg. Im Ort geht man erst auf der Spielhofstraße und dort, wo sie nach links abbiegt, [ohne Markierung] weiter (!) auf der Gangolfstraße (Hauptstraße) bis 20 m vor die Einmündung in die L 1149. Hier biegt man rechts ab in die Schmiedgasse, die parallel zur L 1149 verläuft. Am Ende der Schmiedgasse (Wendeplatte) folgt man dem geschotterten Weg geradeaus weiter und kommt in einem Linksbogen zur nahen L 1149. An der Landstraße wandert man nach

Landgasthaus
Drei Birken

Eine gepflegte Gastlichkeit
lädt zum Verweilen ein.

71540 Kirchenkirnberg-Spielhof
Spielhof 11, Tel. 0 71 84/27 11
www.landgasthaus-drei-birken.de

rechts zum Weiler Tiefenmad. 50 m hinter der Bushaltestelle zweigt ein Fahrrad-Wanderweg mit Wegweiser [Kaisersbach] nach links ab. Nach weiteren 50 m geht man an der Gabelung links (!). Auf diesem Weg wandert man auf- und abwärts und überquert dabei mehrere Klingen. Nach ca. 45 Min. gabelt sich der Weg. Man nimmt nicht (!) den Weg nach rechts, der abkürzend direkt zum Treibsee führt, sondern den Weg links aufwärts, weiterhin mit Wegweiser [Kaisersbach]. Nach wenigen Minuten zweigt ein Forstweg nach rechts ab mit Wegweiser [Große Platte, Treibsee]. Ab hier an der Schranke (Schlittenweg) folgt man bis Fornsbach dem [Blauen Strich]. Nach 5 Min. geht man an einer Gabelung rechts steil abwärts. Man passiert die Große Platte, eine imposante, 300 Zentner schwere Versteinerung aus dem älteren Jurameer vor ca. 150 Mio. Jahren, auf die man 1889 beim Bau des Treibsee-Sträßchens stieß. Am Bach entlang kommt man zum idyllischen, dreigeteilten Treibsee (mit Schutzhütte), einem Überbleibsel aus Zeiten der Holzflößerei. Man wandert weiter abwärts am Göckelbach entlang nach Oberneustetten. Im Ort geht man mit [Blauem Strich] nach links, nach 200 m, die L 1149 wieder verlassend, mit [Blauem Strich] rechts aufwärts und nach weiteren 200 m auf einer Forststraße wieder links aufwärts zum Waldrand. Bei schöner Sicht zuerst auf Unter- und Oberneustetten und die gegenüberliegenden Höhen, später auf das Tal bei Fornsbach und den Ort, wandert man auf der Höhe fast an Fornsbach vorbei, ehe der [Blaue Strich] nach links auf einem Forstweg steil abwärts weist. Man geht in den Ort, unterquert die L 1066 und die Bahnlinie und kommt an der Kirche vorbei wieder zum Ausgangspunkt.

TOUR 56

Fornsbach - Waldsee - (Ernstenhöfle) - Jaghaus - Glashofen - Wolfenbrück - Neuhaus - Fornsbach

Charakteristik - Eine Wanderung, bei der das Wandern an sich im Mittelpunkt steht: Schöne, größtenteils befestigte Wege führen durch Wiesen und Wald, mit teilweise herrlichen Aussichten. Ein Höhepunkt ist der idyllisch gelegene Waldsee.

20 km

Anfahrt - B 14 Stuttgart - Schwäbisch Hall bis Sulzbach, dann L 1066 über Murrhardt nach Fornsbach. - Von Schorndorf über Welzheim, Richtung Murrhardt. - Von Stuttgart R 3 von Stuttgart Richtung Crailsheim oder Schwäbisch Hall-Hessental mit Halt in Fornsbach oder S 3 von Stuttgart nach Backnang und vom ZOB mit Bus 390 bis Fornsbach.

5½ Stdn.

Parken - Großer Gäste-P beim Restaurant-Pension »Haus Herrmann« (in Fornsbach an der L 1066 Richtung Fichtenberg beschilderter Abzweig rechts).

🍽 **Restaurant-Pension Haus Herrmann** - In idyllischer Lage werden die Gäste im behaglichen Landhaus-Ambiente der Galaträume und auf der Terrasse mit Pergola empfangen, an die der Kinderspielplatz grenzt. Die Pension verfügt über wohnliche Gästezimmer. Je nach Jahreszeit stehen Saisonspezialitäten wie Spargel oder Wild auf der Speisekarte. Von April bis September wird freitags gegrillt. - ÖZ bzw. Küchenzeiten: Täglich 11.30-14 Uhr und 17.30-21 Uhr. Donnerstag ist Ruhetag.

➡ **Der Rundweg** - Hinter dem Restaurant-Pension »Haus Herrmann« geht es mit dem [Blauen Punkt] geradeaus aufwärts, 50 m vor dem Waldrand links (!) über die Wiese, dann in den Wald und abwärts zum Waldsee. Am See hält man sich rechts, entlang des Ufers und weiter rechts am Campingplatz vorbei aufwärts. Nach dem Campingplatz und einer Bachüberquerung führt der Weg weiter aufwärts durch den Wald. An einer Gabelung geht man scharf links. Bei der nächsten Abzweigung folgt man nicht mehr (!) dem [Blauen Punkt] scharf rechts, sondern dem Wegweiser [Café Erdbeer] geradeaus. Bei einer Gabelung nimmt man den Unteren Dachsklingenweg nach rechts Richtung Fichtenberg, der zur L 1066 führt. Hier geht man rechts auf einem Rad- und Fußweg an der Straße entlang aufwärts bis zum Waldrand. Dann überquert man die L 1066 nach links und geht aufwärts bis zum Wander-P. Ab hier wandert man entweder auf dem Fahrsträßchen über Ernstenhöfle bis Jaghaus (in der Skizze gestrichelt dargestellt) oder auf dem abwechselnd rechts oder links parallel verlaufenden und mit dem [Roten Punkt] markierten Wanderweg nach Jaghaus. Danach führt der [Rote Punkt] in ein kurzes Waldstück, weiter

bis Glashofen und entlang der Unteren Straße durch den Ort. Nach dem Ortsausgang passiert man den Flugplatz und wandert dann durch den Wald bis zu einer Gabelung. Dort geht man [ohne Markierung] links mit dem Wegweiser [Murrhardt]. Nach ca. 1 km folgt man dem [Roten Punkt] nach links durch Wolfenbrück. Hinter Wolfenbrück geht es [ohne Markierung] links zum Wander-P und danach links in den Wald, Wegweiser [Fornsbach]. Zunächst verläuft der geschotterte Waldweg abwärts, dem man auf den nächsten 3½ km folgt. Nach Verlassen des Waldes sind es noch etwa 1½ km, vorbei an einigen Höfen des Ortsteils Neuhaus, bis zu einer Bachbrücke, ab der der [Blaue Strich] nach Fornsbach führt. Im Ort folgt man der Neuhauser Straße und der Marktstraße, bis man scharf links in die Schäferstraße einbiegt. Diese führt, unter der Bahnlinie hindurch, geradeaus bis zur L 1066, die man überquert. Nach links geht man entlang der Straße bis zum Kurhausweg und zurück zum Ausgangspunkt der Wanderung am Restaurant-Pension Haus Herrmann.

Diebachsee - Erlenhof - Michelbächle - Mittelrot - Fichtenberg - Diebachsee

TOUR 57

Charakteristik - Die abwechslungsreiche Wanderung führt meist über freie Flächen. Der größere Anstieg zum Erlenhof ist am Anfang zu bewältigen. Nach der Wanderung bietet sich zum Abkühlen ein Bad im idyllisch gelegenen Diebachsee an.
Anfahrt - B 14 Stuttgart - Schwäbisch Hall bis Sulzbach, dann L 1066 über Murrhardt nach Fichtenberg. Von Schwäbisch Gmünd (B 29 Stuttgart - Aalen) B 298, in Unterrot links abbiegen auf die L 1066 nach Fichtenberg. - Von Stuttgart Hauptbahnhof R 3 Richtung Crailsheim bzw. Schwäbisch Hall-Hessental nach Fichtenberg.
Parken - P an der Gaststätte Seestüble (Zufahrt über den Damm des Diebachsees) oder großer P am Diebachsee, ca. 200 m nach dem Ortsendeschild Fichtenberg.

12 km

2¾ Stdn.

200 m

✪ **Fichtenberg (333-490 m)** - Die Gemeinde mit knapp 3000 Einwohnern wurde im Jahre 817 erstmals urkundlich erwähnt und gehört zu den ältesten Siedlungen des Limpurger Landes. Sehenswürdigkeiten, beide im Teilort Mittelrot, sind die Ruine Röterturm und die St. Georgs-Kirche aus dem 12. Jahrhundert mit schönen Fresken aus dem 15. Jahrhundert. Die beiden Kirchenglocken aus dem 14. und 15. Jahrhundert zählen zu den ältesten in der weiteren Umgebung. Ein beliebtes Ausflugsziel ist der Diebachsee. Zum Erholungszentrum gehören ein Badeplatz mit Liege-

wiese, Umkleiden und Duschen, Angelmöglichkeiten, ein Wassertretbecken, ein Grillplatz, ein Spielplatz und eine BMX-Strecke. Durch seine herrliche Lage im Rottal, eingebettet zwischen den Höhen des Mainhardter und Murrhardter Waldes, ist Fichtenberg ein idealer Ausgangspunkt für attraktive Wanderungen. Ein umfangreiches und gut markiertes Wanderwegenetz erschließt die Umgebung.

➡ **Der Rundweg** - Von Onkel Ottos Seestüble geht man auf dem Asphaltweg vorbei an einer Schranke zunächst leicht bergauf, später abwärts zum Seeanfang. Man überquert auf einer Brücke den Diebach und kommt zu einer Schranke unterhalb des großen P am Diebachsee. Direkt hinter der Schranke wandert man nach rechts auf der Zufahrtsstraße des P bis zur Einmündung in die K 2613. Hier geht man unter Beibehaltung der Richtung wieder nach rechts zum nahen Weiler Diebach. Man bleibt nun knapp 1 km auf dem Gehweg an der wenig befahrenen K 2613. Unterwegs trifft man auf die Markierung [RW Fichtenberg], im Folgenden [RW], der man nun eine längere Zeit (bis Mittelrot) folgt. Nach einer Bushaltestelle (Buschhof) zweigt am Beginn einer Linkskurve ein schmaler Erd-/Grasweg, die Fahrstraße abkürzend, mit [RW] nach rechts ab. Es geht steil aufwärts, später unterhalb der Fahrstraße, zum Weiler Erlenhof, wo man wieder auf die Fahrstraße trifft. Nach dem zweiten Haus biegt eine Fahrstraße (Gehrhofweg) mit [RW] und zusätzlich [Rotem Strich] nach rechts ab. Bei schöner Sicht kommt man nach ca. 300 m bei einem kleinen Wald an eine Wegteilung. Hier folgt man nicht (!) dem [Roten Strich] mit Wegweiser [Eichenkirnberg, Hagberg] nach rechts, sondern wandert geradeaus weiter. Nach einem Linksbogen geht es steil abwärts und man erreicht nach einer Rechtskehre den Weiler Gehrhof. In einem landwirtschaftlichen Betrieb werden hier Zebus (Buckelrinder) gezüchtet und das Fleisch verkauft (siehe Infotafel). Hinter dem Weiler endet die Fahrstraße. Auf dem nunmehr geschotterten Weg geht man durch den Wald weiter abwärts. Nach 5 Min. mündet der Weg in einen Forstweg. Hier wandert man scharf nach links. Nach weiteren 3 Min. beim Waldaustritt biegt man wieder scharf rechts ab. Im Tal des Erlenbachs erreicht man auf einem geschotterten Weg in 20 Min. den Ortsteil Michelbächle. Man geht am Ortsanfang auf wieder asphaltierter Straße nach links und durchquert, vorbei am 1991 renovierten Milchhäusle und einem schönen Fachwerkhaus, den Ort auf der Hauptstraße. 100 m nach der Ortsendetafel verlässt man die K 2615 nach links mit [RW] und Wegweiser [Zufahrt Häckselplatz,

Mittelrot]. Auf einem Asphaltsträßchen wandert man über freies Gelände Richtung Bahndamm, ein kurzes Stück daran entlang und erreicht nach einer Unterführung unter der Schienenstrecke den Ortsteil Mittelrot. Am Ortsschild kommt man an die L 1066. Man bleibt auf der Gaildorfer Straße und biegt nicht **(!)** mit [RW] nach links in den Talweg ab. Auf der Fichtenberger Straße [ohne Markierung] kommt man zur sehenswerten St. Georgs-Kirche, die aber meist geschlossen ist (den Schlüssel kann man u. U. im schräg gegenüberliegenden Haus bekommen). An der Kirche geht man kurz weiter auf der Fichtenberger Straße. Nach dem großen Spielplatz verlässt man die Hauptstraße nach rechts und biegt in die Kroppachstraße ein. Hier geht man aufwärts und geradeaus in die Straße Zum Brühl. Nach 30 m biegt man links und nach 50 m wieder rechts ab in die Sonnenhalde. Auf einem Fuß-/Radweg kommt man zu einer Brücke, die über das Bahngleis führt. Auf der anderen Seite geht man nach links fast parallel zum Bahngleis weiter. Bei schöner Sicht über Wiesen und bewaldete Höhen erreicht man nach knapp 1,5 km den Anfang von Fichtenberg. Auf der Neuen Straße und später auf der Schulstraße wandert man am Friedhof, am Sportplatz und an der Schule vorbei. Die Schulstraße mündet in die Erlenhofer Straße. An dieser Straße geht man mit [Rotem Strich] rechts aufwärts. Dort, wo die Fahrstraße einen leichten Bogen nach links macht, wandert man geradeaus weiter, ebenso an der nächsten Kreuzung [ohne Markierung] geradeaus. Anschließend geht man neben dem Abfluss des Diebachsees aufwärts bis kurz vor Ende des Asphaltwegs. Zwischen den Hecken bei den Häusern zweigt ein schmaler Asphaltweg nach rechts ab. Weiter oben wandert man auf einer Straße nach links, am Ende dieser Straße wieder links (Schelmenäcker). Nach 20 m über eine Wiese erreicht man den Dammweg. In einem Linksbogen, vorbei an den Tennisplätzen, erreicht man den Ausgangspunkt der Wanderung bei

Onkel Ottos Seestüble - Von den gemütlichen Gasträumen und von der Terrasse kann man den Blick über den See schweifen lassen. Die Speisekarte bietet schwäbische Spezialitäten, XXL-Schnitzelvariationen, Vegetarisches und Salate, kleine und kalte Speisen sowie Kindergerichte. Mittwochs ist Schnitzeltag mit »All you can eat«. Auf der umfangreichen Getränkekarte finden sich u. a. Württemberger und internationale Weine. - ÖZ: Täglich 12-22 Uhr.

Traumhafte Lage direkt am Diebach-Badesee

Diebach 9
74427 Fichtenberg
Telefon 0 79 71 / 91 17 12
www.onkelotto-stuttgart.de

Öffnungszeiten:
täglich 12:00 bis 22:00 Uhr
durchgehend geöffnet

Onkel Otto Fichtenberg

INFO

Wüstenrot - Luftkurort - Gründungsort der ersten deutschen Bausparkasse

Anfahrt - Wüstenrot liegt an der B 39 zwischen Heilbronn (A 81 Stuttgart - Würzburg) und Schwäbisch Hall (B 14 Stuttgart - Nürnberg). - Von Stuttgart Hauptbahnhof S 3 nach Backnang, vom dortigen ZOB Buslinie 385 nach Wüstenrot.
Parken - P an der Löwensteiner Straße und Jahnstraße.

✪ **Wüstenrot (488 m)** - Der Ort wurde im Jahre 1974 aus den vorher selbständigen Gemeinden Finsterrot, Maienfels, Neuhütten, Neulautern und Wüstenrot gebildet. Insgesamt 30 Teilgemeinden, bestehend aus Dörfern, Weilern und Höfen, bieten ein vielfältiges Bild und lassen immer neue Eindrücke entstehen. Die Landschaft um Wüstenrot ist abwechslungsreich und bietet vor allem noch viel unberührte Natur. Das Gemeindegebiet befindet sich im nordwestlichen Teil des Naturparks Schwäbisch-Fränkischer Wald an der Nahtstelle zwischen den Löwensteiner Bergen und dem Mainhardter Wald. Über die Hälfte der Gemarkung besteht aus Mischwald, der für reine, gesunde Luft und für ein ausgeglichenes Klima sorgt. Große Teile der Umgebung sind Landschafts- und Naturschutzgebiet. Der Naturfreund kann die herrliche Landschaft auf über 50 km markierten Wanderwegen kennen und lieben lernen. Er wird dabei manch interessante Entdeckung machen, z. B. dass hier einst nach Silber gegraben wurde. Er wird den Burghof der alten Burg Maienfels besuchen und von der Aussicht ins Brettachtal begeistert sein. Eindrucksvoll sind die Mammutbäume (Wellingtonien), die fantastische Rundumsicht vom Steinknickle-Turm sowie die zahlreichen Seen wie der Tiefenbachsee, der Plapphofsee und die Seen rund um Finsterrot. Wer sich in diese schöne Naturlandschaft mit ihren seltenen Blumen und Tieren begibt, kann der Hetze des Alltags entfliehen und Ruhe und Beschaulichkeit finden.

Blick aus dem Silberstollen

✪ **Aus der Geschichte** - Das Gebiet um Wüstenrot wurde verhältnismäßig spät besiedelt. Weder die Römer, die ihre Limeskastelle in Öhringen, Mainhardt, Murrhardt und Welzheim bauten, noch später die Alemannen, die die Römer im 3. Jahrhundert verdrängten, siedelten sich auf den Höhen rund um Wüstenrot an. Die erste Ortschaft, die 779 urkundlich erwähnt wird, ist Stangenbach. Sie dürfte Ende des 7. Jahrhunderts entstanden sein. Es ist zu vermuten, dass das erstmals 1325 erwähnte Wüstenrot sowie die Orte Weihenbronn, Oberheimbach und Altlautern zur gleichen Zeit gegründet wurden. Neuhütten, Neulautern und Finsterrot dagegen wurden erst am Ende des Mittelalters als Glashüttensiedlungen angelegt. Die Rechte an der Gegend um Wüstenrot lagen zunächst bei den Grafen von Löwenstein, später nach 1277 bei den Grafen von Hohenlohe, den Herren von Weinsberg und den Schenken von Limpurg. Durch das Gebiet um Wüstenrot verlief nicht nur die fränkisch-schwäbische Sprachgrenze, sondern auch verschiedene territoriale Grenzen. So war Wüstenrot 1504 württembergisch, während Finsterrot zu Hohenlohe gehörte. Vom Anfang des 16. Jahrhunderts bis hinein ins 19. Jahrhundert war die Glasherstellung das bedeutendste Gewerbe in der Umgebung. Zahlreiche Ortsnamen wie z. B. Neuhütten gehen auf die Glashütten zurück, die ihren Holzbedarf aus den umliegenden Wäldern deckten. Nach 1804 kam das gesamte Gebiet zu Württemberg. Mit der zunehmenden Industrialisierung siedelten sich kleinere Industriebetriebe an, so dass Glasherstellung und Holzverarbeitung nicht mehr die einzigen Erwerbsquellen waren. 1921 wurde in Wüstenrot der »Deutsche Eigenheimverein« gegründet, aus dem sich die erste deutsche Bausparkasse entwickelte. Von hier aus trat das Bausparen seinen Siegeszug an.

✪ **Sehenswertes** - Wüstenrot ist nicht der Ort für vordergründige Sensationen. Der Kenner findet das Interessante und Liebenswerte im Detail. So lohnt z. B. der Besuch im Bürgerhaus »Altes Rathaus«, einem wunderschön restaurierten, spätbarocken Fachwerkbau aus dem 18. Jahrhundert, der das Ortsbild von Wüstenrot prägt. Hier befindet sich das Glas- und Heimatmuseum mit den Themenbereichen Glashüttenzeit und Wüstenroter Ortsgeschichte. Der berühmteste Sohn der Gemeinde ist der 1888 geborene Psychologe und Tübinger Professor Ernst Kretschmer, der die Konstitutionslehre der menschlichen Figur entwickelt hat. In der Galerie

Ein idealer Ferienort für aktiven Wander- und Radwanderurlaub! Mitten im Naturpark Schwäbisch-Fränkischer Wald gelegen, erwartet Sie zwischen Lautertal und Brettachtal eine reizvolle, abwechslungsreiche Landschaft.

Sehenswürdigkeiten:
Finsterroter See, Dachsi-Naturerlebnispfad, Greifvogelanlage, Burg Maienfels, Bausparmuseum, Glas- und Heimatmuseum

Touristik ℹ
0 79 45 / 91 99 - 0

Bürgermeisteramt Wüstenrot
Eichwaldstr. 19 • 71541 Wüstenrot
Fax: 0 79 45 / 91 99 - 60
kontakt@gemeinde-wuestenrot.de

www.gemeinde-wuestenrot.de

wird ein repräsentativer Querschnitt vermittelt, wie der Schwäbische Wald im 20. Jahrhundert dargestellt wurde. Die zwiebeltürmige Kilianskirche mit ihrem hübschen Fachwerkturm entstand wohl bereits um 1100. Das Stammhaus der Bausparkasse mit kleinem Bauspar-Museum, ehemaliges Wohn- und Geschäftshaus des Gründers Georg Kropp, ist in der Haller Straße 3 zu besichtigen. Ein besonderer touristischer Höhepunkt ist die großartige Burganlage im Bergort Maienfels. Seit 2007 findet auf Burg Maienfels alljährlich die Veranstaltungsreiche »Kultur auf der Burg« statt. Der Burghof (oder bei schlechtem Wetter die Burgkirche) bilden den stilvollen Rahmen für hochkarätige Klassik- und Jazzkonzerte.

Burg Maienfels hoch über dem Brettachtal

TOUR 58

Wüstenrot - Seewiesen - Neufürstenhütte - Hals - Wüstenrot

Charakteristik - Ein sehr abwechslungsreicher Rundweg. Bunte hügelige Wiesen wechseln sich ab mit stillen, schattigen Waldabschnitten. Nur mittlere Steigungen sind zu bewältigen.
Anfahrt - B 39 Heilbronn - Mainhardt/Schwäbisch Hall. - B 14 Stuttgart - Schwäbisch Hall bis Sulzbach, über Spiegelberg nach Wüstenrot. - Von Stuttgart Hauptbahnhof S 3 nach Backnang, vom dortigen ZOB Buslinie 385 nach Wüstenrot.
Parken - P beim Hotel Restaurant Café Schönblick.

11 km

3 Stdn.

220 m

➥ **Der Rundweg** - Vom Hotel Restaurant Café Schönblick geht man auf der Kroppstraße abwärts zur Hauptstraße (Löwensteiner Straße) und folgt hier dem [Roten Strich] nach rechts. An der Straßengabelung hält man sich links, geht durch die Haller Straße Richtung Friedhof und biegt dann rechts in den Haldenweg ein. Vorbei am Friedhof, folgt man der Fahrstraße nach 200 m nach links und wandert nach 20 m gleich wieder links Richtung Vorderbüchelberg. Nach weiteren 100 m weist der [Rote Strich] halb links in den Wald. An der Kreuzung nach einem Rechtsbogen geht man geradeaus weiter mit [Rotem Strich]. Nach 5 Min. ist der große Wander-P Seewiesen erreicht, an dem man dem [Greutweg] mit dem [Roten Kreuz] nach links folgt. Nach weiteren 5 Min. zweigt ein Waldweg nach links ab, der bald einen breiten Forstweg geradeaus überquert. Zunächst geht es aufwärts mit der Markierung [Rotes Kreuz], später auf einem schmalen Pfad durch dichten Mischwald. Bei der Kreuzung mehrerer Wege auf einer kleinen Lichtung wandert man halb rechts aufwärts. Oben geht man beim Waldaustritt geradeaus und auf der Fahrstraße leicht abwärts nach Neufürstenhütte. Im Ort hält man sich an einer spitzen Gabelung halb links (Hüttbrunnenweg). Unmittelbar vor (!) der Kreuzung mit der Durchgangsstraße führt ein Fußweg mit [Blauem Strich] nach links zum Glashüttenweg, dem man halb rechts folgt. Der Heimweg führt dann links steil aufwärts, vorbei an einer Altenwohnanlage und geradeaus aus dem Ort hinaus. Nach 250 m nimmt man den Querweg nach rechts und folgt diesem für 400 m, bis man an der Kreuzung mit dem [Blauen Strich] halb links Richtung Wald wandert. Bei einer Holzhütte geht es rechts abwärts in den Wald, anschließend steil abwärts in ein Tal und schließlich über eine kleine Bachbrücke geradeaus. An einer Gabelung nimmt man den schmalen Pfad halb links, der - zunächst [ohne Markierung] - kurz steil aufwärts führt. Aus dem Wald heraus wandert man über Wiesen vor bis zur Landstraße, deren Verlauf man kurz nach rechts folgt. Nach 10 m folgt man dem Wegweiser [Steinknickle] nach links. Ein

Wiesenweg führt zum Gehöft Hals. Hier geht es scharf links abwärts. Nach der Bachüberquerung folgt man dem Rechtsbogen und wandert auf einem Feldweg aufwärts. Ungefähr 200 m vor einem kleinen Friedhof zweigt ein Weg mit der Markierung [Blauer Punkt] und dem Wegweiser [Wüstenrot] links ab und führt zunächst durch Wiesen, dann über einen Bach und aufwärts in den Wald. Oben, nach Verlassen des Waldes, nimmt man den Feldweg geradeaus und vor dem nächsten Waldrand den Querweg nach links, von dem nach 100 m ein Abzweig nach rechts führt. Durch den Wald, vorbei am Neuwiesenbrunnen, erreicht man die K 2101, die rechts aufwärts nach Wüstenrot führt. Auf der Haller Straße geht man geradeaus in den Ort, biegt dann rechts in die Löwensteiner Straße ein und kehrt auf bekanntem Weg zurück zum Ausgangspunkt der Wanderung am

Hotel Restaurant Café Schönblick - Stilvolle Goasträume, die schöne Sommerterrasse und behagliche, z. T. ebenerdig zugängliche Hotelzimmer im Gästehaus laden zu einem angenehmen Aufenthalt ein. Kulinarisch kann man sich von der kreativen Küche mit Wild- und Fleischgerichten, Suppen und Salaten, Vesper und Saisonspezialitäten verwöhnen lassen. Kleine Gäste freuen sich über die Kinderspeisekarte und die Spielecke. Aus der eigenen Bäckerei stammen die Kuchen und Torten zum Nachmittagskaffee. Zum Mitnehmen wird hausgemachtes Steinofenbrot verkauft. Das Serviceangebot umfasst auch den Verleih von Nordic-Walking-Stöcken sowie »Wandern ohne Gepäck«. - Kein Ruhetag.

TOUR 59

Finsterrot - Ammertsweiler - Baad - Hohenstraßen - Wiedhof - Finsterrot

Charakteristik - Ein begeisternder Rundweg mit romantischen Waldseen, verträumten Dörfern und immer wieder herrlicher Aussicht von den Höhen - was will der Naturfreund mehr?
Anfahrt - B 39 von Heilbronn. - B 14/B 39 von Mainhardt und von Stuttgart.
Parken - P gegenüber Gasthaus Waldhorn.

12 km

3½ Stdn.

320 m

➡ **Der Rundweg** - Auf der Rückseite des Gasthauses Waldhorn biegt man mit [Blauem Strich] in die Seestraße ein und verlässt den Ort. Diesem Wanderzeichen folgt man 7 km bis Baad-Mühle. Man erreicht den Finsterroter See. Vor dem See geht man rechts und wandert auf dem Damm bis an dessen Ende, zusätzlich zur Markierung kann man dem Wegweiser [Ammertsweiler] folgen. Hier geht es kurz links aufwärts und nach 10 m halb rechts steil aufwärts durch den Wald. Oben an einer Kreuzung geht man geradeaus und an einer spitzen Gabelung nach 150 m halb rechts. Im weiteren Verlauf geht es abwechslungsreich steil abwärts, man überquert einen Bach und wandert auf der anderen Seite wieder aufwärts. Nach dem Waldaustritt und 500 m über freies Gelände erreicht man die K 2583, der man 200 m nach rechts folgt bis zur nächsten Abzweigung nach links. Auf einer Fahrstraße passiert man den Friedhof. Hier hat man eine großartige Aussicht über die Höhen des Schwäbischen Waldes. Am Ortseingang von Ammertsweiler ist auf der linken Seite eine interessante kleine Felsformation zu sehen. Der Straße Im Unterweiler folgt man, bis rechts eine Scheune erreicht wird. Zwischen der Scheune und vor Hs. Nr. 77 **(!)** weist der [Blaue Strich] auf einem Grasweg

Finsterroter See

rechts abwärts. Unten geht es auf der ringförmig verlaufenden Straße Im Unterweiler nach links. Über den Kirchenhaldenrain halb rechts wird nach 200 m eine spitze Gabelung erreicht, an der halb rechts abwärts der Ort verlassen wird, Wegweiser [Dennhof 1,5 km]. Vorbei an der Kläranlage überquert man im Tal mittels einer Furt einen kleinen Bach. Danach geht es gut ausgeschildert mit dem [Blauen Strich] wieder steil aufwärts durch den Wald. Oben wandert man am breiten Forstweg rechts, an der anschließenden Gabelung nach 20 m halb links und nach weiteren 50 m auf einem Waldpfad halb rechts aus dem Wald heraus. Beim Weiler Dennhof folgt man der asphaltierten Querstraße nach links und immer geradeaus, später steil abwärts nach Baad-Mühle. An der Kreuzung orientiert man sich nicht am Wanderzeichen geradeaus aufwärts nach Mainhardt (siehe Variante), sondern geht rechts [ohne Markierung] im Bachtal aufwärts. Beim Ortsschild Baad stößt man auf eine Querstraße, die von links mit dem [Blauen Punkt] aus Mainhardt kommt. Hier folgt man dem Wanderzeichen nach rechts. Nach dem letzten Haus geht es halb rechts in den Wald. Auf einem Waldweg wandert man immer am Bach entlang leicht aufwärts. Nach 15 Min. wird der Kapplersee, ein romantischer Waldsee, erreicht. Man wandert links vorbei, danach aufwärts durch den Wald und oben halb rechts aus dem Wald. Nach weiteren 15 Min. wird die B 39 erreicht, der man nach rechts für ca. 5 Min. in das Dorf Hohenstraßen folgt. Nach der Bushaltestelle biegt man links in die Straße Altersbach ein, die geradeaus aus dem Ort führt. Man geht über die freie Hochfläche an einer Gabelung halb links. Ca. 50 m vor dem Waldrand **(!)** führt ein Grasweg

---

Herzlich willkommen zur gemütlichen Einkehr im traditionsreichen Gasthaus Waldhorn

Unser Gasthaus Waldhorn in Wüstenrot-Finsterrot bietet gutbürgerliche, schwäbische Küche sowie saisonale Spezialitäten. Zudem sind wir als Wirt im Naturpark Schwäbisch-Fränkischer Wald vertreten.

Dienstag Ruhetag

Gasthaus Waldhorn - Familie Wolfgang Weber
Alte Straße 7 - 71543 Wüstenrot-Finsterrot - Tel.: 0 79 45 / 22 85
www.waldhorn-finsterrot.de

halb rechts abwärts in den Wald. Nach Überquerung eines kleinen Baches geht es wieder steil aufwärts zum Weiler Wiedhof, den man auf einer Fahrstraße mit schöner Aussicht durchwandert. Anschließend erreicht man steil abwärts die Schlossmühle Böhringsweiler. Neben einem fischreichen Teich geht man über eine kleine Brücke und danach sofort rechts auf einen Grasweg mit Wegweiser [Wüstenrot]. Vor dem Waldeintritt **(!)** sollte man aufmerksam auf die Markierung [Blauer Punkt] achten: Der schmale Waldweg verläuft rechts einige Meter oberhalb des Talgrunds an einem kleinen Damm in den Wald. Nach dem Waldstück überquert man einen Bach nach links, geht auf einem Grasweg aufwärts und bei der Einmündung in einen Feldweg kurz geradeaus. [Ohne Markierung] wandert man auf einem geschotterten Querweg rechts aufwärts, bis man einen Querweg mit dem [Blauen Strich] erreicht. Hier folgt man dem [Blauen Strich] nach rechts. Beim Friedhof führt die Fahrstraße markierungsgemäß nach rechts und abwärts zurück nach Finsterrot. Hier kann man sich nach der Wanderung stärken im

Gasthaus Waldhorn - Das traditionsreiche Gasthaus befindet sich in einem stattlichen Fachwerkgebäude. Die gutbürgerliche schwäbische Küche wird ergänzt durch Saisonspezialitäten. - ÖZ: Montag und Mittwoch bis Samstag von 11 Uhr bis 14 Uhr und von 17 Uhr bis 22 Uhr, an Sonn- und Feiertagen von 11 Uhr bis 22 Uhr. Dienstag ist Ruhetag.

➡ Variante - Die Wanderung kann um ca. 2 km verlängert werden, wenn man in Baad-Mühle geradeaus aufwärts mit dem [Blauen Strich] nach Mainhardt geht. Sehenswert sind hier das im Schlössle, einem kleinen Jagdschloss untergebrachte Römermuseum und die Limes-Rekonstruktionen in Mainhardt (Römisches Kastell) und einigen Teilorten. Mit dem [Blauen Punkt] verlässt man Mainhardt und trifft in Baad wieder auf den Hauptweg.

TOUR 60

Vorderbüchelberg - Neulautern - Lautertal - Bodenbachschlucht - Vorderbüchelberg

Charakteristik - Herrliche Rundwanderung mit Ausblicken auf das Lautertal und Dentelbachtal. Der Weg durch die prächtige Bodenbachschlucht ist ein Genuss für jeden Naturfreund. Festes Schuhwerk ist erforderlich.
Anfahrt - B 14 Stuttgart - Schwäbisch Hall bis Sulzbach/Murr, dann L 1066 nach Spiegelberg, dort rechts abbiegen auf die K 1819 nach Vorderbüchelberg.
Parken - Gäste-P beim Gasthof Zum Goldenen Ritter.

10 km

2¾ Stdn.

✪ **Vorderbüchelberg** - Der Spiegelberger Ortsteil liegt malerisch auf einem Ausläufer der Löwensteiner Berge, umgeben von Feldern, Wiesen und den umliegenden Höhen. Im Ortskern sehenswert ist das ganz aus Stein gebaute, zweistöckige Schulhaus mit Türmchen.

➡ **Der Rundweg** – Vom Gasthof Zum Goldenen Ritter geht man durch die Schulstraße abwärts, biegt rechts in die Lindenstraße (K 1819) ein und folgt dann geradeaus dem [Roten Kreuz], vorbei an einer schönen Rastanlage mit Quelle und Teich. Geradeaus geht es weiter auf einem landwirtschaftlichen Weg, bei einem Linksbogen erreicht man über freies Feld eine Waldecke. Hier biegt man halb rechts in das Verlobungswegle mit [Rotem Kreuz] und Wegweiser [Neulautern] ab. Nach ca. 4 Min. wandert man rechts im Wald abwärts und folgt nach ca. 100 m einem schmalen Pfad mit der Markierung [Rotes Kreuz] nach rechts, der zu einem befestigten Weg mit herrlichem Ausblick auf Neulautern und das Lautertal führt. Dann hält man sich links und folgt weiter dem [Roten Kreuz]. Nach dem Rohrwiesenbrunnen nimmt man den Gießwasenweg mit [Rotem Punkt] links aufwärts. Nach einiger Zeit geht man nicht links, sondern geradeaus auf dem [Radweg 5]. Nach einem Linksbogen eröffnet sich eine schöne Aussicht auf das Dentelbachtal. Nun biegt man auf den Hauptweg mit [Rotem Strich] und Wegweiser [Dentelbachschlucht] links ab und wandert aufwärts in den Wald. Der Weg überquert den Dentelbach, dann hält man sich rechts und geht ein Stück am Bach weiter, Markierung [Roter Strich]. Der unbefestigte Weg verläuft parallel zur Straße, am Ende des Pfades geht es rechts abwärts zur Straße, [Roter Strich], dann links in einen Waldweg und erneut über den Dentelbach. In einer Linkskurve **(!)** hält man sich rechts mit den Markierungen [G 3, V 3, V 2] parallel zur Straße. Man überquert die Straße zum Wander-Ⓟ und folgt dem Dentelbachtalhangweg mit dem Wegweiser [Bodenbachschlucht, Tobelschlucht, Hohler Stein] und dem [Roten Strich]. Bei einer Gabelung biegt man rechts ab mit dem Wegweiser [Tobelschlucht, Hohler Stein] und wandert dann links in der Bodenbachschlucht (Wegweiser) aufwärts. Es folgt ein herrlicher Wegabschnitt auf einem schmalen Pfad durch die romantische Bodenbachschlucht, eine urwüchsige Schlucht aus Stubensandstein mit herausragenden Felsen, ein herrliches Naturerlebnis. Nach ca. 1 km auf dem schmalen Pfad sollte man die rote Markierung [V 2] **(!)** beachten und dann weiter dem [Roten Strich] zum Wander-Ⓟ Seewiese

Gasthof · Metzgerei · Café · Pension
Zum Goldenen Ritter

*Ideales Ausflugs-
und Wanderziel
im Schwäbischen Wald
an der Idyllischen Straße.*

*Wir freuen uns auf Ihren Besuch!
Familie Ritter*

Familie Ritter
Schulstraße 5
71579 Spiegelberg-
Vorderbüchelberg
Tel. 07194/371
Fax 07194/8815

info@zum-goldenen-ritter.de · www.zum-goldenen-ritter.de

folgen. Vorbei an der Wandertafel geht es links auf die Fahrstraße und an einer Kreuzung wieder links zurück nach Vorderbüchelberg mit den Markierungen [Rotes Kreuz] und [V3]. Am Ortsanfang biegt man rechts in die Schulstraße ein und erreicht zur verdienten Einkehr den

Gasthof-Pension Zum Goldenen Ritter - Der Familienbetrieb befindet sich in ruhiger Höhenlage und verfügt über rustikale Gesträume und behagliche Zimmer mit Dusche, WC, TV und Balkon im Haupt- und Gästehaus. Bei schönem Wetter lässt es sich im Hofgarten gemütlich sitzen. Die gutbürgerliche Küche bietet schwäbische und saisonale Spezialitäten und ist auch für ihre Wildgerichte bekannt. Verarbeitet werden Produkte aus eigener Landwirtschaft und eigener Hausmetzgerei. Zum süßen Schlemmen laden selbstgebackene Kuchen sowie Eisbecher ein. - ÖZ: Täglich 8-24 Uhr, Mi. ist Ruhetag (Pension geöffnet). Küchenzeiten: Mo., Di., Do., Fr. 11.30-14 Uhr und 17-21 Uhr, Sa. und So. 11.30-21 Uhr.

Mögliche Wegerweiterung - Lohnenswert ist ein Abstecher in die Tobelschlucht und zum Hohlen Stein - auf gleichem Weg zurück erreicht man wieder den Hauptweg.

TOUR 61

Prevorst - Juxkopf - Hüttenbachschlucht - Prevorst

Charakteristik - Dieser Rundweg bietet drei große Naturerlebnisse: Die fantastische Rundumsicht vom AP Eichentreu und vom Juxkopf sowie der spektakuläre Abstieg durch die Hüttenbachschlucht.
Anfahrt - B 39 Heilbronn - Schwäbisch Hall bis Löwenstein, L 1066/K 2097/K 1615 nach Prevorst. - B 14 Stuttgart - Schwäbisch Hall bis Sulzbach, L 1066 über Spiegelberg nach Prevorst. - Busverbindungen von den Bahnhöfen Marbach a. N. und Heilbronn.
Parken - Gäste-P beim Gasthof Zum Ochsen oder kleiner P beim Friedhof am Ortseingang aus Richtung Spiegelberg.

10 km

2 ¾ Stdn.

330 m

✪ **Prevorst** - Das 400-Seelen-Dorf gehört zur Weinbaugemeinde Oberstenfeld und liegt auf dem Kamm eines in früheren Zeiten freigerodeten Bergrückens mitten in den Löwensteiner Bergen. Seine Höhenlage auf 482 m über NN macht Prevorst zum höchstgelegenen Wohnplatz im Landkreis Ludwigsburg. Mit der detaillierten Krankheitsgeschichte der »Seherin von Prevorst« von Justinus Kerner hat Prevorst sogar einen Platz in der Weltliteratur gefunden. Im Geburtshaus der 1801 geborenen Förstertochter Friederike Hauffe, einem 1428 erbauten und 1997 renovierten, sehr schönen Fachwerkhaus, befindet sich heute das Gasthaus zum Ochsen (siehe Seite 229). In unmittelbarer Nähe erhebt sich am höchsten Punkt des Straßendorfes die 1901 eingeweihte, neugotische ev. Pfarrkirche.

➥ **Der Rundweg** - Vom Gasthof Zum Ochsen geht man auf der Ortsstraße in östlicher Richtung vorbei am Friedhof. Nach dem Ortsende folgt man an der Kreuzung [ohne Markierung] rechts der Straße Richtung Beilstein. Nach 100 m nimmt man die Abzweigung an einer Holzhütte nach links auf die wenig befahrene Fahrstraße mit [Blauem Kreuz] Richtung Nassach und Waldspielplatz. Beim großen Waldspielplatz geht man halb links mit [N 1] durch ein Holztor zum Wald und weiter auf dem Waldweg mit [Blauem Kreuz, N 1]. Nach einem kurzen Aufstieg führt der dann ebene Weg gut beschildert durch den Wald. Man kommt aus dem Wald heraus und erreicht an einer Wegkreuzung den AP Eichentreu mit sehr schöner Rundumsicht. Auf einem Eichenstumpf erinnert eine Tafel an die letzte Eiche, die mindestens 500 Jahre alt war, als sie gefällt werden musste. An der Wegkreuzung geht es auf einem herrlichen Panoramaweg links Richtung Jux weiter, Markierung [N 2], später mit [Rotem Punkt]. Nach ¼ Std. beim Waldeintritt führt ein schmaler Pfad rechts abwärts durch den Wald. Auf diesem Weg geht man immer geradeaus bis zum Wander-[P] Zollstock an der Straße Nassach - Jux. Man überquert die Straße und geht auf dem Vogellehrpfad mit [Rotem Strich = Georg-Fahrbach-Weg] steil aufwärts zum 500 m entfernten Juxkopf (533 m). Vom 22 m hohen, 1932 erbauten Aussichtsturm des Schwäbischen Albvereins hat man einen fantastischen Rundblick auf die Löwensteiner Berge, den Mainhardter und Murrhardter Wald sowie die Schwäbische Alb (ÖZ: von April bis Oktober an Sonn- und Feiertagen, im Winter geschlossen, sonst Schlüssel im Gasthaus Löwen in Jux nach telefonischer Anfrage unter 07194/295).

50 Jahre
Gasthof-Metzgerei
Ochsen Prevorst
Biergarten & Fremdenzimmer
Familie Wolf

- Gutbürgerliche Küche
- Verschiedene Biere vom Fass
- Räumlichkeiten für Gesellschaften und Familienfeiern
- Moderne Gästezimmer

Mittwoch Ruhetag

71720 Oberstenfeld-Prevorst · Tel. 07194/8445

Man geht wieder zum Wander-P Zollstock zurück und an der Straße kurz rechts bis zum Ende des Wander-P. Mit [Rotem Strich] und Wegweiser [Hüttenbachschlucht] geht es links abwärts durch den Wald. Nach 20 m beschreibt der Weg einen Linksbogen. Auf einem schmalen Pfad folgt nun ein steiler Abstieg (!) durch die romantische Hüttenbachschlucht. Insbesondere bei und nach Niederschlägen besteht hier Rutschgefahr. Die schöne Kulisse entschädigt für die Anstrengung: Man geht an einer Felsengrotte vorbei und über eine natürliche Sandsteinbrücke, die mit Seilen gesichert ist. Bei Erreichen eines breiten Forstwegs verlässt man die Schlucht nach links mit [Blauem Punkt] und folgt nicht (!) der Schlucht bis zu ihrem Ende an der Fahrstraße. Der fast ebene Forstweg verläuft nun parallel zum Hang. Man bleibt auf diesem Weg und folgt nicht dem [Blauen Punkt], wenn er ins Tal hinabführt, so dass man das letzte Wegstück [ohne Markierung] zurücklegt. Nach ungefähr einer ½ Std. seit Verlassen der Schlucht vor dem Rechtsbogen der Einmündung des Forstwegs in die Fahrstraße K 1820 biegt man nach links ab in einen Forstweg mit der Markierung [R] und geht ca. 10 Min. aufwärts, bis [Blauer Strich, R] nach rechts abwärts weist. Es geht über eine kleine Bachbrücke und sofort wieder steil aufwärts, zuerst noch im Wald, später zwischen Obstbaumwiesen. Nach einer Linkskurve hält man sich an einer Gabelung rechts. Kurz darauf erreicht man die Fahrstraße K 1614 - Kirchturm und Häuser von Prevorst bereits in Sichtweite. Auf der Ortsstraße kehrt man geradeaus zurück zum

Gigantische Waldaussicht beim Juxkopf

Gasthof-Metzgerei Zum Ochsen - Der traditionsreiche Landgasthof verwöhnt seine Gäste mit typisch schwäbischen Spezialitäten, köstlichen Wildgerichten und deftigen Hausspezialitäten aus der eigenen Metzgerei. Neben gemütlichen Gasträumen gibt es einen lauschigen Biergarten und behagliche Gästezimmer. - Mittwoch ist Ruhetag.

INFO

Der Schwabenpark - der Freizeit- und Erlebnispark im Welzheimer Wald

Anfahrt - B 14/B 29 Stuttgart - Schwäbisch Gmünd, Ausfahrt Schorndorf/ Welzheim/Rudersberg, über Welzheim der Beschilderung folgen. - Von Schorndorf mit der Buslinie 263 Richtung Welzheim/Althütte/ Kaisersbach bis Gmeinweiler. - Zwischen dem 1. Mai und dem 3. Oktober verkehren an Sonn- und Feiertagen der Waldbus und der Limesbus mit Halt am Schwabenpark.
Parken - Großer P am Schwabenpark.

✪ **Der Schwabenpark** - Gegründet wurde der Freizeitpark 1972 - als reiner Tierpark mit vielen verschiedenen Tiergehegen unter dem Namen »Safaripark«. Bald kam jedoch ein erstes Fahrgeschäft hinzu und ab 1978 drehte sich ein kleines Riesenrad. 1985 wurde die Anlage in »Schwabenpark« umbenannt und besteht heute aus drei großen Bereichen.
In der Welt der Tiere leben heimische Tiere und warten im Streichelzoo auf Streicheleinheiten, aber auch exotische Tiere wie Tiger, Lamas, Papageien und Schimpansen, die seit 1976 in einer vor allem bei den kleinen Besuchern äußerst beliebten Show ihr Können zeigen.
Im Bereich Spaß und Erlebnis findet man u. a. das einzige 180-Grad-Kino Deutschlands. In der kuppelförmigen Halle werden actionreiche Filme wie Formel 1 - oder Achterbahnfahrten auf Riesenleinwände projiziert. Zu einer Verschnaufpause auf dem Parkrundgang laden auch andere Vorführungen wie die Zaubershow oder das Kasperletheater ein.
Im Actionbereich können sich kleine und große Besucher nach Herzenslust austoben - drei Achterbahnen, Wildwasserbahnen für verschiedene Altersgruppen und ein Freifallturm stehen zur Auswahl. Gemächlicher geht es beispielsweise auf der Traktorbahn und auf verschiedenen Karussells zu. Wer sich einen Überblick über den Park verschaffen möchte, kann vom »Flying Wheel« oder von der Seilbahn aus herrliche Ausblicke über die Anlage genießen, die sich harmonisch in die umliegende Landschaft einfügt. Da so viel Action hungrig und durstig macht, bietet das Restaurant Gerichte für jeden Geschmack. Für den kleinen Hunger zwischendurch gibt es auf dem Parkgelände außerdem ein Café, einen Imbiss sowie einen Pizza- und Waffelkiosk. In der Gaststätte kann man nach Voranmeldung auch Kindergeburtstage feiern - sicherlich ein unvergessliches Erlebnis für die kleinen Gäste! Generell genießen Geburtstagskinder an ihrem Ehrentag freien Eintritt. Für Schnäppchenjäger gibt es außerdem vergünstigte Online-Tickets zum Selbstausdrucken, das Freitags-Ticket und die Familien-Jahreskarte. Natürlich wird der Schwabenpark immer wieder durch neue Attraktionen bereichert: Für die Saison 2014 sind ein Segeltörn-Karussell und ein Indoor-FunPark angekündigt.
✪ **Öffnungszeiten** - Der Schwabenpark ist von Mitte April bis Anfang November täglich von 10 bis 18 Uhr geöffnet.

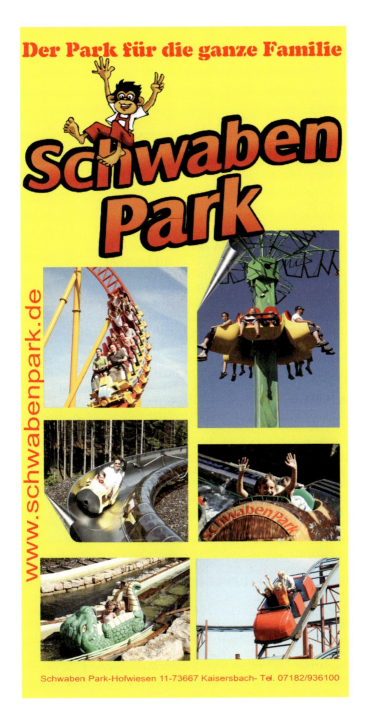

ORTSREGISTER

Adelberg	105, 115
Aichelberg	33, 38, 53
Aichstrut	139
Aichstrutsee	150
Alfdorf	124
Althütte	121, 162, 165, 166, 172
Ammertsweiler	223
Archäologischer Park Ostkastell Welzheim	122, 131, 139, 147
Asperglen	168, 178, 180
Auenwald	183
Baach	52
Baad	224, 225
Baad-Mühle	224, 225
Backnang	186
Baderhof	108
Bahnerlebnispfad	120, 133
Baiereck	103
Baltmannsweiler	76
Bärenbach	106, 110
Bärenbachsee	108
Bärenbachtal	110
Bauersberger Hof	58
Beinstein	14, 41
Berghofsee	100
Besinnungsweg Fellbach-Oeffingen	66
Beutelsbach	45, 48, 50
Birkachhof	137, 146
Birkenweißbuch	97, 98, 179
Bittenfeld	14
Bodenbachschlucht	226
Brandhofer Öl- und Sägmühle	139, 142
Brandhöfle	158
Breech	115
Breitenfürst	121, 137, 146
Bruck	124
Brucker Sägmühle	126
Brunnenklinge (NSG)	139, 141, 156
Bühl	95, 181
Buhlbronn	96, 97, 99, 182
Buoch	23, 43, 56, 57
Buocher Höhe	58
Bürg	62
Burg Waldenstein	120, 170, 173, 176
Burghöfle	167
Burgholzer Sägmühle	144
Burgholzhof	144
Burgruine Kappelberg	48
Crongehren	159
Cronhütte	139, 157
Damerswald	139
Damerswaldhütte	158
Dennhof	224
Diebach	216
Diebachsee	216
Döllenhof	144
Drei Riesen (AP)	49
Drexelhof	64
Ebersberg	156, 159, 164
Ebersberger Mühle	139, 141, 155
Ebni	153
Ebnisee	121, 148, 161
Eckartsweiler	150
Edenbachschlucht	137, 146
Eibenhof	108
Eichentreu (AP)	228
Eichle (ND)	28, 33
Endersbach	35, 37, 74
Engelberg	78
Erfahrungsfeld der Sinne »Eins und Alles«	121, 147
Erlenhof	216
Ernstenhöfle	214
Eselshalden	108
Fellbach	65
Fellbacher Weingärtner eG	68
Fichtenberg	215
Finsterrot	218, 223
Finsterroter See	218, 223
Fischbachsägmühle	197
Fischbachtal	197
Forellensprung	101, 177
Fornsbach	211, 213
Forsthaus Ebersberg	139, 142, 156
Fritzhof	147

Gauchhauser Tal (NSG)	139, 142	Hüttenbühl	143
Gebenweiler Sägemühle	155	Hüttenbühlsee	138, 143
Gehren	141	Idyllische Straße	117
Gehrhof	216	Igelsbachviadukt	120
Geißbühl	208	Jaghaus	214
Geiststein	107, 110	Jubiläumsweg Schorndorf	89
Geldmacherklinge	153, 154, 155	Juxhöhle	167
Geradstetten	56	Juxkopf/Rudersberg	167
Glashofen	215	Juxkopf/Spiegelberg	228
Gottschicksbrunnen	161	Kaisersbach	155
Götzenmühle	123	Kaisersbacher Kräuterterrassen	155
Große Platte	155, 156, 213	Kaisersträßle	76, 116
Großheppach	22, 39, 43	Käppele	36, 39, 51
Grunbach	56	Kapplersee	224
Gsondheitsbrünnele	157	Karlstein	33, 36, 38, 50
Gundelsbach	22, 23, 43	Kernen im Remstal	70, 73
Hägelesklinge (NSG)	139, 141, 155, 156, 159	Kernershof	58
Hagerwaldsee	138, 141, 143	Kirchenkirnberg	212
Haghofer Ölmühle	137, 147	Kirchenkirnberger Mühle	139, 140
Hagmühle	137, 147	Klaffenbach	121, 171, 173
Hals	222	Klarahütte	138, 144
Harthau	73	Kleinheppach	21, 24, 42
Haselbach	126	Kleinheppacher Kopf	22, 44
Haube	165, 171	Kleinhöchberg	198
Haubersbronn	120	Klingenmühle	136, 147
Hebsack	56	Kloster Adelberg	106, 115
Hegnach	14	Kloster Lorch	123
Heinlesmühle	138, 143, 158	Kohlplatte	102
Herrenbachstausee	106	Königsbronnhof	63
Herrenbachtal	102	Königseiche	149
Heuberg	110	Königstein	63
Hirschkopf	36, 50	Krähenberg	108
Hohenacker	15	Krehwinkel	168, 180
Hohengehren	75	Kreuzeiche	22, 23, 24, 44
Hohenstraßen	224	Krummhardt	53
Hohler Stein	124	Kultur-Landschaftsweg Auenwald	183
Holderstein	75	Langenberg	177
Hörnleskopf	24, 44	Laufenmühle	121, 136, 146, 152
Hörschbachschlucht (NSG)	209	Laufenmühleviadukt	121
Hummelgautsche (Vaihinghofer Sägmühle)	138, 143, 158	Lehenbachtal	79, 93
Hundsberger Sägmühle	138, 143, 158	Lehnenberg	57
Hüttenbachklinge	33	Limeswanderweg	118, 122, 132, 149
Hüttenbachschlucht	229	Linsenhof	64

Lippoldsweiler	164
Lobenrot	29, 33
Lorch	123
Lützelbachtal	107, 110
Lutzenberg	165
Maierhofer Sägmühle	126
Mainhardt	225
Mannenberg	165, 171
Mannholz	138, 145
Mannholzer Ölmühle	144
Manolzweiler	54
Menzles	139, 142, 158
Menzlesmühle	139, 142, 155, 158
Meuschenmühle	138, 144, 147
Michelau	120, 168, 178
Michelbächle	216
Miedelsbach	97, 99, 120
Mittelfischbach	197
Mittelrot	217
Mittlerer Wald (NSG)	158
Mönchhof	156
Mühlenwanderwege	118, 121, 134, 140, 144, 146
Murrhardt	199, 208, 210, 213
Naturpark Schwäbisch-Fränkischer Wald	117
Necklinsberg	64, 179, 181
Neufürstenhütte	221
Neuhaus	215
Neustadt	15
Neuwiesenbrunnen	222
Nonnenmühle	166, 172
Oberberken	104
Oberndorf	120, 167, 173
Oberneustetten	213
Ochsenhaubrunnen	161
Ödernhardt	98
Ölmühle	75
Ölmühle Michelau	137, 140, 170
Oskar Frech SeeBad	90
Planetenweg Aichwald	33, 38
Planetenweg Welzheim	133
Plüderhausen	112, 114
Prevorst	228
Rehfeldsee	93
Rehhaldenhütte	114
Reichenbach	58
Reichenbach/Fils	75
Rems-Flusslehrpfad	41
Remshalden	56
Remstal-Route	12
Rettersburg	64
Rienharz	137, 147
Rohrbronn	56
Rohrwiesenbrunnen	226
Rommelshausen	73
Ropbachsee	137, 146
Rotenmad	160, 161
Rudersberg	120, 168, 171, 173, 175, 178
Rümelinsmühle Murrhardt	140
Saffrichhof	48, 54
Salamanderbrunnen	93
Sauerhöfle	166
Schadberg	141, 157
Schanbach	33, 38
Schelmenklinge	123
Schillergrotte	124
Schillinghof	157
Schlechtbach	120, 168, 175
Schlichenhöfle	159
Schlichten	93, 102
Schloss Ebersberg	163, 183
Schlösslesplatz	76
Schlossmühle Böhringsweiler	225
Schmalenberg	153, 154
Schnait	45, 46, 52, 54
Schönbühl	48
Schornbach	94
Schorndorf	80, 90, 94, 97, 99, 102, 104, 120
Schützenhüttle (AP)	51
Schwabenpark	122, 139, 155, 230
Schwäbische Waldbahn	118, 120, 170
Schwäbischer Wald	117
Sechselberg	164
Seemühle Weissach	140
Siebenknie	208

Silcher-Linden-Plätzle	32	Voggenmühlhöfle	158
Spechtshof	58	Vorderbüchelberg	226
Spielhof	212	Vorderweißbuch	97, 99, 180, 181
Stegmühle Aspach	140		
Steinbach	152, 166	Waiblingen	14, 41
Steinenberg	100, 120, 168	Waldenweiler	162
Steinreinach	24	Waldsee Fornsbach	211, 214
Stetten	29, 73	Weiler	92
Stöckenhof	63	Weinstadt	26, 28, 32, 34, 36, 39, 43, 45, 48, 50, 52, 54
Streich	95, 97		
Strohhof	141, 157		
Strümpfelbach	28, 32, 34, 37	Weinweg Fellbach	69
Strümpfelbachtal	152, 166, 172	Welzheim	122, 127, 139, 147
Strümpfelbachviadukt	121		
Stürzenhütte	177	Wiedhof	225
Sulzbach an der Murr	193, 196	Wieslauftal	151, 168, 172, 182
Tannhof	147		
Tannwald	122	Wilhelmseiche (ND)	79
Tiefenmad	213	Winnenden	59, 62
Treibsee	213	Winterbach	77, 93
Urbach	107, 109	Wolfenbrück	215
Voggenberg	144	Wüstenrot	218, 221
Voggenbergmühle	138, 144	Y-Burg	31, 70, 74
Voggenhof	152	Zumhof	175, 176

Bildnachweise:

Christian Flachenecker (S. 13); WTM GmbH Waiblingen/Kai Koepf (S. 14, 16, 18, 19, 21); Stadt Weinstadt (S. 26, 30, 40, 41, 44, 46); Matthias Hofelich (S. 38, 166, 172, 177, 181); Stadt Winnenden (S. 59, 60, 61); Peter Hartung (S. 65); Fellbacher Weingärtner eG (S. 69); Gemeinde Kernen im Remstal (S. 72 o., 74); Dagmar Jantschke (S. 72. u.); Jean-Paul Martin (S. 80); Stadt Schorndorf (S. 81, 84, 86, 87); Stadtwerke Schorndorf Bäderbetriebe (S. 90, 92); Gemeinde Urbach (S. 111); Gemeinde Plüderhausen (S. 112); FVG Schwäbischer Wald (S. 117, 118 o. und u.; 119, 120, 122, 138, 142, 143, 155, 157, 229); Sammlung Archiv Welzheim (S. 127, 128, 129, 131, 133, 135, 148); G. Bauer (S. 130); Gerhard Neusser (S. 150); Agentur arcos, Stefan Bossow (S. 154); Gemeinde Auenwald (S. 163, 183); Werner Hinderer, Gemeinde Rudersberg (S. 168, 170); Edgar Layher (S. 178, 186, 188, 191); Alexandra Kübler (S. 193); Gemeinde Sulzbach an der Murr (S. 198); Archiv Stadt Murrhardt (S. 200 o. und u., 204 o. und u., 205, 206, 207, 209, 211); Gemeinde Wüstenrot (S. 218, 222, 223)

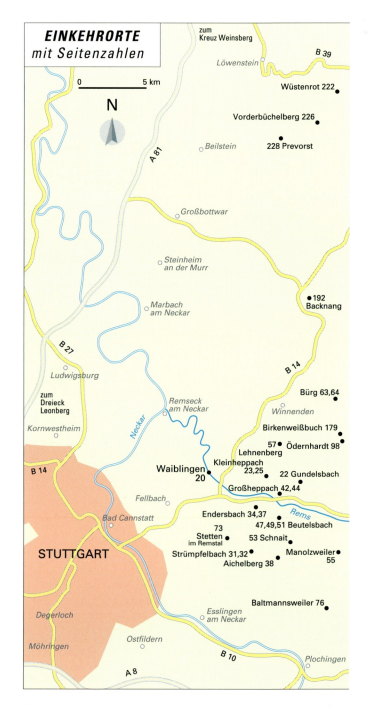

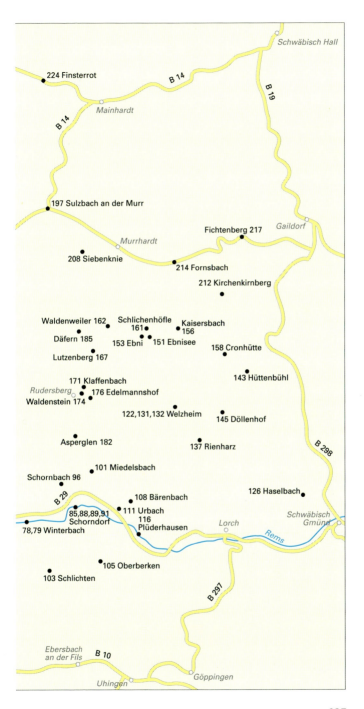

Register der Gasthöfe, Restaurants und Hotels

Aichelberg/Aichwald - Ochsen	38
Aichwald-Aichelberg - Ochsen	38
Alfdorf-Döllenhof - Döllenhof	145
Alfdorf-Haselbach - Mecki	126
Alfdorf-Hüttenbühl - Hagerwaldsee	143
Alfdorf-Rienharz - Rössle	137
Althütte-Lutzenberg - Schöne Aussicht	167
Althütte-Schlichenhöfle - Birkenhof	161
Althütte-Waldenweiler - Rössle	162
Asperglen/Rudersberg - Rose	182
Auenwald-Däfern - Waldhorn	185
Backnang - Café Weller	192
Baltmannsweiler - Alt Baltemore	76
Bärenbach/Urbach - Bärenhof	108
Berglen-Birkenweißbuch - Lamm	179
Berglen-Lehnenberg - Blessings Landhotel	57
Berglen-Ödernhardt - Schützenhaus	98
Beutelsbach/Weinstadt - Krone	47
Beutelsbach/Weinstadt - Landgut Burg	51
Beutelsbach/Weinstadt - Zum Löwen	49
Birkenweißbuch/Berglen - Lamm	179
Bürg/Winnenden - Schöne Aussicht	64
Bürg/Winnenden - Schulerhofstüble	63
Cronhütte/Kaisersbach - Josefle	158
Däfern/Auenwald - Waldhorn	185
Diebach/Fichtenberg - Onkel Ottos Seestüble	217
Döllenhof/Alfdorf - Döllenhof	145
Ebni/Kaisersbach - Schwobastüble	153
Ebnisee - Hotel am Ebnisee	151
Edelmannshof/Rudersberg - Edelmannshof	176
Endersbach/Weinstadt - Café Mack	37
Endersbach/Weinstadt - Zum Fuhrmann	34
Fichtenberg-Diebach - Onkel Ottos Seestüble	217
Finsterrot/Wüstenrot - Waldhorn	224
Fornsbach/Murrhardt - Haus Herrmann	214
Großheppach/Weinstadt - Lamm	44
Großheppach/Weinstadt - Zur Rose	42
Gundelsbach/Weinstadt - Zum Türmle	22
Haselbach/Alfdorf - Mecki	126

Hüttenbühl/Alfdorf - Hagerwaldsee	143
Kaisersbach - Krone	156
Kaisersbach-Cronhütte - Josefle	158
Kaisersbach-Ebni - Schwobastüble	153
Kernen-Stetten - Hirsch	73
Kirchenkirnberg-Spielhof - Drei Birken	212
Klaffenbach/Rudersberg - Zur Linde	171
Kleinheppach/Korb - Zum guten Tröpfle	25
Kleinheppach/Korb - Zur Krone	23
Korb-Kleinheppach - Zum guten Tröpfle	25
Korb-Kleinheppach - Zur Krone	23
Lehnenberg/Berglen - Blessings Landhotel	57
Lutzenberg/Althütte - Schöne Aussicht	167
Manolzweiler/Winterbach - Hirsch	55
Miedelsbach/Schorndorf - Hirsch	101
Murrhardt-Fornsbach - Haus Herrmann	214
Murrhardt-Siebenknie - Waldeck	208
Oberberken/Schorndorf - Hirsch	105
Oberstenfeld-Prevorst - Ochsen	228
Ödernhardt/Berglen - Schützenhaus	98
Plüderhausen - Ratsstube	116
Prevorst/Oberstenfeld - Ochsen	228
Rienharz/Alfdorf - Rössle	137
Rudersberg-Asperglen - Rose	182
Rudersberg-Edelmannshof - Edelmannshof	176
Rudersberg-Klaffenbach - Zur Linde	171
Rudersberg-Waldenstein - Burg Waldenstein	174
Schlichenhöfle/Althütte - Birkenhof	161
Schlichten/Schorndorf - Hirsch	103
Schnait/Weinstadt - Anker	53
Schornbach/Schorndorf - Zum Lamm	96
Schorndorf - Café Mack	85
Schorndorf - Kesselhaus	88
Schorndorf - Stadtbiergarten	89
Schorndorf-Miedelsbach - Hirsch	101
Schorndorf-Oberberken - Hirsch	105
Schorndorf-Schlichten - Hirsch	103
Schorndorf-Schornbach - Zum Lamm	96
Siebenknie/Murrhardt - Waldeck	208
Spiegelberg-Vorderbüchelberg - Zum Goldenen Ritter	226
Spielhof/Kirchenkirnberg - Drei Birken	212
Stetten/Kernen - Hirsch	73
Strümpfelbach/Weinstadt - Lindhälder Stüble	31
Strümpfelbach/Weinstadt - Zum Hirsch	32

Sulzbach an der Murr - Brauhaus am Schlössle	197
Urbach - Rössle	111
Urbach-Bärenbach - Bärenhof	108
Vorderbüchelberg/Spiegelberg - Zum Goldenen Ritter	226
Waiblingen - Biergarten Schwaneninsel	20
Waldenstein/Rudersberg - Burg Waldenstein	174
Waldenweiler/Althütte - Rössle	162
Weinstadt-Beutelsbach - Krone	47
Weinstadt-Beutelsbach - Landgut Burg	51
Weinstadt-Beutelsbach - Zum Löwen	49
Weinstadt-Endersbach - Café Mack	37
Weinstadt-Endersbach - Zum Fuhrmann	34
Weinstadt-Großheppach - Lamm	44
Weinstadt-Großheppach - Zur Rose	42
Weinstadt-Gundelsbach - Zum Türmle	22
Weinstadt-Schnait - Anker	53
Weinstadt-Strümpfelbach - Lindhälder Stüble	31
Weinstadt-Strümpfelbach - Zum Hirsch	32
Welzheim - Biergarten am Tannwald	122
Welzheim - Café Westkastell	132
Welzheim - Zum Lamm	131
Winnenden-Bürg - Schöne Aussicht	64
Winnenden-Bürg - Schulerhofstüble	63
Winterbach - Horbele	79
Winterbach - Krone	78
Winterbach-Manolzweiler - Hirsch	55
Wüstenrot - Schönblick	222
Wüstenrot-Finsterrot - Waldhorn	224